MARGARITA REY DE MORAL

Gourmet-
Sprachführer

SPANISCH

MAX HUEBER VERLAG

Verlag und Autor danken
- *der Handelsabteilung des Spanischen Generalkonsulats in Düsseldorf;*
- *dem Spanischen Fremdenverkehrsamt in München;*
- *Fomento de Turismo de Ibiza;*
- *Patronato de Turismo de Castellón – Mancomunidad Turística del Maestrazgo Castellón-Teruel;*
- *Doña Isabel Sánchez Gil – Turespaña, Madrid;*
- *Grupo Matas-Arnalot, Sitges;*
- *Bodegas Alsina y Sardá, El Plá del Penedès;*
- *Oficina de Turismo de Torremolinos;*
- *Andrés Gómez Flores, Albacete;*
- *Frau Dr. Gloria Lex und Herrn Juan Muñoz Viegas von der Weingalerie-Bodega, Direktimport, Bahnhofstraße 21, 83093 Bad Endorf, für die freundliche Bereitstellung von Weinetiketten.*

 Dieses Werk folgt der seit dem 1. August 1998 gültigen Rechtschreibreform.

E	4.	3.	2.	1.	Die letzten Ziffern
2005	04	03	02	2001	bezeichnen Zahl und Jahr des Druckes.

1. Auflage
© 2001 Max Hueber Verlag, D-85737 Ismaning
Redaktion: Jürgen Frank, München
Umschlaggestaltung: Parzhuber & Partner, München
Layout: Holger Latzel, München; Bettina Kammerer, München
Herstellung: [HLM] Holger Latzel, München
Karten: © Dorling Kindersley Ltd., London 2001
Lithografie: rms-offsetreproduktionen GmbH, München
Druck und Bindung: Pustet, Regensburg
Printed in Germany
ISBN 3–19–004149–0

Vorwort

Dass die spanische Küche eine der fantasievollsten Europas ist, wissen in Deutschland nur die wenigsten. Während die italienische und die französische Küche längst Einzug in den deutschen Alltag gehalten haben, fristet die spanische Küche ein Aschenputteldasein im Schatten ihrer beiden erfolgreichen Mittelmeer-Schwestern.

Dabei bietet die spanische Küche eine erstaunliche Zahl an Gerichten und Zubereitungsarten (mit Knoblauch und Olivenöl als gemeinsamen Nenner), die die Vielfalt der Landschaften und ihrer Produkte widerspiegeln. Fisch und Meeresfrüchte, Fleisch und jede Menge frisches Gemüse nehmen einen festen Platz in der spanischen Küche ein.

Um Ihnen diese Vielfalt näher zu bringen, nehmen wir Sie mit auf eine kulinarische Rundreise durch die spanischen Regionen, ohne dabei die tapas zu vergessen, jene kleinen Häppchen, die ursprünglich in Bars und Tavernen zum Aperitif gereicht wurden und heute in zahllosen Variationen oft die Hauptmahlzeit ersetzen.

Darüber hinaus will Sie dieses Buch dazu anregen, Ihre eigenen kulinarischen Entdeckungen zu machen. Die Möglichkeiten dazu sind in Spanien unerschöpflich.

VORWORT ... 3

Spanien bittet zu Tisch

MEHR ALS EINE MITTEL-
MEER-KÜCHE ... 10

WIE AUS DER HAUSMANNS-
KOST EINE FEINE KÜCHE
WURDE ... 12

EILE NUR BEIM
FRÜHSTÜCK ... 15

VON *¡LA CARTA, POR FAVOR!* ZU
¡LA CUENTA, POR FAVOR! ... 17

HOTELS UND GASTSTÄTTEN
IN SPANIEN ... 19

Kulinarische Streifzüge durch Spanien

AUTONOME REGIONEN UND
PROVINZEN SPANIENS ... 24

ANDALUCÍA
(ANDALUSIEN) ... 27

◆ TAPAS: DIE GANZ
BESONDERE ESSKULTUR ... 37

ARAGÓN (ARAGONIEN) ... 46

◆ TURRÓN: KALORIENBOMBE
AUS HONIG UND
MANDELN ... 52

ASTURIAS (ASTURIEN) ... 54

◆ FIESTAS: DAS GANZE JAHR
EIN GRUND ZUM FEIERN ... 60

CANTABRIA
(KANTABRIEN) ... 64

◆ CHOCOLATE CON CHURROS:
SÜSSE MUNTERMACHER ... 70

CASTILLA-LA MANCHA
(KASTILIEN-
LA MANCHA) ... 72

◆ AZAFRÁN: EDELSTOFF AUS
DER KROKUSBLÜTE ... 80

Castilla-León
(Kastilien-León) ... 82

◆ Embutidos y jamones:
Vom Schinken und andere
Schweinereien... 88

Cataluña
(Katalonien) ... 92

◆ Aceite de oliva: Das
flüssige Gold ... 102

Extremadura ... 106

◆ Pimiento:
Vom einfachen Gemüse
zum edlen Gewürz ... 112

Galicia (Galicien) ... 116

Illes Balears – Islas
Baleares (Balearen) ... 124

Islas Canarias
(Kanarische Inseln) ... 132

◆ Frutas exóticas:
Exotische Früchte ... 140

La Rioja ... 142

Comunidad de
Madrid ... 146

◆ Cocido: Das eigentliche
Nationalgericht ... 151

Murcia ... 154

◆ Horchata:
Durstlöscher aus der
Erdmandel ... 160

Navarra ... 162

País Vasco
(Baskenland) ... 168

◆ Bacalao:
Die salzige Delikatesse
aus dem Norden ... 176

Inhalt

COMUNIDAD VALENCIANA
(VALENCIA) ... 180

◆ PAELLA: MEHR ALS EIN
REISGERICHT ... 188

CEUTA UND MELILLA ... 192

*Spaniens Weine &
andere Getränke*

WEINLAND SPANIEN ... 196

DIE SPANISCHEN HERKUNFTS-
BEZEICHNUNGEN ... 198

WELCHER WEIN
PASST ZU
WELCHEM
ESSEN? ... 206

WEINE UND
SPIRITUOSEN IN
DEN AUTONOMEN
REGIONEN ... 208

WEINJAHR-
GÄNGE ... 248

KLEINES WEINLEXIKON
DEUTSCH – SPANISCH ... 252

KLEINES WEINLEXIKON
SPANISCH – DEUTSCH ... 254

ALKOHOLISCHE UND
NICHTALKOHOLISCHE
GETRÄNKE ... 256

Kulinarisches Lexikon

SPANISCH – DEUTSCH ... 264

DEUTSCH – SPANISCH ... 315

Nie sprachlos in Spanien

IM RESTAURANT ... 332

IM HOTEL ... 344

HOTELVOKABULAR
DEUTSCH – SPANISCH ... 361

IN LÄDEN UND
FACHGESCHÄFTEN ... 369

TELEFONIEREN ... 372

ZUR BESSEREN
VERSTÄNDIGUNG ... 378

DIE WICHTIGSTEN
AUSSPRACHEREGELN ... 391

BILDNACHWEIS ... 392

Spanien bittet
zu Tisch

Mehr als eine Mittelmeer-Küche ... 10

Wie aus der Hausmannskost
eine feine Küche wurde ... 12

Eile nur beim Frühstück ... 15

Von ¡La carta, por favor! zu ¡La cuenta, por favor! ... 17

Hotels und Gaststätten in Spanien ... 19

Es ist nicht falsch, die spanische Küche als „Mittelmeer-
küche" zu bezeichnen: eine Küche des Öls und des Knob-
lauchs. Das ist aber nur die halbe Wahrheit, denn Spaniens
Küche ist ein Spiegelbild der Vielfalt des Landes selbst. Es ist
eine nationale Küche mit regionalen Ausprägungen, eine
Küche der Regionen mit sechs großen gastronomischen Gebieten: Nordspanien (einschließlich Pyrenäen und Katalonien),
der Region Valencia, Andalusien, dem Zentrum, den Balearen
und den Kanarischen Inseln.

Nordspanien bietet Fische und Meeresfrüchte in Hülle und
Fülle, die in Galicien meisterhaft zubereitet werden. Aus dem
Baskenland stammen die schmackhaftesten Stockfisch-Rezep-
te, so z. B. der *bacalao a la vizcaina*, aber auch sonst genießt
die baskische Küche einen legendären Ruf. Asturien ist die
Heimat der *fabes*, butterzarter weißer Bohnen, für die es vielerlei Rezepte gibt. Am bekanntesten ist sicherlich die *fabada*, ein
deftiger Eintopf, der jedoch eine echte Delikatesse ist. Die
Pyrenäen sind für ihre *chilindrones* bekannt, kräftige Saucen
auf der Basis von roten Paprikaschoten, die zu Huhn und Jung-
lamm besonders gut schmecken. Katalonien gilt als Land der
kreativen Küche. Besonders typisch sind hier die im Tontopf
(cassola) geschmorten Gerichte und die aufwändigen feinen
Saucen. Die Region Valencia ist für ihre Reisgerichte bekannt,
die es in unzähligen Varianten (angeblich eine für jeden Tag
des Jahres) gibt. Die *paella valenciana* ist wahrscheinlich das
international bekannteste Reisgericht überhaupt und gilt im

Ausland als das spanische Nationalgericht par excellence. Typisch für Andalusien ist der *pescaíto frito* (frittierter Fisch). Nirgends sonst schmeckt er so gut wie hier. Aber auch die kalte andalusische Gemüsesuppe *gazpacho andaluz* ist, vor allem im Sommer, ein wahrer Genuss. Im Zentrum der Iberischen Halbinsel sind die verschiedenen Bratenspezialitäten (Lamm, Spanferkel, Zicklein) unübertrefflich. Sie werden für gewöhnlich in Holzöfen sehr langsam gebraten und dadurch besonders zart und köstlich. In der Madrider Gegend erfreuen sich der *cocido madrileño* (Madrider Eintopf) und die *callos a la madrileña* (Kutteln nach Madrider Art) besonderer Beliebtheit. Die Balearen sind für die *sobrasada* (Paprikastreichwurst) und die *ensaimadas* (große Blätterteigschnecken mit verschiedenen Füllungen) in ganz Spanien bekannt. Aber die wenigsten wissen, dass die weltberühmte Mayonnaise (*salsa mahonesa* bzw. *mayonesa*) in Mahón, der Hauptstadt Menorcas, kreiert wurde. Die Küche auf den Kanaren ist einfach und leicht exotisch. Einheimische Fischsorten *(cherne, vieja), gofio* als Beilage oder Brotersatz, kleine, runzelige Pellkartoffeln *(papas arrugadas)* und dazu ziemlich scharfe Saucen *(mojos)* bilden die Grundlage der Inselküche, die wegen der großen Entfernung zum Festland gezwungen war, immer nur auf ihre ureigenen Produkte zurückzugreifen und somit aus der Not eine Tugend machte.

D IE VIELEN VÖLKER, die die Geschichte der Iberischen Halbinsel prägten (Iberer, Kelten, Phönizier, Griechen, Karthager, Römer, Westgoten, Mauren und Juden), hinterließen auch ein gastronomisches Erbe, dessen Spuren in den verschiedenen Regionalküchen heute noch allgegenwärtig sind. Wenn wir aber einen Rückblick auf die spanische Gastronomiegeschichte werfen, stellen wir fest, dass in Spanien vom Mittelalter bis zum 18. Jh. nur der König, die Adligen und die Kirchenmänner wirklich gut gegessen haben. Miguel de Cervantes beschreibt in seinem Don Quixote sehr genau die typischen Essgewohnheiten der kastilischen Bürger zur damaligen Zeit: Speck, Spiegeleier, Ziegenfleisch, Niederwild, Flussfische, Schafskäse, Oliven, Obst und jede Menge Suppen (warme Milch- und Brotsuppen im Winter und kalte Gemüsesuppen im Sommer). Nur zu großen Anlässen wie z. B. auf Hochzeiten sah die Speisekarte etwas üppiger aus: Geflügel, Lamm, Schweinefleisch kamen gebraten und mit verschiedenen Beilagen auf den Tisch. Zum Nachtisch gab es *flan* und *natillas* (Karamellpudding und Vanillecreme) und *pasteles* (Kuchen). Den feinen Speisen und der Völlerei von Adel und Klerus standen im Alltag die Bescheidenheit der bürgerlichen Küche und die karge, ja sogar ärmliche Hausmannskost des gemeinen Volkes gegenüber, das sich vorwiegend aus *gachas* (dicker Mehlbrei mit Wasser oder Milch), *migas* (mit Wasser angefeuchtete, in Öl und Knoblauch geröstete Brotbrösel) oder Kartoffeln, d. h. in der Regel ohne Fleisch ernährte.

Mit dem Aufstieg des Bürgertums verfeinerte sich die Esskultur in breiteren Schichten. Vor allem in den an Frankreich grenzenden wohlhabenderen Gebieten wie Katalonien und dem Baskenland änderte sich nach und nach der Geschmack der besser gestellten Bürger und des Beamtentums zu Gunsten einer französisch geprägten Küche. Außerdem kamen Pasta-Gerichte, die in Katalonien dank des regen Handels mit Venedig seit dem 13. Jh. bekannt und sehr geschätzt waren, in raffinierten Zubereitungsarten zu neuen Ehren. So wurden z.B. die *canelones Rossini* (mit Käse überbackene, mit einer Farce aus dreierlei Fleischsorten, Hühnerleber bzw. Leberpastete gefüllte Nudelrollen in Béchamelsauce) zum Lieblingsfestessen der Katalanen.

In den *figones* (Garküchen), *tascas* (Weinschenken) und *fondas* (einfachen Wirtshäusern) blieb alles beim Alten. Mit einer aus Frankreich importierten neuen Einrichtung, dem Restaurant, wurden im 19. Jh. sowohl die gastronomische Landschaft Spaniens als auch der Beruf des Kochs neu geprägt. Bislang stand der Koch im Dienste eines privaten adligen Haushalts, zunehmend ließ aber ein aufstrebendes und immer anspruchsvoller werdendes Bürgertum für sich kochen.

Während dieser Zeit stand die spanische Küche völlig im Schatten ihrer großen französischen Nachbarin. Erst das 20. Jh. brachte die Wende: Das erste Kochbuch mit echt spanischen Rezepten *La cocina práctica* (Die praktische Küche) von Manuel Puga wurde 1906 publiziert. Zwei ähnliche Werke, *La cocina española antigua* (Die alte spanische Küche) und *La cocina española moderna* (Die moderne spanische

Küche), einer bekannten Autorin, der Gräfin Emilia de Pardo y Bazán, folgten diesem Trend und die spanischen Hausfrauen waren begeistert. Von nun an konnten sie etwas anderes kochen als die althergebrachten Rezepte. Allerdings fand diese kleine Revolution nur in den größeren Städten statt. Auf dem Land jedoch standen weiterhin die Eintöpfe an erster Stelle in der Gunst der Bevölkerung.

Währenddessen schossen in den Provinzhauptstädten die Bewirtungsstätten wie Pilze aus dem Boden. Jedes Hotel, das etwas auf sich hielt, eröffnete ein Restaurant in seinen Räumlichkeiten, wo sich die Honoratioren ein Stelldichein gaben. Alte Rezepte wurden verfeinert und neue von erfinderischen Köchen kreiert. Endlich gab es eine spanische Gastronomie, die diesen Namen verdiente. Vor allem im Baskenland und in Katalonien, wo es mit zunehmender Industrialisierung neben der Oberschicht einen immer stärker werdenden Mittelstand gab, fanden sich die meisten professionellen oder Amateur-Köche, deren Namen uns heute nicht mehr geläufig sind. Ihre Rezepte sind uns jedoch erhalten geblieben und waren die Grundlage für die meisten spanischen Gerichte, so wie wir sie heute kennen. Aber am wichtigsten bei der Erhaltung der regionalen Küche waren die spanischen Hausfrauen, unsere Mütter und Großmütter. Ihnen haben wir es zu verdanken, dass die Kochtradition des Landes nicht nur nicht verloren ging, sondern sich im Laufe der Zeit trotz Bürgerkrieg und Nachkriegsjahren zu einer selbstbewussten modernen Küche entwickeln konnte, auf deren Ursprünge sich die besten Köche des Landes heute wieder besinnen.

DIE SPANIER – wie fast alle Mittelmeervölker – sind ausgesprochene Frühstücksmuffel. Der Gedanke, morgens eine üppige Mahlzeit zu sich nehmen zu müssen, widerstrebt ihnen. Der spanische Arbeitstag beginnt meistens nur mit einem hastig getrunkenen (Milch-)Kaffee, dazu isst man eine *brioche,* eine *ensaimada* (Blätterteigschnecke) oder ein *croisán* (Hörnchen) – dies alles selbstverständlich im Stehen! Sogar die Kinder müssen tagaus tagein vor der Schule von der Mutter zur Nahrungsaufnahme ermahnt, ja oft sogar gezwungen werden. Dafür essen sie gern so gegen elf ein schönes Pausenbrot mit Käse, Schinken oder Salami. Der berufstätige Papa nimmt zu dieser Zeit *un bocata* (belegtes Brot) und eine *caña* (kleines Bier) in einer *cafetería* oder *bar* unweit des Arbeitsplatzes zu sich. Gegen zwei Uhr ist das Mittagessen angesagt. Die Belegschaft großer Unternehmen isst in der *cantina,* die in der Regel ein dreigängiges Menü für wenig Geld anbietet. Kleine Firmen haben meistens kein Kasino. In diesem Fall essen die Arbeiter – falls sie zu weit weg vom Betrieb wohnen – in einer nahe gelegenen *fonda* oder *tasca,* wo ein täglich wechselndes, preiswertes Mittagsmenü angeboten wird. Angestellte gehen lieber in ein *mesón,* ein *restaurante familiar* oder in eine *cervecería,* die ebenfalls ein *menú del día* (Tagesmenü) oder *platos del día* (Tagesgerichte) zu vernünftigen Preisen anbieten. Arbeitsessen finden üblicherweise in besseren *restaurantes* statt. Dort gibt es auch eine *carta del día* (Tageskarte) mit einem guten Preis-Leistungsverhältnis.

Ein spanisches Mittagessen im Restaurant besteht in der Regel aus mehreren Gängen. Es beginnt mit *entremeses* (Vorspeisen) oder dem *primer plato* (erster Gang). Dieser Gang ist leicht und nicht sehr üppig (gegrilltes Gemüse, ein feiner Salat, eine kleinere Portion Reis oder eine Suppe), damit Platz für den zweiten Gang im Magen bleibt. Beim *segundo plato* (zweiter

bzw. Hauptgang) gibt es meist Fisch oder Fleisch in allen möglichen Variationen und dazu *patatas fritas* (Pommes frites), *verduras salteadas* (in der Pfanne geschwenktes Gemüse) oder *ensalada de lechuga* (grüner Salat) als *guarnición* (Beilage). Zum *postre* (Nachtisch) hat man üblicherweise die Wahl zwischen *fruta del tiempo* (Obst der Saison), einem *flan de la casa* (hausgemachter Karamellpudding), *natillas caseras* (hausgemachte Vanillecreme), einer Portion *tarta* (Torte) oder *un helado* (ein Eis). Die Spanier trinken zum Essen gern ein Bierchen oder ein Gläschen Wein. Mineralwasser steht ebenfalls immer auf dem Tisch. Ein *café solo* (Espresso) oder ein *cortado* (Espresso mit einem Schuss Milch) nach dem Essen sind in Spanien ein unverzichtbares Muss. Manchmal gibt es einen *coñac* (Brandy) oder einen *digestivo* (Schnaps oder Kräuter- bzw. Obstlikör zur Verdauung) dazu. Am Nachmittag bekommen die Kinder *una merienda* (kleines Vesper). Feine Damen trinken gegen 18 Uhr einen Nachmittagstee oder -kaffee in einem *salón de té*. Dazu sind *pastas* (Gebäck) oder *pastelillos* (Petit Fours, kleine Kuchen und Törtchen) standesgemäß.

Das Abendessen fällt in der Regel weniger üppig als das Mittagessen aus. Zu Hause begnügt man sich mit *un bocadillo* (einem belegten Brot) oder *un pepito* (einem Baguettebrot mit einem kleinen, gebratenen Kalbs- oder Schweineschnitzel) bzw. *una tortilla a la francesa* (einem Omelette natur). Nur wenn *la cena* (das Abendessen) im Restaurant stattfindet (nicht vor 21 Uhr), fällt dieses genauso üppig wie das Mittagessen aus. Manchmal verabredet man sich nach der Arbeit mit Kollegen oder mit Freunden in *un bar de tapas* oder *una tasca* zu einem *tapeo* (Bummel durch verschiedene Tapas-Bars bzw.

-Kneipen) oder *chateo* (Bummel durch verschiedene Weinschenken bzw. -lokale, bei dem kleine Gläschen Wein zu *tapas* getrunken werden), einem geselligen Beisammensein, das das Abendessen ersetzt.

SPANIENS KELLNER SIND es meist aus Leidenschaft. Sie jong-
lieren gekonnt mit Geschirr und Gläsern durch die Gegend
und bei aller Geschäftigkeit begrüßen sie stets den Gast mit
einem freundlichen Lächeln, das nicht einstudiert, sondern
echt und zuvorkommend ist. Hat dieser einen Platz ergattert
(oder zugewiesen bekommen), wird ihm meistens relativ
schnell eine Speisekarte in die Hand gedrückt. Wenn nicht,
sollte man sich nicht scheuen, den Kellner durch den – bitte
nicht zu lauten – Ausruf *¡(Camarero,) la carta, por favor!* bzw.
¡(Camarero,) por favor, la carta! auf sich aufmerksam zu
machen. Ausländische Gäste sollten wissen, dass es oft außer
der gedruckten (oder handgeschriebenen) Speisekarte eine
nicht ausgehängte Tageskarte gibt, die der Kellner auf Anfrage
– und manchmal sogar unaufgefordert – auswendig rezitiert.
Gerade beim Fisch ist sie besonders wichtig, denn sie richtet
sich nach dem täglichen marktorientierten Einkauf des Chef-
kochs. Fragen Sie auch nach den *especialidades de la casa*
(Spezialitäten des Hauses), denn sie sind oft eine Gaumen-
freude.

Kaum sind Sie mit der Bestellung fertig, kommen auch
schon die Getränke und der Brotkorb – meist von einem Töpf-
chen mit *alioli* (Knoblauchmayonnaise) oder einem Tellerchen
mit Oliven oder einer anderen kleinen Aufmerksamkeit des
Hauses begleitet –, damit Sie sich die Wartezeit vertreiben
können. Für diesen Brotkorb wird eine Art Pauschalpreis erho-
ben (früher erschien er auf der Rechnung unter *cubierto y pan*

– wörtlich: Besteck und Brot –, jetzt lediglich unter *pan*, womit allerdings das Brot, das Besteck, die Servietten und die saubere Tischdecke gemeint sind). Dafür dürfen Sie in der Regel so viel Brot essen wie Sie mögen.

Wenn Sie die Rechnung haben wollen, geben Sie dem Kellner lautlos mit einem Handzeichen zu verstehen, dass er zu Ihnen an den Tisch kommen soll. Erst wenn er vor Ihnen steht, bitten Sie ihn, Ihnen die Rechnung zu bringen: *¡(Camarero,) traígame por favor la cuenta!* bzw. *¡(Camarero,) la cuenta, por favor!* Warten Sie aber nicht darauf, dass der Kellner Sie fragt, ob Sie zusammen oder getrennt bezahlen wollen. In Spanien ist es üblich, nur eine gemeinsame Rechnung zu erstellen. Wenn die Gäste *a escote* (getrennt) zahlen wollen, müssen sie das untereinander ausmachen. Normalerweise ist der Service mit im Preis inbegriffen. War man jedoch mit diesem zufrieden, hinterlässt man ein Trinkgeld, das nach eigenem Ermessen und je nach Kategorie des besuchten Restaurants zwischen 5 und 10 Prozent des Rechnungsbetrages schwankt. Fand man aber die Leistungen absolut unbefriedigend (Essen bzw. Service oder beides), sollte man unbedingt nach dem *libro de reclamaciones* (Beschwerdebuch) fragen, um seine Beanstandungen schriftlich einzutragen. Dieses Buch (dessen Seiten, um Fälschungen auszuschließen, nummeriert sind) wird regelmäßig von einem Aufsichtsbeamten des Tourismusministeriums geprüft. Wenn die Beschwerden seitens der Kundschaft sich häufen, wird der Restaurantbesitzer schriftlich ermahnt und er kann sogar seine Lizenz verlieren.

bar	Art Stehcafé (manchmal mit ein paar Tischen), in dem man zwischendurch auf die Schnelle einen Espresso oder eine Erfrischung, ein belegtes Brötchen oder das karge spanische Frühstück zu sich nimmt
bar de copas	Art Cocktail-Bar
bar de tapas	Schnellimbiss, in dem man die beliebten *tapas* probieren kann
bar-restaurante	Stehcafé (siehe *bar*) mit kleinem Restaurant
bocatería (auch **sandwichería**)	Schnellimbiss mit großem Angebot an belegten Brötchen
bodega	Weinstube (oft gleichzeitig Weinhandlung)
boîte	Nachtlokal
café	Lokal, in dem man außer Kaffee, Tee, Trinkschokolade und Gebäck auch Erfrischungsgetränke zu sich nehmen kann
cafetería	gehobene Schnellimbiss-Gaststätte
café-concierto	Abendcafé mit Kleinbühne
café literario	Kaffeehaus, in dem literarische Stammtische, Dichterlesungen und gelegentliche Ausstellungen stattfinden
cervecería	Bierstube (mit Speisen- bzw. *tapas*-Angebot)
champañería	Sektschenke (Champagner-Bar) mit feiner Kleingerichte-Speisekarte (wo man meistens nach einem Theaterbesuch o. ä. einkehrt)
chiringuito	(Bretter-)Bude am Strand, die Erfrischungsgetränke und Kleinimbisse anbietet
chocolatería	Kaffeehaus mit Trinkschokolade als Spezialität

churrería	Laden oder Stand, der Ölgebäck (*churros* und Krapfen) herstellt und verkauft (zum sofortigen Verzehr oder zum Mitnehmen)

coctelería (coctelería)	Cocktail-Bar
colmado („colmao")	Weinschänke in Andalusien, wo *flamenco* gesungen und getanzt wird
figón	altspanische Bezeichnung für Garküche oder landestypischen Gasthof
fonda	Wirtshaus mit preisgünstigem Speise- und Getränkeangebot
freiduría	kleine Imbiss-Stube (oft am Meer), wo man frischen frittierten Fisch verzehren oder mitnehmen kann, vorwiegend in Andalusien
granja	katalanische Bezeichnung für Milchbar
hamburguesería	Hamburger-Imbiss-Stube
heladería	Eisdiele
horchatería	Sommerlokal, das Erdmandelmilch, Eis und Erfrischungsgetränke verkauft
hostal	kleineres Hotel, Gasthof
hotel	Hotel
marisquería	Meeresfrüchte-Restaurant
merendero	Ausflugslokal, Art Biergarten
mesón	rustikales, landestypisches Wirtshaus
Parador	staatliches Hotel (meistens in Schlössern oder Herrenhäusern)

pub	Abendlokal, Cocktail-Bar
restaurante	Restaurant
~ autoservicio	Selbstbedienungsrestaurant
~ étnico	Restaurant mit ausländischen Spezialitäten (griechisch, italienisch, arabisch etc.)
~ vegetariano	vegetarisches Restaurant
sala de fiestas	Abendlokal
salón de té	Kaffeehaus, Café-Konditorei
sandwichería	Lokal, in dem alle möglichen Sorten von belegten Broten angeboten werden (auch zum Mitnehmen)
sidrería	*sidra* (Apfelwein)-Ausschank
snack-bar	Schnellrestaurant
taberna	einfaches Lokal, Weinstube (Taverne)
tasca	Kneipe, Taverne
terraza de verano	Lokal (*bar*, Restaurant oder Café) mit saisonbedingten Sitzmöglichkeiten im Freien

tetería	Teehaus
venta	einfaches Gasthaus in Südspanien
vinoteca (auch vinatería)	Weinhandlung mit Degustationsmöglichkeit
vagón-restaurante	Speisewagen im Zug
zumería	Fruchtsaft-Bar

Kulinarische Streifzüge durch Spanien

Autonome Regionen und Provinzen Spaniens ... 24

Andalucía (Andalusien) ... 27

◆ Tapas: Die ganz besondere Esskultur ... 37

Aragón (Aragonien) ... 46

◆ Turrón: Kalorienbombe aus Honig und Mandeln ... 52

Asturias (Asturien) ... 54

◆ Fiestas: Das ganze Jahr ein Grund zum Feiern ... 60

Cantabria (Kantabrien) ... 64

◆ Chocolate con churros: Süsse Muntermacher ... 70

Castilla-La Mancha (Kastilien-La Mancha) ... 72

◆ Azafrán: Edelstoff aus der Krokusblüte ... 80

Castilla-León (Kastilien-León) ... 82

◆ Embutidos y jamones:
Vom Schinken und andere Schweinereien... 88

Cataluña (Katalonien) ... 92

◆ Aceite de oliva: Das flüssige Gold ... 102

Extremadura ... 106

◆ Pimiento: Vom einfachen Gemüse
zum edlen Gewürz ... 112

Galicia (Galicien) ... 116

Illes Balears – Islas Baleares (Balearen) ... 124

Islas Canarias (Kanarische Inseln) ... 132

◆ Frutas exóticas: Exotische Früchte ... 140

La Rioja ... 142

Comunidad de Madrid ... 146

◆ Cocido: Das eigentliche Nationalgericht ... 151

Murcia ... 154

◆ Horchata: Durstlöscher aus der Erdmandel ... 160

Navarra ... 162

País Vasco (Baskenland) ... 168

◆ Bacalao: Die salzige Delikatesse aus dem Norden ... 176

Comunidad Valenciana (Valencia) ... 180

◆ Paella: Mehr als ein Reisgericht ... 188

Ceuta und Melilla ... 192

Autonome Regionen und Provinzen Spaniens

FRANC

Golfo de Vizcaya

Santiago

GALICIA

Oviedo
ASTURIAS
Cordillera Cantábrica

Santander

CANTABRIA

PAÍS
VASCO
Vitoria-
Gasteiz

Pamplona

ANDOR

PÍRÍ ne os

NAVARRA

Logroño
LA RIOJA

CASTILLA-LEÓN

Castilla la Vieja

Sistema Ibérico

Valladolid

Zaragoza

CATALUN

ARAGÓN

Barcelo

E S P A Ñ A

Sistema Central

MADRID
● MADRID

Toledo

Castilla Nueva

Valencia

Mall

Be

EXTREMADURA

CASTILLA-LA MANCHA

Eivis

I s

VALENCIA

Mérida

Sierra Morena

MURCIA

Murcia

ANDALUCÍA

Sistemas Béticos

Mar Mediter

Sevilla

O C É A N O   A T L Á N T I C O

P O R T U G A L

GIBRALTAR (R.U.)
Estrecho de Gibraltar
Ceuta

Melilla

ARGELI

MARRUECOS

Islas Canarias

La Palma
CANARIAS
Santa Cruz de
Tenerife

Gomera

Hierro Tenerife Gran Canar

O C É A N O   A T L A N T I

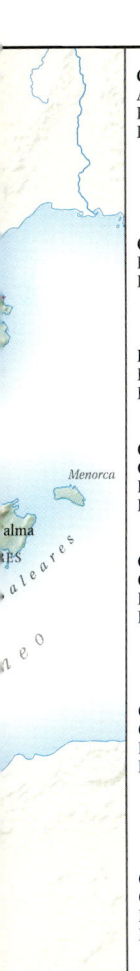

Comunidad Autónoma de Andalucía
Hauptstadt: Sevilla
Provinzen: Almería, Cádiz, Córdoba, Granada, Huelva, Jaén, Málaga, Sevilla

Comunidad Autónoma de Aragón
Hauptstadt: Zaragoza
Provinzen: Huesca, Teruel, Zaragoza

Principado de Asturias
Hauptstadt: Oviedo
Provinz: Asturias

Comunidad Autónoma de Cantabria
Hauptstadt: Santander
Provinz: Cantabria

Comunidad Autónoma de Castilla-La Mancha
Hauptstadt: Toledo
Provinzen: Albacete, Ciudad Real, Cuenca, Guadalajara, Toledo

Comunidad Autónoma de Castilla-León
Hauptstadt: Valladolid
Provinzen: Ávila, Burgos, León, Palencia, Salamanca, Segovia, Soria, Valladolid, Zamora

Comunidad Autónoma de Cataluña
Hauptstadt: Barcelona
Provinzen: Barcelona, Gerona (*katalanisch* Girona), Lérida (*katalanisch* Lléida), Tarragona

Comunidad Autónoma de Extremadura
Hauptstadt: Mérida
Provinzen: Badajoz, Cáceres

Comunidad Autónoma de Galicia
Hauptstadt: Santiago de Compostela
Provinzen: La Coruña (*galicisch* A Coruña), Lugo, Orense (*galicisch* Ourense), Pontevedra

(Illes) Balears – (Islas) Baleares
Cabrera, Formentera, Ibiza, Mallorca, Menorca
Hauptstadt: Palma de Mallorca
Provinz: Baleares

(Islas) Canarias
El Hierro, Fuerteventura, Gran Canaria, La Gomera, Lanzarote, La Palma, Tenerife
Hauptstädte: Las Palmas, Santa Cruz de Tenerife
Provinzen: Las Palmas, Santa Cruz de Tenerife

Comunidad Autónoma de La Rioja
Hauptstadt: Logroño
Provinz: La Rioja

Comunidad de Madrid
Hauptstadt: Madrid
Provinz: Madrid

Región de Murcia
Hauptstadt: Murcia
Provinz: Murcia

Comunidad Foral de Navarra
Hauptstadt: Pamplona
Provinz: Navarra

Comunidad Autónoma del País Vasco (*baskisch* Euskadi)
Hauptstadt: Vitoria (*baskisch* Gasteiz)
Provinzen: Álava, Guipúzcoa, Vizcaya

Comunidad Valenciana
Hauptstadt: Valencia
Provinzen: Alicante, Castellón, Valencia

Municipios autonómicos Ceuta y Melilla
Ceuta
Hauptstadt: Ceuta
Provinz: Ceuta

Melilla
Hauptstadt: Melilla
Provinz: Melilla

NACH DEM TOD des spanischen Diktators Franco im Jahre 1975 war eine der dringendsten Aufgaben beim Übergang zur Demokratie, die Beziehungen zwischen dem spanischen Zentralstaat und den Regionen neu zu regeln. Vor allem die Basken und Katalanen als historische Nationen mit einer eigenen Sprache und Kultur forderten die Anerkennung ihrer geschichtlichen Identität sowie das Recht auf Selbstverwaltung.

Da die anderen Regionen Spaniens nicht nachstehen wollten, begann ein Dezentralisierungsprozess, der zum *Estado de las Autonomías* (Staat der autonomen Regionen) führte und in der neuen demokratischen *Constitución* (Verfassung) von 1978 verankert wurde. Das bedeutete die längst fällige Anerkennung der kulturellen und sprachlichen Vielfalt der Völker Spaniens sowie die Annäherung der Verwaltung an Spaniens Bürger.

Neben der für ganz Spanien zuständigen Madrider Zentralregierung haben die 17 (bzw. 19, wenn man Ceuta und Melilla dazuzählt) *Comunidades Autónomas* (autonomen Regionen, wörtlich: „autonomen Gemeinschaften") ihre eigenen Regierungen und Parlamente. Sie besitzen viele gesetzgeberische Befugnisse, die ihnen die Zentralregierung übertragen hat. Die *Autonomías* entsprechen in etwa den deutschen Bundesländern, wobei einige spanischen Regionen wie das Baskenland *(Euzkadi)* und Katalonien *(Catalunya)* eine weitgehendere Selbständigkeit haben als z. B. der Freistaat Bayern. Die jeweiligen Kompetenzen der *Autonomías* sind im staatsvertraglichen *Estatuto de Autonomía* (Autonomiestatut) definiert.

Die autonomen Parlamente werden alle vier Jahre gewählt. Der Präsident und seine *Consejeros* (Minister) bilden den *Consejo* oder die *Junta (de Gobierno)* (Regionalregierung).

In der Kommunalverwaltung sind die 52 spanischen Provinzen in *Ciudades* (Städte) und *Municipios* (Gemeinden) unterteilt. Für die Leitung der Gemeinde ist das *Ayuntamiento* (Rathaus, Stadt- oder Gemeindeverwaltung) zuständig, während die *Diputación* (Provinzialverwaltung) die Geschicke der Provinz als Zusammenschluss aller Gemeinden lenkt.

Andalucía (Andalusien)

FLÄCHE: 87.267 KM²
EINWOHNER: 7.041.000
HAUPTSTADT: SEVILLA
PROVINZEN: ALMERÍA, CÁDIZ,
CÓRDOBA,
GRANADA, HUELVA,
JAÉN, MÁLAGA,
SEVILLA

Olivenhaine in den Bergen von Jaén

In der Altstadt von Sevilla

DIE COMUNIDAD AUTÓNOMA DE ANDALUCÍA ist die zweitgrößte der 17 spanischen *Autonomías*. Andalusien ist ungefähr so groß wie das benachbarte Portugal und sogar größer als die Niederlande, Österreich oder die Schweiz.

Es ist kaum möglich, diese weite, üppige und gleichzeitig karge südspanische Region in wenigen Worten zu beschreiben. Als Schmelztiegel alter Mittelmeer-Kulturen übte sie stets einen unwiderstehlichen Reiz auf fremde Völker aus, die – verzaubert durch die Schönheit ihrer Landschaften (üppige Wälder, Hochgebirge, mondähnliche Halbwüsten und fast 900 Kilometer Küste) – nach Andalusien kamen und sich hier heimisch niederließen: Tartessier, Iberer und Turdetanen, Griechen, Karthager, Römer, Vandalen (die Andalusien angeblich seinen ursprünglichen Namen *Vandalusia* gaben) und Westgoten.

Aber es waren die Araber, die im Laufe einer fast acht Jahrhunderte währenden Herrschaft ihrer Lieblingsprovinz in Hispania, *Al Andalus,* das maurische Gepräge gaben, das vor allem in Architektur und Gastronomie bis zum heutigen Tag erhalten geblieben ist. Obwohl der Schriftsteller Tirso de Molina mit der Figur des *Don Juan* bereits im 16. Jh. Sevilla unsterblich machte, wurde Andalusien erst in der Zeit der Romantik durch eine weitere Kunstfigur schlagartig weltberühmt.

Der französische Schriftsteller Prosper Merimé schuf eine Frauengestalt, die – vor allem dank der Opernvertonung von Georges Bizet – zum Mythos werden sollte: *Carmen*. Seitdem gehören Zigeuner, Toreros und feurige Frauen, die mit ihrer Schönheit den armen Männern den Kopf verdrehen und in den Ruin stürzen, zum pittoresken Bild Andalusiens im Ausland. Stierkampf, Flamenco-Gitarren und Kastagnetten komplettieren das frivole Zerrbild dieser spanischen Region, die in den Augen der Touristen wie keine andere die spanische Quintessenz verkörpert. Wobei zu bemerken wäre, dass die spanischen Tourismusbehörden – vor allem in der Franco-Zeit – sehr lange und eifrig in dasselbe Horn geblasen haben. Heute wird man trotz größter Bemühungen die Geister, die man damals

rief, nicht mehr los. Und so bleibt Andalusien für die Fremden der Inbegriff aller Charaktereigenschaften, die man für spanisch hält: Leidenschaft, Temperament, Lebensfreude und Todessehnsucht.

Die meisten Touristen, die nach Andalusien kommen, interessieren sich lediglich für die geschichtsträchtigen Städte Sevilla, Granada und Córdoba oder die Strände an der Costa del Sol, Costa de la Luz und Costa Tropical. Nur wenige machen sich die Mühe, das reizvolle Hinterland zu erkunden: die weißen Dörfer in den Bergen (z.B. Castellar de la

Giralda in Sevilla

Blick auf ein pueblo blanco in der Provinz Cádiz

Frontera, Grazalema, Zahara de la Sierra) oder die zahlreichen Naturschutzgebiete und Naturparks (am bekanntesten ist der Nationalpark von Doñana).

Auch das traditionsreiche Kunsthandwerk ist außerhalb der Grenzen Andalusiens wenig bekannt. Hier kommen noch Arbeitstechniken (z. B. im Töpferhandwerk) zum Einsatz, die man bis in die Antike zurückverfolgen kann, wobei die Ornamentik und die Intarsienarbeiten im Möbel- und Schmiedehandwerk eher auf das arabische Erbe zurückzuführen sind.

In der Küche hat vor allem die arabische Herrschaft ihre Spuren hinterlassen. Allerdings sollte man zwischen der Küche an der Küste und der im Landesinneren unterscheiden. Erstere ist vor allem durch die zahlreichen Fischgerichte geprägt. Bei der zweiten bilden Gemüse, Schweinefleisch und Wild die Grundlage. Und nicht zu vergessen die beliebten *tapas* (Kleingerichte, Appetithäppchen), die angeblich in Andalusien ihren Ursprung haben.

Bei den *tapas* sind die weltberühmten Wurstwaren von Jabugo (Huelva) nicht wegzudenken. Die mit Eicheln gefütterten

iberischen Schweine, besser bekannt als *pata negra* („schwarzer Fuß"), liefern das aromatische Fleisch für den *jamón* (Schinken) und die *caña de lomo* (Lende), aber auch für *chorizo* (Paprikawurst) und *salchichón* (Salami). Käse wird in Andalusien stets als *tapa* und nie zum Abschluss einer Mahlzeit gereicht. Obwohl sehr schmackhaft, sind die andalusischen Käsesorten kaum über die Grenzen dieses Landstrichs hinaus bekannt geworden. Sie werden hauptsächlich aus Ziegen- oder Schafsmilch hergestellt und tragen als Herkunftsbezeichnung meistens nur den Namen des Dorfes oder der Gegend, wo sie hergestellt werden: Lacalahorra, Antequera, Ronda usw. Vor allem

aber ist der maurische (und teilweise jüdische) Einfluss auf andalusische Backwaren unübersehbar. Die Andalusier haben eine Vorliebe für alles Süße und seltsamerweise sind es jetzt viele Klöster, die sich der Herstellung dieser Köstlichkeiten nach altüberlieferten Rezepten widmen. Die kuriosen Bezeichnungen bringen uns zum Schmunzeln: *huesos de santo* (Heiligengebeine) = gefüllte Marzipanröllchen, *suspiros de monja* (Nonnenseufzer) = Windbeutel mit Cremefüllung, *tocino de cielo* (Himmelsspeck) = ein Minipudding aus Eidottern und Zucker. Bei den Weinen sind uns vor allem die edlen Rebensäfte aus Jerez de la Frontera als Sherry bestens bekannt, woraus auch der spanische Brandy destilliert wird.

Und was wäre Andalusien ohne seine zahlreichen *fiestas?* Das ganze Jahr über gibt es überall im Land irgendwo ein Volksfest zu feiern. Die bekanntesten sind der *Carnaval* in Cádiz und Huelva im Februar, die *Feria de* *Abril* (Aprilfest) in Sevilla und die *Feria de Mayo* (Maifest) in Córdoba mit dem Wettbewerb *Cruces de flores* (Blumenkreuze) sowie die zahlreichen Wallfahrten am 15. Mai zu Ehren San Isidros (Sankt Isidor), dem Schutzpatron der Bauern. Ende Mai findet die berühmteste Wallfahrt Andalusiens statt: die der *Virgen del Rocío* (Jungfrau vom Morgentau), an der fast eine Million Menschen teilnehmen. Im September wird in den verschiedenen Weinorten die Weinernte groß gefeiert und am Sankt-Martins-Tag finden, vor allem in den Bergdörfern, die *Matanzas* (Schlachtfeste) statt. Feste, die allesamt wegen ihrer großartigen Stimmung sehr populär sind. Sie lassen den Besucher die ureigensten Charaktereigenschaften der Andalusier erahnen, die es wie kein anderes spanisches Volk verstehen, in der Gemeinschaft zu feiern.

Restaurant-Tipps

Almería: EL ROMERAL; Carretera del Ingenio, 49; Tel. 950 22 10 26 ● *Arcos de la Frontera:* EL CONVENTO; Tel. 956 70 23 33 ● *Córdoba:* CIRCULO TAURINO; Manuel María de Arjona, 1; Tel. 956 54 12 54 ● *El Puerto de Santa María:* CERVECERIA ROMERIJO; Ribera del marisco; Tel. 956 54 12 54 ● *Granada:* CORRALA DEL CARBON; Mariana Pineda, 8; Tel. 958 22 38 10 ● *Guadix:* COMERCIO; Mira de Amezena, 3; Tel. 958 66 05 00 ● *Huelva:* ALJARAQUE; Las Candelas; Tel. 959 31 83 01 ● *Jaén:* CASA VICENTE; F. Martín Mora, 1; Tel. 953 23 22 22 ● *Málaga:* CASA PEDRO; Paseo Marítimo El Palo; Tel. 952 29 00 13 ● *Ronda:* DON MIGUEL; Villanueva, 4; 952 87 77 22 ● *Sevilla:* MESON DON RAIMUNDO; Argote de Molina, 26; Tel. 954 22 33 55 - RIO GRANDE; Betis s/n; Tel. 954 27 39 56 ● *Torremolinos:* CASA GÜAQUIN; Paseo Marítimo; Tel. 952 38 45 30 ● *Ubeda:* EL SECO; Corazón de Jesús, 8; Tel. 953 79 14 52

VORSPEISEN

ajo blanco con uvas	kalte Suppe aus Brot, Mandeln und Knoblauch, die mit Trauben (und manchmal mit Melone) garniert wird
ajo colorado	gekochte und pürierte Kartoffeln mit Paprika, Zwiebeln und Knoblauch
ensalada de bonito con pimientos asados	Tunfischsalat mit im Ofen gerösteten und mit Öl und Sherry-Essig angemachten Paprikaschoten
gazpacho andaluz	kalte Gemüsesuppe aus pürierten Tomaten, Brot, Paprikaschoten, Gurken, Knoblauch (evtl. Zwiebeln), hart gekochten Eiern, Öl und Essig; dieselben Zutaten werden klein gehackt und in kleinen Schälchen separat dazu gereicht

gazpachuelo frío	kalte Suppe aus püriertem Brot und (Knoblauch-)Mayonnaise, mit gehackten Tomaten und Oliven dekoriert
picadillo	Orangensalat mit Stockfisch, Öl und Paprika
salmorejo cordobés	*gazpacho*-Variante, aber dickflüssiger, mit gehacktem rohem Schinken und hart gekochten Eiern garniert
zoque	kalte, *gazpacho*-ähnliche Tomatensuppe

SUPPEN UND EINTÖPFE

berza gaditana	Eintopf aus Kohl, Kichererbsen und verschiedenen Fleischsorten
caldo de perro gaditano	Suppe aus Seewolf, Zwiebeln und Bitterorangensaft
gazpachuelo	Art Fischsuppe mit verschiedenen gedünsteten Fischfilets und Fischsud, dem Mayonnaise beigegeben wird
menudillos de cordero con garbanzos	Lammkutteln mit Kichererbsen
olla de trigo	Eintopf aus Weizen, Fenchel, Kichererbsen, Blut- und Paprikawurst
potaje de garbanzos con espinacas	Eintopf aus Kichererbsen, Spinat, Pinienkernen, Kümmel und Olivenöl
potaje de lentejas a la granadina	Linseneintopf mit Kürbis und scharfen Peperoni
sopa gaditana	Brot-Knoblauch-Suppe mit Schinken und hart gekochten Eiern
sopa de pescado a la malagueña	Fischsuppe mit dünnen Nudeln, Tomaten, Zwiebeln, Knoblauch und Paprikaschoten

GEMÜSEGERICHT

habas a la rondeña	mit rohem Schinken, Zwiebeln und Knoblauch (evtl. Paprikaschoten) geschmorte dicke Bohnen (Saubohnen)

EIERSPEISEN

huevos a la flamenca	im Ofen gestockte Eier auf einer Gemüsemischung aus grünen Bohnen, Erbsen, Paprikaschoten und Tomaten mit Schinken- und Paprikawurststückchen
huevos a la sevillana	Spiegeleier auf einer Sauce aus Tomaten, Zwiebeln und Schinken
tortilla a la andaluza	Omelette mit grünen Paprikaschoten, Tomaten und Zwiebeln
tortilla granadina	Omelette mit Lammbries, -nierchen und Hühnerleber
tortilla al Sacromonte	Omelette mit Lammhirn und -hoden, Kartoffeln, Schinken und Erbsen
tortilla a la sevillana	wie *tortilla a la andaluza,* aber zusätzlich mit Pilzen

FISCHE UND KRUSTENTIERE

bacalao al ajo blanco	Stockfisch mit einer Sauce aus Brot, Mandeln und Knoblauch
camarones a la andaluza	Krabbenart mit einer Sauce aus Tomaten, Knoblauch und Petersilie
chanquetes	winzige, in Öl frittierte Ährenfische

espetos (espetones) de sardina	auf Holzfeuer gebratene Sardinenspieße
estofado de atún	Tunfischragout mit Tomaten, Zwiebeln und Sherry
fritura malagueña	kleine, in Öl frittierte Fische (junge Tintenfische, Sardellen, junge Seehechte, Rotbarben)
rape adobado	marinierte und ausgebackene Seeteufelstückchen
rape a la malagueña	gebratene Seeteufelscheiben mit einer Sauce aus Tomaten, Zwiebeln und Mandeln
rape al ajillo con chirlas	gebratene und in Wein gedünstete Seeteufelscheiben mit Knoblauchsprossen und kleinen Venusmuscheln
raya al pimentón	Rochen in Paprikasauce

FLEISCHGERICHTE

cabritillo al espetón	Zicklein am Spieß
callos a la andaluza	Kutteln mit Tomaten, Zwiebeln, Schinken und Kichererbsen
cordero alpujarreño	geschmortes Junglamm mit Zwiebeln, Knoblauch, Mandeln und Wein
lomo de cerdo a la andaluza	gebratene Schweinelendchen mit grünen Paprikaschoten
menudo a la gitana	Kalbs- oder Lammkutteln mit Kichererbsen, Schinken, Paprikawurst, Knoblauch und geriebener Zitronenschale
pinchitos morunos	mit einer besonderen (scharfen) Gewürzmischung marinierte und gebratene (oder gegrillte) Fleischspießchen

rabo de toro a la cordobesa	Schmorgericht aus Stierschwanz und Gemüse in Rotweinsauce
riñones al Jerez	Kalbs- oder Lammnierchen in Sherrysauce
ternera a la cordobesa	Kalbsragout mit Artischocken
ternera a la sevillana (a la andaluza)	mit Mandeln und Oliven gespickter Kalbsbraten in Tomaten-Weinsauce

GEFLÜGEL- UND WILDGERICHTE

conejo al tomillo	Jungkaninchen in Thymian-Weinsauce
jabalí estofado a la jienense	Wildschweinragout mit Auberginen, Kürbis und Zwiebeln
perdices a la andaluza	geschmorte, mit Sardellen und luftgetrocknetem Speck gefüllte Rebhühner in einer Tomaten-Knoblauch-Weinsauce
pichones a la andaluza	gespickte Täubchen in Knoblauch-Zwiebel-Weißweinsauce
pollo a la andaluza	gebratene Hähnchenstücke in Tomatensauce
pollo a la jerezana	gebratene Hähnchenteile mit Knoblauch, Mandeln und Sherry

DESSERTS

alfajores	Schmalzgebäck aus Estepa
borrachitos *oder* **borrachuelos**	wörtlich „Säufer": in Likör getränkte Biskuitkringel
hojaldres de cabello de ángel	Blätterteigteilchen mit Kürbis- oder Melonenkonfitüre-Füllung
huesos de santo	gefüllte Marzipanröllchen

mostachones	kleine Mandelkuchen
piononos	in Wein getauchte Biskuits mit Sahne (benannt nach Papst Pius IX)
pestiños	mit Honig überzogenes Ölgebäck
polvorones	Schmalzgebäck
rosquillas de San Blas	Aniskringel
suspiros de monja	wörtlich „Nonnenseufzer": Windbeutel mit Cremefüllung
tocino de cielo	wörtlich „Himmelsspeck": Art Minipudding aus Eidottern und Zucker
tortas de aceite	dünne Fladen aus Blätterteig und Anis
yemas	Gebäck aus Eidottern und Zucker

KÄSE

queso de Antequera	Ziegenkäse in Rollenform
queso de Aracena	pikanter, in Olivenöl gereifter Ziegenkäse
queso de Grazalema (de Cádiz)	aus Ziegenmilch hergestellter und mit Espartogras umwickelter Frühlingskäse
queso de Doña Mencia / Los Balanches	in Asche geräucherter Ziegenkäse
queso de Lacalahorra	seltener vollreifer, kompakter, aromatischer Schafskäse
queso de Ronda	cremiger, gelblicher, leicht gelöcherter Käse aus Ziegenmilch
queso Serrano	Ziegenkäse aus der Alpujarras-Gegend
queso de Sierra Nevada	Ziegenkäse in Rollenform aus der Sierra Nevada

KULINARISCHE STREIFZÜGE DURCH SPANIEN

Die ganz
besondere Esskultur

Tapas sind Appetithäppchen zum Aperitif oder kleine
Imbisse für zwischendurch. Um ihren Ursprung ranken
sich viele Geschichten. Eine davon besagt, dass der spanische
König Alfons X. der Weise krankheitsbedingt gezwungen war,
kleine Häppchen mit einem Gläschen Wein zwischen den
Mahlzeiten zu sich zu nehmen. Nach seiner Genesung befahl
er, dass die Gastwirte ihren Wein nur in Begleitung kleiner
Essportionen ausschenken durften. Vor allem die Landarbei-
ter, die bis dahin mittags und abends größere Portionen von
Eintöpfen zu sich genommen hatten und recht müde davon
wurden, waren über diese Verordnung sehr dankbar. So konnten sie sich vor dem Mittag- oder Abendessen mit einem kleinen Imbiss und einem Gläschen Wein stärken und dann mit
voller Leistung bis zu den Hauptmahlzeiten weiterarbeiten.

Herbergen und Gast-
höfe führten diese Sitte
ebenfalls ein. Da die
Ställe meist neben der
Weinschänke lagen,
waren die Pferdefliegen
ungebetene Gäste am
Tisch und an der Theke
und endeten meistens

im Weinglas. Ein erfinderischer Gastwirt kam auf die Idee, die Wurst-, Schinken- oder Käsescheiben, die zum Wein serviert wurden, nicht neben, sondern auf das Glas – sozusagen als Deckel = *tapa* – zu legen. Dieser „Deckel" erfüllte somit eine doppelte Funktion: Er war eine willkommene Beilage zum Getränk und ein praktischer Schutz, der die lästigen Fliegen vom Wein fern hielt. So wurde aus der Not eine Gewohnheit, die sich bald überall im Lande einbürgerte und zur Tradition werden sollte.

In Spanien bekommt man diese leckeren Häppchen in *tascas* (Kneipen), *mesones* (rustikalen Wirtshäusern), *bares* (Steh-Cafés) und *bodegas* (Weinstuben). Dort kann man die *tapas* in allen möglichen Variationen bestellen: einfache Varianten wie Oliven, Hartwurstscheiben oder Kartoffelchips; *pinchitos* (Fleisch-, Gemüse- oder Fischspießchen) und *montaditos* (kleine, mit Blutwurst, Schinken, Tunfisch usw. belegte Brotscheiben) bis hin zu den typischen Landesgerichten als *tapa* (Miniportion), *media ración* (halbe Portion) oder *ración* (normale Portion, die groß genug ist, um sie mit 4 oder 5 Freunden zu teilen). Einige dieser Lokale haben unendliche *tapas*-Listen, die die Speisekarte mancher Nobelgasthäuser in den Schatten stellen. Bekannte Restaurants sind dazu übergegangen, *tapas*-Theken einzuführen, an denen der auf einen Tisch wartende Gast sein Aperitif mit ein paar *tapas* zu sich nehmen kann – *para hacer boca* (um den Gaumen auf die spätere Mahlzeit einzustimmen) – und die auch als Modetreff für eilige Yuppys sehr „in" sind.

Ir de tapeo (*tapas* essen gehen) ist nicht nur eine bestimmte Art zu essen, sondern Ausdruck einer besonderen Lebensart, die man mit anderen Gleichgesinnten an der Theke teilt, wo improvisierte Gesprächsrunden entstehen können, die sich genau so schnell auflösen wie sie begonnen haben. Ideal für extrovertierte, gesellige und lebensfrohe Menschen, die den Gedankenaustausch mit Unbekannten nicht scheuen und – wenn auch nur für kurze Zeit – bereit sind, sich auf ihr Gegenüber einzulassen.

Obwohl sie am Anfang nur in Andalusien und Madrid populär waren, sind die *tapas* inzwischen auch außerhalb Spaniens in Mode gekommen. *Tapas*-Bars gibt es heutzutage überall auf der Welt. Ein Blick ins Internet und man hat die Qual der Wahl unter Tausenden von Adressen zwischen Madrid und Honolulu.

Als besondere Empfehlung für Ihre nächste Spanienreise verrate ich Ihnen meine Lieblings-*tapas*-Lokale auf der Iberischen Halbinsel:

Albacete: NUESTRO BAR – mit exzellentem Restaurant – (Alcalde Conangla, 102) ● *Alicante:* NOU MANOLÍN (Villegas, 3); EL CANTÓ (Alemania, 26) ● *Barcelona:* ESTRELLA DE PLATA (Pl. Palau, 9); PINOCHO (im Boquería-Markt) ● *Bilbao:* ARITZ (Zugastinova, 4); EL VIANDAR DE SOTA (Gran Vía, 86) ● *Córdoba:* EL BLASÓN (J. Zorrilla, 11); CÍRCULO TAURINO (Manuel María de Arjona) ● *Granada:* VELÁZQUEZ (Prof. E. Orozco, 1); LA TABERNILLA (im Albaycín-Viertel) ● *Madrid:* BOCAÍTO (Libertad, 6); SANTANDER (Augusto Figueroa, 25) ● *Málaga:* ANTIGUA CASA GUARDIA (Alameda, 18) ● *Sevilla:* BODEGÓN TORRE DEL ORO (Santander, 15); MODESTO (Cano y Cueto, 5) ● *Valencia:* JOAN PAU (Almirante, 3); TABERNA ALKÁZAR (Mosén Fernades, 9) ● *Zaragoza:* RINCÓN (General Sueiro, 11); Simbol (Illuecas, 5)

CHAMPIÑONES AL AJILLO (KNOBLAUCH-CHAMPIGNONS)

ZUTATEN:

500 g	frische Champignons
100 ml	Olivenöl
3	Knoblauchzehen
½ Bund	Petersilie
	Zitronensaft
	Salz und Pfeffer

(für ca. 6 *Tapas*-Portionen)

ZUBEREITUNG:

Champignons mit Küchen-krepp gründlich abreiben. Je nach Größe halbieren oder vierteln. Knoblauch und Petersilie klein hacken. Olivenöl erhitzen und die Pilze darin anbraten. Wenn sie fast fertig sind, den fein gehackten Knoblauch hinzufügen und alles gut durchrühren. Mit Salz, Pfeffer und etwas Zitronensaft würzen. Die feinge-wogene Petersilie unterheben und kurz durchziehen lassen. Warm servieren.

EMPANADILLAS (GEFÜLLTE TEIGTASCHEN)

ZUTATEN TEIG:

250 g	Mehl
1	Eigelb
100 ml	Olivenöl
⅛ l	Wasser
⅛ TL	Backpulver
½ TL	Salz

ZUTATEN FÜLLUNG:

1 Dose	Tunfisch im eigenen Saft (bzw.150 g gemischtes Hackfleisch)
1 Dose	(mittelgroß) Pizza-Tomaten
1	Paprikaschote
1	kleine Zwiebel
1	Knoblauchzehe
2 EL	Olivenöl
2 EL	Weißwein
	Salz
	Pfeffer
1 Prise	Zucker

(für ca. 12 Stück)

ZUBEREITUNG:

Zutaten für den Teig gut verkneten, in ein Tuch wickeln und ca. 2 Stunden kühl ruhen lassen. In der Zwischenzeit den Tunfisch gut abtropfen lassen und zerpflücken. Paprikaschote waschen, Kerne entfer-nen und klein hacken. Zwiebel schälen und fein hacken. Knoblauch schälen, den Mitteltrieb entfer-nen und durch eine Knoblauchpresse drücken. Olivenöl in einer Pfanne erhitzen. Zwiebel und

Paprikaschoten glasig dünsten. Pizzatomaten hinzufügen und die Mischung etwa 10 Minuten dünsten. Mit Zucker, Salz, Pfeffer und Weißwein würzen. Den zerpflückten Tunfisch (bzw. das Hackfleisch) zur Gemüsemischung geben und alles zusammen weitere 5 Minuten dünsten. Vom Feuer nehmen und Füllung kalt werden lassen.

Teig auf einer leicht bemehlten Fläche dünn ausrollen. Kreise (ca. 6 cm Durchmesser) ausstechen, nicht zu prall füllen und zum Halbkreis zusammenklappen. Mit einer Gabel den Rand festdrücken. Reichlich Öl in einer tiefen Pfanne (besser in der Fritteuse) erhitzen und die Teigtaschen darin goldbraun ausbacken. Herausnehmen, gut abtropfen lassen und auf Küchenkrepp legen, um den letzten Rest Frittierfett zu entfernen. Die *empanadillas* können nach Belieben warm oder kalt gegessen werden.

Tipp: Wem die Teigzubereitung zu mühsam sein sollte, dem empfehlen wir, stattdessen TK-Blätterteig zu verwenden (bitte Gebrauchsanweisung beachten). In diesem Falle sollten aber die *empanadillas* nicht frittiert, sondern auf einem mit Backpapier ausgelegten Blech bei 225° Hitze ca. 10 – 13 Minuten im (vorgeheizten) Backofen gebacken werden.

ENSALADA DE PIMIENTOS ASADOS (SALAT AUS GEGRILLTEN PAPRIKASCHOTEN)

ZUTATEN:

1 kg	rote und gelbe (fleischige) Paprikaschoten
3	Knoblauchzehen
100 ml	Olivenöl
6 EL	Sherryessig
2 EL	gehackte Petersilie
	Salz
	Pfeffer (möglichst aus der Mühle)

(für ca. 6 *Tapas*-Portionen)

ZUBEREITUNG:

Paprikaschoten waschen, abtrocknen und mit Speiseöl bestreichen. Auf ein mit Backpapier ausgelegtes Blech legen und im auf 250° vorgeheizten Backofen so lange rösten, bis die Haut eine dunkelbraune Färbung bekommt und Blasen

schlägt. Die Haut sofort unter kaltem Wasser abziehen. Paprika entkernen, gut säubern, in Streifen schneiden und mit Küchenkrepp gut abtrocknen. Streifen farblich abgestimmt nebeneinander auf einer Servierplatte anrichten. Knoblauch schälen, Mitteltrieb entfernen und klein hacken. Olivenöl, Sherryessig, Knoblauch, Salz und Pfeffer gut miteinander vermischen und die Paprikaschoten damit anmachen. Die gehackte Petersilie darauf geben, mindestens 1 Stunde im Kühlschrank gut durchziehen lassen.

CORAZONES DE ALCACHOFA EN VINAGRETA (ARTISCHOCKENHERZEN IN VINAIGRETTE-SAUCE)

ZUTATEN:

1 Dose	Artischockenherzen (6 – 8 Stück)
¹/₂ Tasse	Olivenöl
1 EL	Senf (mittelscharf)
2 EL	Sherryessig
2 EL	Fino-Sherry
1	hart gekochtes Ei
1	Knoblauchzehe
1 Prise	Zucker
	Salz
	Pfeffer (möglichst aus der Mühle)
¹/₂ Tasse	frische, gehackte Kräuter (Schnittlauch, Petersilie, Estragon)

(für 4–6 *Tapas*-Portionen)

ZUBEREITUNG:

Die Artischockenherzen abtropfen lassen und vierteln. Für die Vinaigrette den Senf, den Essig, das Olivenöl und den Sherryessig in eine Schüssel geben und mit dem Schneebesen glatt rühren. Mit Zucker, Salz und Pfeffer würzen. Knoblauchzehe schälen, den Mitteltrieb entfernen und durch eine Knoblauchpresse in die Vinaigrette drücken. Die gehackten Kräuter ebenfalls dazugeben und alles gut verrühren. Die Artischockenherzen hinzufügen und alles gut durchmengen. Auf einer Platte oder in einer schönen Glasschüssel anrichten und das hart gekochte Ei zur Dekoration mit einer groben Käsereibe auf die Artischockenherzen reiben.

CALAMARES A LA ROMANA (FRITTIERTE TINTENFISCHRINGE)

ZUTATEN:

4	mittelgroße Tintenfische
100 g	Mehl
2	Eier
4 EL	Mineralwasser mit Kohlensäure
1 TL	Backpulver
1 Prise	Salz
1 Liter	Sonnenblumenöl

(für 6 *Tapas*-Portionen)

ZUBEREITUNG:

Tintenfische gut säubern, Haut abziehen und die leeren Tuben (Körper) in gleichmäßige Ringe (etwa 1 cm dick) schneiden. Für den Ausbackteig Eier mit Mehl, Mineralwasser, Salz und Backpulver glatt rühren. Kurz ruhen lassen. Öl in einer tiefen Pfanne oder in der Fritteuse auf ca. 180° erhitzen. Tintenfischringe durch den Teig ziehen, etwas abtropfen lassen und im heißen Fett schwimmend ein paar Minuten goldgelb backen.

GAMBAS AL AJILLO (GARNELEN IN KNOBLAUCHTUNKE)

ZUTATEN:

600 g	Riesengarnelenschwänze ohne Schale (frisch oder tiefgekühlt)
1/4 l	Olivenöl
6	Knoblauchzehen
3	kleine, getrocknete Chili-Schoten
3 EL	Fino-Sherry
1 EL	Zitronensaft
	Salz

(für ca. 6 *Tapas*-Portionen)

ZUBEREITUNG:

Öl erhitzen. Garnelenschwänze dazugeben und mit dem Knoblauch und den Pfefferschoten sehr heiß anbraten, bis das Fleisch eine kräftig rosa Farbe bekommt. Mit Salz, Sherry und Zitronensaft würzen. In vorher warm gestellte, kleine Tonschälchen umfüllen und sehr heiß servieren.

BOCADITOS DE DÁTILES Y DE CIRUELAS (DATTELN UND PFLAUMEN IM SPECKMANTEL)

ZUTATEN:

12	frische Datteln
12	große Backpflaumen ohne Stein
24 Sch.	dünngeschnittener Bacon
	Holzzahnstocher

(für 6 Personen)

ZUBEREITUNG:

Den Stein der Datteln vorsichtig entfernen. Datteln und Pflaumen mit Bacon umwickeln, mit Holzspießchen befestigen und in eine flache Ofenpfanne geben. Ofen vorheizen und Datteln und Pflaumen bei ca. 250° Hitze backen, bis der Speck knusprig ist. Sofort servieren.

TORTILLA ESPAÑOLA (SPANISCHES OMELETTE)

ZUTATEN:

4	Kartoffeln
1	Zwiebel
6	Eier
	Salz
200 ml	Olivenöl

(für 4–6 Portionen)

ZUBEREITUNG:

Das Olivenöl in einer tiefen Bratpfanne erhitzen, die klein geschnittenen Kartoffeln und die gehackte Zwiebel zugedeckt darin braten, bis sie weich und leicht goldgelb sind. Die Kartoffeln und die Zwiebel aus der Pfanne nehmen und abtropfen lassen. Die Eier in einer Schüssel mit etwas Salz verquirlen, dann gut mit der Kartoffel-Zwiebel-Mischung vermengen. Das übrig gebliebene Öl bis auf einen kleinen Rest aus der Pfanne gießen und heiß werden lassen. *Tortilla*-Masse hineingeben und zuerst von einer Seite

braten. Die *tortilla* mit Hilfe eines Tellers wenden: Legen Sie dazu den Teller auf die Pfanne und stürzen Sie die *tortilla* auf den Teller. Lassen Sie sie dann vom Teller wieder in die Pfanne gleiten und braten Sie sie auf der zweiten Seite.

Rezept

GAZPACHO ANDALUZ
(KALTE GEMÜSESUPPE AUS ANDALUSIEN)

ZUTATEN:

200 g	altbackenes Weißbrot
1	mittelgroße Gurke
250 g	grüne Paprikaschoten
350 g	vollreife Tomaten
2	Knoblauchzehen
2	hart gekochte Eier
3 EL	Olivenöl
100 ml	Essig
6 Tassen	Wasser
	Salz und Pfeffer

(für 6 Personen)

ZUBEREITUNG:

Weißbrot in kaltem Essigwasser einweichen. Tomaten waschen und grob pürieren. Die Gurke und die Paprikaschoten waschen und putzen, klein würfeln und beiseite stellen. Hart gekochte Eier klein hacken und ebenfalls beiseite stellen. Das Weißbrot ausdrücken. Die Knoblauchzehe schälen, Trieb entfernen und zusammen mit dem Weißbrot, den Tomaten und dem Öl in einem Mixer pürieren und mit etwas Salz und Pfeffer

abschmecken. Wasser dazugeben, so dass eine Art Creme entsteht. Die Hälfte des gewürfelten Gemüses hinzufügen. *Gazpacho* mindestens 2 Stunden kalt stellen, eventuell mit Salz, Pfeffer und Essig nochmals abschmecken, dann in eine hübsche Suppenterrine oder in Suppentassen einfüllen. Das übrig gebliebene Gemüse und das gehackte Ei (manche geben zusätzlich klein gehackte Zwiebeln oder Weißbrotwürfel dazu) auf einem Extrateller anrichten. Bei Tisch nimmt sich dann jeder selbst davon in die Suppe.

KULINARISCHE STREIFZÜGE DURCH SPANIEN

DIE DREI PROVINZEN Zaragoza, Huesca und Teruel bilden die autonome Region Aragón. Ihren Bewohnern wird Starrsinn, Stolz, Tapferkeit und eine tiefe Religiosität nachgesagt, die sich in den vielen Volksfesten zu Ehren ihrer zahlreichen Schutzpatrone widerspiegelt.

FLÄCHE: 47.669 KM²
EINWOHNER: 1.222.000
HAUPTSTADT: ZARAGOZA
PROVINZEN: HUESCA, TERUEL,
              ZARAGOZA

Aragonien liegt abseits der großen Touristenströme, nur wenige Spanien-Insider zieht es in die herrlichen urwüchsigen Landschaften wie die Vorpyrenäen, die Pyrenäen und das Iberische Randgebirge mit ihren tief eingeschnittenen Tälern, Wasserfällen und üppigen Wäldern.

Auf dem Weg zu seiner Delta-Mündung beim katalanischen Tortosa durchquert der Ebro, der Urstrom Spaniens, Aragonien von Nordwesten nach Südosten. Der Ebro ist ein mächtiger Strom, der gern der „Vater der spanischen Flüsse und die Seele Aragoniens" genannt wird. In ihn münden die meisten aragonesischen Flüsse, ohne deren Wasser der Reichtum der Gemüsegärten und Weinberge undenkbar wäre.

*Embalse de Santolea/
Provinz Teruel*

Auch geschichtlich hat Aragonien einiges zu bieten. Auf den Spuren der Altbewohner Aragoniens stoßen wir auf Megalithdenkmäler, Höhlenmalereien, iberische Überreste und römische Städte bis hin zum nördlichsten maurischen Baudenkmal der Welt, der *Alfajería* in Zaragoza. Der romanisch-mozarabische Stil mit den zahlreichen kleinen Kirchen zeugt an der Serrablo-Straße zwischen Sabiñánigo und Biescas vom friedlichen Zusammenleben verschiedener Kulturen im 11. Jh. In diesem Stil wurde teilweise das

*Santa Cruz de los Señores/
Provinz Huesca*

Kloster von San Juan de la Peña gebaut, das unter einem Felsen versteckt in einer natürlichen Festung liegt und mit dem Heiligen Gral in Verbindung gebracht wird. Der romanische Stil wurde ebenfalls im 11. Jh. von lombardischen Baumeistern nach Aragonien gebracht. Deswegen heißt hier die Frühform der Romanik, die mit der Gründung des Königsreichs Aragonien vor etwa 1.000 Jahren zusammenfällt, *románico lombardo*. Der Mudéjar-Stil, ein rein spanischer Stil, der gotische und islamische Elemente miteinander verbindet, ist in Aragonien überall präsent. Hervorzuheben sind die Stirnseite der Kathedrale von La Seo del Salvador in Zaragoza sowie die Kathedrale und die Türme von San Martín und El Salvador in Teruel. Diese eigenwillige Stilrichtung lässt in zwei Kleinstädten – Tarazona und Daroca – an jeder Ecke die Vergangenheit wieder lebendig werden.

Auf Ihrer Reise sollten Sie es nicht versäumen, barocke Bauwerke wie die Basilika von El Pilar in Zaragoza zu besichtigen. Sehenswert im Grenzgebiet zu Navarra ist Cinco Villas („Fünfstädtchen"): Gurrea de Gallego, Tauste, Ejea de los Caballeros, Uncastillo und Sos del Rey Católico. Diese malerischen Städtchen sind mit ihren befestigten Türmen stumme Zeugen einer stürmischen Vergangenheit und Wächter eines reichen kulturellen Erbes.

Neben Ferdinand von Aragonien, dem Gemahl Isabellas von Kastilien, der als Vertreiber der Araber und Mitgründer des spanischen Einheitsstaates in die Geschichte eingegangen ist,

Blick auf Broto/Provinz Huesca

ist der geniale Maler Francisco de Goya wohl der weltbekann-
teste Aragonese. In seiner Heimat sind wichtige Vermächtnisse
seiner enormen künstlerischen Tätigkeit in mehreren Museen
und in seinem Geburtshaus in der Gemeinde Fuentedetodos in
der Provinz Zaragoza zu besichtigen.

Gastronomisch ist die aragonesische Küche als einfach und
deftig einzustufen. Frisches Gemüse kommt von den Gemüsegärten, Wild aus den Bergen und die zahlreichen Flüsse liefern die frischen Forellen. Wegen des rauen Klimas sind in den
aragonesischen Gebirgsdörfern schmackhafte Eintöpfe aus
Hülsenfrüchten und Kartoffeln vom täglichen Speiseplan nicht
wegzudenken. Hier wird auch die *cecina,* luftgetrocknetes
Rindfleisch (geschmacklich mit dem Bündner Fleisch ver-
wandt), sehr gern gegessen. Auch der in Spanien sehr bekannte
Teruel-Schinken ist eine echte Delikatesse. Ansonsten hat Aragoniens Küche einen leichten arabischen Einschlag, vor allem
was die Süßigkeiten anbelangt.

Die Weine aus Calatayud, Campo de Borja, Cariñena und
Somontano haben in den letzten Jahren stark an Qualität
gewonnen und werden jetzt, nachdem sie die begehrte
Ursprungsbezeichnung tragen dürfen, sogar exportiert.

Restaurant-Tipps

Zaragoza: LA RINCONADA DE LORENZO; La Salle, 3; Tel.
976 55 51 08 VENTA DE LOS CABALLOS; Carretera de Madrid;
Tel. 976 33 23 00 ● *Huesca:* APOLO; San José de Calasanz, 1;
Tel. 974 21 27 36 ● *Teruel:* OVALO; Paseo del Ovalo; Tel. 978 60
98 62

VORSPEISEN

bacalao a la baturra	Stockfisch mit Pellkartoffeln und hart gekochten Eiern
caracoles a la aragonesa	Schnecken in scharfer Weinsauce
hinojos al estilo de Los Fayos	gedünstetes Fenchelgemüse mit einer Sauce aus Eiern, Paprikawurst und Schinkenwürfeln

huevos al salmorejo	pochierte Eier mit Paprika-Knoblauch-wurst, Schweine-lendchen, Spargel und jungen Erb-sen
menestra de verduras de la huerta	gedünstetes, junges Garten-gemüse
surtido de cecinas	gemischte Rauchfleischplatte
tarrina de ciervo o de corzo	Hirsch- oder Rehpastete (Terrine)
tortilla o revuelto con ajitos	Omelette bzw. Rühreier mit jungen Knoblauchsprossen

SUPPEN UND EINTÖPFE

lentejas al estilo del Alto Aragón	Linseneintopf mit Lauch, Tomaten, Champignons und Blutwurst
potaje de judías blancas con oreja y morro	Eintopf aus weißen Bohnen mit Schweins-ohr und -schnauze
„recao"	Eintopf aus Hülsenfrüchten und Gemüse (umgangssprachlich für *recado* = Nach-richt)
sopa de ajos montañesa	Knoblauch-Brotsuppe mit einem pochierten Ei
sopa aragonesa	Lebersuppe mit gerösteten Brotschnitten und geriebenem Käse

FISCHGERICHTE

ajoarriero	Stockfischeintopf mit getrockneten Paprika-schoten, Zwiebeln, Knoblauch und evtl. Kartoffeln

Aragón (Aragonien)

bacalao encebollado	Stockfisch mit einer Sauce aus gebratenen Zwiebeln
trucha a la montañesa	in Wein gekochte Forelle
trucha al estilo de Huesca	gebratene Forelle mit einer Sauce aus gehacktem, jungem Gemüse (Lauch, Zucchini, Karotten, Zwiebeln und Paprika) und Weißwein

FLEISCHGERICHTE

codillo de cerdo con ciruelas pasas	Schweinshaxe mit Backpflaumen
cordero al chilindrón	Schmorgericht aus Junglamm, Schinkenwürfeln, Karotten, jungen Erbsen, Paprikaschoten, Tomaten, Knoblauch und Rotwein
espárragos montañeses	Lammschwänze mit gebratenen Tomaten- und Paprikaschoten
jarretes de ternasco a la pastora	in Milch geschmorte Milchlammhaxe mit Kartoffeln, (Spargel) und Artischocken
lengua de vaca a la turolense	geschmorte Rinderzunge mit einer Sauce aus Rotwein, Karotten, Paprikaschoten, Tomaten, Zwiebeln und Kräutern
lomo de cerdo con boliches	Schweinelende mit weißen Bohnen *(boliches)*, Paprikawurst und Speck

GEFLÜGEL- UND WILDGERICHTE

conejo de monte con caracoles	Wildkaninchen mit Schnecken in einer Weißwein-Kräutersauce
lomo de ciervo con ciruelas	Hirschrückenbraten mit Pflaumen
pato en agridulce	Ente in einer süß-sauren Sauce aus Himbeeren und gemischten Nüssen

pollo al chilindrón	Huhn in einer Sauce aus Rotwein, Tomaten, Zwiebeln, Karotten, Lauch und Paprika

DESSERTS

crespillos de carnaval	kleine, in Öl gebackene Eierkrapfen
melocotón al vino tinto	in Rotwein eingelegte Pfirsiche
quesada	Schichtkäsezubereitung mit Eiern und Zitronenaroma
tortas de Alma	gefüllte Kürbistaschen

KÄSE

queso de Ansó	würziger Schafskäse, der meist jung verzehrt wird
queso de Tronchón	Hartkäse aus Schafs- und Ziegenmilch

Kalorienbombe aus Honig und Mandeln

KEIN SPANIER kann sich ein Weihnachtsfest ohne *turrón* vorstellen. Diese Süßigkeit ist – wie so viele andere auf der Iberischen Halbinsel – ein kulinarisches Erbe der etwa 800 Jahre dauernden arabischen Präsenz auf spanischem Boden. Der Urahne des heutigen *turrón* – der *alajú,* den es heute noch in der Provinz Cuenca gibt – wird erstmalig gegen Ende der islamischen Herrschaft im 14. Jh. in den Chroniken schriftlich erwähnt. Auch in einem katalanischen Rezeptbuch aus demselben Jahrhundert, dem *Llibre de Sent Jovi,* ist von einer Süßigkeit namens *torrons* die Rede. In Vergessenheit geraten, taucht diese süße Verführung im 18. Jh. wieder auf, als ein gewisser Herr Turrons – ein Katalane aus Barcelona – ein ähnliches Rezept als seine Erfindung ausgibt. Die steinharte Masse war allerdings das Hauptnahrungsmittel der während des spanischen Erbfolgekrieges von der Pest dezimierten und von den Truppen des Bourbonen-Königs Philipp V. belagerten katalanischen Bevölkerung. So streiten sich heute noch Katalanen und Alicantiner, wem die Ehre gebührt, der tatsächliche Erfinder der süßen Kalorienbombe zu sein. Wie auch immer, die *turrón*-Herstellung ist seit Ende des 18. Jh. fest in Alicantiner Hand und der kleine Ort Jijona ist das Zentrum der spanischen

turrón-Industrie. Ein Städtchen, in dem sich alles um diese orientalisch anmutende Süßigkeit dreht und wo jede Fabrik ihre alten Rezepturen wie ein Staatsgeheimnis unter Verschluss hält. In Jijona riecht die Luft ständig nach Honig, gebrannten Mandeln und Nüssen. Sie strömt aus den über 30 *turrón*-Fabriken der Ortschaft, die durch die *turrón*-Herstellung in ganz Spanien bekannt geworden ist.

Es gibt eigentlich nur drei klassische *turrón*-Sorten: der *turrón duro* bzw. *turrón de Alicante* (ein harter *turrón* aus einer Honig-Mandel-Eiweißmasse), der *turrón blando* bzw. *de Jijona* (eine weiche Variante aus Honig, Mandeln, Eiweiß und Mandelöl) und der *guirlache,* eine Mischung aus ungesüßten Mandeln und kristallisiertem Karamell.

Stets darum bemüht, sich dem Geschmackstrend anzupassen, haben die *turrón*-Fabrikanten in den letzten Jahren unzählige neue Varianten auf den Markt gebracht. Diese moderneren *turrones* aus Marzipan, kandierten Früchten, Schokolade usw. werden zwar auch gern gekauft, aber die großen Renner an Weihnachten sind nach wie vor die traditionellen *turrón duro* und *turrón blando,* die auf keinem – noch so bescheidenen – Festtisch fehlen dürfen.

Asturias (Asturien)

FLÄCHE: 10.565 KM²
EINWOHNER: 1.114.000
HAUPTSTADT: OVIEDO
PROVINZ: ASTURIAS

Asturien liegt im grünen Norden Spaniens. Die Hauptstadt Oviedo, wirtschaftlicher und kultureller Mittelpunkt des konstitutionell autonomen Fürstentums, liegt von Hügeln umschlossen ziemlich genau in der Mitte der Region.

Asturien ist ein Land für Naturliebhaber und Individualisten. Hier findet man noch eine intakte, unberührte Natur: imposante Bergmassive, tiefe Schluchten, verträumte Fischerdörfer und eine 350 Kilometer lange Küste mit steilen Kliffs und sandigen Badebuchten. Im östlichen Teil, bei Ribadesella, befindet sich die Höhle von Tito Bustillo mit ihren eindrucksvollen prähistorischen Felsenmalereien, die man ab April bis Ende September sogar besichtigen kann. In diesem Bergland im Küstengebirge Cordillera del Sueve gibt es noch die kleinen *asturcones* (Wildpferde), deren Urgroßväter schon vor 20.000 Jahren dort in freier Wildbahn lebten. In den dichten Eichenwäldern im westlichen Teil Asturiens findet man noch Braunbären,

Oviedo

Cabo Vidio

*Majada de Ostón
in den Picos de Europa*

Luchse und Auerhähne. Im Süden begeistern Naturparks (Somiedo, Muniellos, Degaña) mit ihrer seltenen Flora und Fauna den Besucher. Im Osten türmt sich das Hochgebirge der Cordillera Cantábrica mit den Picos de Europa, ein El Dorado für Bergsteiger, und dem Covadonga-Nationalpark, der halb zu Asturien und halb zur Provinz León gehört.

In der kleinen Ortschaft desselben Namens begann im Jahre 718 die *Reconquista,* die Befreiung bzw. Rückeroberung Spaniens von der maurischen Herrschaft durch den Fürsten Don Pelayo, der zum ersten König des neu gegründeten Königreichs Asturien ausgerufen wurde. Seitdem gilt Covadonga quasi als Nationalheiligtum. Anfang des 20. Jahrhunderts wurde eine Basilika im neuromanischen Stil errichet, die zur beliebtesten Wallfahrtsstätte der Asturier werden sollte.

Die *asturianos* lieben es, zu den Klängen von *tambor* (Trommel) und *gaita* (Dudelsack) die Feste zu feiern, wie sie fallen. Darunter verstehen sie: ausgiebig zu essen und zu trinken. Die

Hirtenfest in den Picos de Europa

Küche ist meistens sehr deftig und für eine Diät nicht geeignet, da die Portionen in der Regel riesig sind. Das Nationalgericht Asturiens ist die *fabada,* ein schwerer und sättigender Bohneneintopf. Im Übrigen bilden die für die *fabada* typischen *fabes* – eine besonders große und zarte weiße Bohnenart – in Verbindung mit Wild oder mit Meeresfrüchten die Grundlage vieler traditioneller asturianischer Gerichte. Aber auch das

durch die besondere Geografie reichliche Fischangebot ist ein wichtiger Bestandteil der hiesigen Landesküche. Unter den zahlreichen Käsesorten, die im Fürstentum hergestellt werden, ist der *cabrales* aus den Picos de Europa zweifelsohne der bekannteste. Dieser würzige Edelschimmelkäse aus Schafs-, Ziegen- und Kuhmilch, der in ganz Spanien sehr geschätzt ist, wird teilweise noch wie anno dazumal in Ahornblätter gewickelt und erlangt in Kalksteinhöhlen seine volle Reifung. Dazu trinkt man einen kühlen *sidra,* den landestypischen herben Apfelwein, der bei keiner Fiesta fehlen darf.

RESTAURANT-TIPPS

Oviedo: CASA CONRADO; Argüelles, 1; Tel. 985 22 39 19
Figueras (Castropol): PEÑALBA; Puerto; Tel. 985 63 61 66

VORSPEISEN

empanada de boroña con sardinas	Tasche aus Maismehlteig mit Sardinenfüllung
empanada asturiana	Mürbeteigtasche mit einer Füllung aus hart gekochten Eiern, Schinken und Paprikawurst
fiambre de bonito	kalte Tunfischterrine
fritos de bacalao o de pixín	Stockfisch- oder Seeteufelkrapfen
pixín *(asturisch für* rape*)* a la murense	Seeteufelsalat mit hart gekochten Eiern und Miesmuscheln

SUPPEN UND EINTÖPFE

fabada asturiana	Eintopf aus weißen Bohnen, Blutwurst, Speck und Paprikawurst

garbanzos a la asturiana	Eintopf aus Kichererbsen, Wirsing und Paprikawurst
potaje de grelos	Eintopf aus weißen Bohnen, Kartoffeln, jungen Rübenblättern, Schweinshaxe, Speck, Blut- und Paprikawurst
pote asturiano	Eintopf aus weißen Bohnen, Wirsing, Kartoffeln, Speck, Paprika-, Blutwurst und luftgetrockneter Schweinshaxe
sopa asturiana	Brotsuppe mit Paprikawurst, hart gekochten Eiern und Fleischbrühe
sopa de Candas	würzige Fischsuppe mit Seeteufel, Venus-, Miesmuscheln, hart gekochten Eiern, geröstetem Brot und Safran

EIERSPEISEN

tortilla a la gruta	Omelette mit luftgetrocknetem Schinken, Crevetten, jungen Erbsen und Kartoffeln
tortilla de bonito en escabeche	Omelette mit eingelegtem Tunfisch aus der Dose, Zwiebeln und grüner Paprikaschote
tortilla de merluza	Omelette mit gekochtem Seehecht, Zwiebeln und Knoblauch (meistens als Resteverwertung)

FISCHGERICHTE

albóndigas de bacalao en salsa	Stockfischklößchen in Apfelweinsauce
merluza o besugo a la sidra	gebratener Seehecht (oder Meerbrasse) mit Kartoffeln in einer Sauce aus Zwiebeln, Knoblauch, Tomaten und Apfelwein
salmón a la ribereña	im Backofen gebratene Lachsscheiben mit Apfelwein

sardinas a la parra	in einem Tontopf geschichtete und mit Weinblättern bedeckte und anschließend im sehr heißen Backofen geschmorte Sardinen
truchas a la moderna	gebratene Forelle mit Rohschinken

FLEISCHGERICHTE

callos a la asturiana	geschmorte Kalbskutteln mit Kalbsfuß, Kalbsmaul und Schweinefüßchen
lomo de cerdo a la marinera	gebratenes und geschmortes Schweinelendchen mit Venusmuscheln nach Seemannsart
mollejas de ternera a la asturiana	Kalbsbries in Apfelweinsauce
ternera al Cabrales	Kalbsfilet in einer Champignon-Sahne-Sauce mit *Cabrales*-Käse

GEFLÜGEL- UND WILDGERICHTE

conejo escopetero	geschmortes Kaninchen mit einer Sauce aus pürierter Kaninchenleber, Mandeln und Brandy
corzo asado a la asturiana	Rehbraten mit Äpfeln in Rotwein und Brandysauce
fabes blanques con liebre	geschmorter Hase mit weißen Bohnen
fitu (pollo) con arbeyus (guisantes)	geschmortes Huhn mit jungen Erbsen
perdiz estofada a la asturiana	geschmortes Rebhuhn mit einer Sauce aus Speck, Zwiebeln, Knoblauch, Karotten und Weißwein

DESSERTS

borrachinos	eine Art Krapfen aus Brotkrume und Eiern, die nach dem Frittieren in einem Wein-Zucker-Zimt-Sud langsam gekocht werden
manzanas a la crema	mit Vanille-Pudding gefüllte Bratäpfel
tarta asturiana	Haselnusskuchen mit Baiser-Garnierung
tarta de manzana	Apfel-Vanille-Puddingkuchen

KÄSE

Afuega'l pitu	kleiner, junger Schafskäse aus dem Nalón-Tal
Porrua	kleiner, frischer Schafskäse aus der Llanes-Gegend
queso de Cabrales	edler Blauschmimmelkäse aus Kuh-, Ziegen- und Schafsmilch aus der Cabrales-Gegend
queso de Gamonedo	leicht schimmeliger, würziger Dreimilch-käse aus der Gamonedo-Gegend

Fiestas

Das ganze Jahr
ein Grund zum Feiern

DEN SPANIERN liegen alte Bräuche besonders am Herzen. Jede Ortschaft, mag sie noch so klein sein, hat ihren Schutzpatron oder ihre Schutzmadonna, den/die es einmal im Jahr zu ehren gilt. Ein willkommener Anlass, Tradition, Folklore und Gastronomie miteinander zu verbinden. Aber auch profane Ereignisse kommen nicht zu kurz im spanischen *fiesta*-Kalender. Hauptsache man hat einen Grund zum Feiern. Es versteht sich von selbst, dass bei solchen mehr oder weniger traditionsreichen Veranstaltungen ausgiebig gegessen und getrunken wird.

Gigantes y cabezudos

Seit der Wiedereinführung der Demokratie wird der Karneval in ganz Spanien groß gefeiert. Die spektakulärsten Umzüge und Kostüme findet man auf Teneriffa. Am lustigsten geht es aber in Cádiz (Andalusien) und Sitges (Katalonien) zu. Vom 12. bis 19. März findet das Fest der *Fallas* (Figurengruppen aus Pappmaché) in Valencia statt. Pünktlich zum St.-Josefs-Tag werden sie abgebrannt: ein einmaliges Schauspiel, bei dem Groß und Klein einen Riesenspaß haben.

Die *Semana Santa* (Karwoche) ist in Spanien ein wichtiges religiöses Ereignis, das besonders im Süden eine enorme Ausdruckskraft hat. Die Prozessionen in Sevilla sind genauso berühmt wie die ein paar Wochen später stattfindende *Feria de Abril*, eine Mega-Fiesta, an der schöne *señoritas,* stolze Reiter, rassige Pferde, *sevillanas*-Musik und -Tänze, *tapas* und Sherry die Hauptrolle spielen.

Feria de Abril

Wem weder Staub noch Strapazen etwas ausmachen (und wer außerdem trinkfest ist), der sollte im Mai die Pilgerfahrt *(Romería)* zu *El Rocío* (Huelva) nicht versäumen. Ein Massenspektakel mit religiösem Hintergrund, dem Leute mit Platzangst lieber fernbleiben sollten.

Stiefkampf-Fans seien die ebenfalls im Mai in Madrid stattfindenden *Fiestas de San Isidro* empfohlen. Allerdings gibt es auch andere, weitaus harmlosere Arten, sich die Zeit zu vertreiben: In jedem Madrider Viertel feiert die Bevölkerung das Fest zu Ehren seines Schutzpatrons mit den typischen Leckerbissen, viel Wein und Tanz.

Im Juni wird die Sommersonnenwende zum Anlass genommen, Riesenpartys im ganzen Land zu veranstalten. Haupt-

Gigantes y cabezudos

sächlich in Katalonien und an der Levante werden in der Nacht vom 23. auf den 24. Juni die *Fogueres de San Joan* (Johannisfeuer) und gigantische Feuerwerke angezündet, die mit ihren wunderschönen Farben den Himmel spektakulär erleuchten. Es ist die kürzeste und zugleich magischste Nacht des Jahres, in der (fast) alles erlaubt ist.

Der 29. Juni (St. Peter) und der 16. Juli (Heilige Jungfrau von Carmen) sind die traditionellen Feste der Fischer und ihrer Zunft, die im ganzen Land gefeiert werden. Nach den religiösen Zeremonien wird überall Fisch gegessen, viel getrunken und ausgiebig getanzt.

Die wohl bekannteste Fiesta ist allerdings das Fest der *Sanfermines* in Pamplona, an dem eine ganze Stadt eine Woche lang wie im Massenrausch lebt.

Im September finden an der gesamten Levante die *Fiestas de Moros y Cristianos* (Feste der Mauren und Christen) statt. Die arabische Eroberung und die christliche Wiedereroberung des Landes werden auf friedliche und farbenfrohe Weise für einige Tage wieder lebendig.

Weinschlacht von Haro

September ist aber auch der Monat, in dem in ganz Spanien die Weinfeste gefeiert werden. Das Fest der *Sanmateos* in Logroño ist wohl das bekannteste unter ihnen, aber in jeder Wein produzierenden Gegend kann man den neuen Wein und die typischen Landesspezialitäten bei Tanz und Gesang probieren.

Gegen Ende des Jahres geht es ruhiger zu. Weihnachten steht vor der Tür und dieses Fest der Liebe gehört in Spanien traditionell den Kindern. Das spanische Weihnachtsfest ist für einen Mitteleuropäer eine völlig andere Welt. Es ist kein Fest der Besinnung, sondern der Freude, weil der Sohn Gottes als kleines Kind auf die Erde gekommen ist. Und das soll gebührlich gefeiert werden: Die *villancicos* (typische Weihnachtslieder des Volkes) sind lustig, gegessen wird reichlich und es fehlt weder an Wein noch an Sekt (oder Apfelwein). An diesen besonderen Festtagen ist sogar ein kleiner Schwips erlaubt. *Un día es un día* lautet ein bekannter Spruch und in der Tat wird das Weihnachtsfest doch nur einmal im Jahr gefeiert.

FLÄCHE: 5.289 KM²
EINWOHNER: 530.000
HAUPTSTADT: SANTANDER
PROVINZ: CANTABRIA

KANTABRIEN WAR SCHON IN DER VORGESCHICHTE bewohnt. Die Altamira-Höhlen, „die Sixtinische Kapelle aus dem Paläolithikum", sind mit ihren außergewöhnlichen ockerfarbenen Wandmalereien der wichtigste Zeuge aus jener Zeit. Damit sie nicht zerfallen, dürfen sie neuerdings nur mit Sondergenehmigung besichtigt werden. Naturgetreue Nachbildungen sind allerdings im Museum für Archäologie und Vorgeschichte in Santander der Öffentlichkeit zugänglich.

Die Stämme der Kantabrier waren als wildes, kriegerisches Volk berühmt-berüchtigt, sie kämpften mutig gegen die Römer und leisteten aus den Bergen 10 Jahre lang erbitterten Widerstand gegen die römischen Milizen. Auch später hatten die Römer in dieser Region nichts zu lachen. Um Truppenverluste zu vermeiden, beließen sie es dabei, nur Bewachungsposten auf den Straßen dieser Region zu errichten. So fallen die Funde aus dieser Zeit eher spärlich aus (z. B. das römische Wehrdorf Julióbriga).

Auch den Arabern war es nicht vergönnt, in Kantabrien einzudringen, wovon die Christen weiter im Süden profitierten: Sie fanden eine sichere Zuflucht in den Bergen. Später, als die Araber nach und nach weiter in den Süden zurückgedrängt wurden, wanderten viele Kantabrier ebenfalls nach Süden in die von den Mauren verlassenen Gebiete aus. Diese „Emigranten" hießen *foramontáneos* (wörtlich „Hinterbergler") und brachten ihre Kultur in die neue Heimat mit.

Als Zwischenstation auf dem Jakobsweg spielte Santillana del

In den Picos de Europa

Mar vor allem im Mittelalter eine wichtige Rolle. Dieses einzigartige Städtchen war bis zum 17. Jh. die Hauptstadt von Westasturien (Kantabrien gehörte mal zum Königreich Asturien, mal zum mächtigen Kastilien) und genoss zeitweise spezielle Privilegien. Die vielen gut erhaltenen Gebäude aus dem Mittelalter, der Renaissance und dem Barock, die dem Stadtbild seine besondere Schönheit verleihen, machen aus Santillana del Mar ein architektonisches Freilichtmuseum.

Die Kantabrier haben eine lange Tradition als Seefahrer und Schiffsbauer. Viele Seeleute schifften sich mit Kolumbus ein, um einen neuen Weg nach Indien zu finden, was ja bekanntlich zur Entdeckung Amerikas führte. Einige dieser Männer kamen reich und respektiert von ihren Meeresabenteuern zurück. Ihre Familienwappen zieren heute noch die Fassaden der vielerorts errichteten Herrenhäuser. Der berühmteste unter ihnen ist wohl der Seefahrer und Geograf Juan de la Cosa, der Ende des 15. Jh. die erste Weltkarte zeichnete. Viel später, Ende des 19. Anfang des 20. Jh. verließen viele Männer aus wirtschaftlicher Not ihre Heimat mit der Absicht, ihr Glück in Übersee zu finden. Einige davon kehrten erfolgreich und wohlhabend zurück, um den Lebensabend hier zu verbringen. Sie wurden mit Respekt, aber auch mit einem gewissen neidischen Unterton, *indianos* (die aus Indien Kommenden) genannt. Diese *indianos* taten viel Gutes und ließen Schulen, Kranken- und Rathäuser

Dorf in sattgrüner Landschaft

bauen. Der spätere Marquis von Comillas, Antonio López López, Hauptgeldgeber vieler öffentlicher Bauprojekte, war einer dieser legendären Auswanderer, der das hübsche Küstenstädtchen Comillas in ein architektonisches Juwel verwandelte: Der klassizistische Palast des Marquis beherbergt in seinem schönen Park ein entzückendes, verspielt-kitschiges Gebäude namens *El Capricho* (heute als Luxusrestaurant genutzt), das er vom genialen katalanischen Architekten Antonio Gaudí als Hochzeitsgeschenk für seine Tochter bauen ließ.

Sowohl klimatisch als auch landschaftlich bietet das kleine Kantabrien eine Fülle von Kontrasten, die es zu einer der attraktivsten Regionen Spaniens, ja sogar Europas, machen. Die Küstenregion mit ihren vielen romanischen Wallfahrtskirchen und malerischen Fischerdörfern überrascht den Besucher mit Santander und der herrlichen Strandbucht El Sardinero („der Sardinenfänger"). Die eindrucksvollen Paläste und herrschaftlichen Villen halten die Erinnerung an bedeutendere Zeiten wach, als der spanische König seine Sommerresidenz im Magdalena-Palast hatte. Dadurch avancierte Santander zum beliebtesten Urlaubsziel des spanischen Adels und Großbürgertums. Diese Mondänität kontrastiert mit den viel bescheideneren, aber nicht minder interessanten Orten Castro Urdiales, Laredo und Santoña und ihren imposanten gotischen Kirchen.

Während man an der Küste alle Wassersportarten ausüben kann, sind Naturliebhaber im Hinterland bestens aufgehoben. Dort findet man kleine mittelalterliche Dörfer und eine wilde, unberührte Natur. Ideal für sportliche Wanderer sind die Bergregionen Montañas Pasiegas und La Liébana. Die Pflanzen-

und Tierwelt ist in Kantabrien noch weitgehend ursprünglich mit einer erstaunlichen Artenvielfalt (in den dichten Wäldern sind Riesenbäume von 50 Metern Höhe eher die Regel als die Ausnahme). Im Hochgebirge – hauptsächlich in den Natur- und Jagdschutzgebieten von Picos de Europa und Saja – leben sogar noch Wölfe, Wildkatzen, Königsadler, Turmfalken und Geier sowie seltene Tierarten wie der Auerhahn oder der Braunbär, die in Europa schon seit Jahren Seltenheitswert haben. Kein Reiseziel für Massentouristen also, sondern für naturnahe Individualreisende, die ein anderes Gesicht Spaniens kennen lernen wollen.

Die Küche Kantabriens ist einfach und bodenständig. Sehr gern gegessen wird der *cocido montañés,* ein deftiges Eintopfgericht aus weißen Bohnen, Kohl, jeder Menge Schweinswürste und Schweinefleisch. An zweiter Stelle in der Gunst der Bevölkerung steht *marmita,* ein Eintopf aus Tunfisch und Kartoffeln. Insgesamt ist die kantabrische Küche stark vom Meer geprägt, wobei sich Sardinen, auf vielerlei Arten zubereitet, bei den *cántabros* (Bewohner Kantabriens) besonderer Beliebtheit erfreuen.

Restaurant-Tipps

Santander: ZACARIAS; Hernán Cortés, 38; Tel. 942 21 23 33 ●
Santillana del Mar: ALTAMIRA; Altón, 1; Tel. 942 81 80 25

VORSPEISEN

anchoas (sardinas) en cazuela	Sardellen (Sardinen) mit Olivenöl und Zwiebeln im Tontopf gegart
arroz en ensalada	Reissalat mit Tunfisch, Sardellen, Tomaten und Zwiebeln
caracoles a la marinera	Schnecken in einer scharfen Sauce aus Tomaten, Zwiebeln, Knoblauch, Weißwein und Peperoni

SUPPEN UND EINTÖPFE

sopa de almejas	Suppe aus Venusmuscheln, Kräutern und Reis
sopa de verduras	Suppe aus Kartoffeln, Weißkohl, Lauch, Zwiebeln, Tomaten, weißen Rüben und Nudeln

Cantabria (Kantabrien)

cocido cantabrón	Eintopf aus Hummer, Suppengrün, Weißkohl sowie weißen und grünen Bohnen
cocido montañés	Eintopf aus Schweinefleisch, Speck, Paprikawurst, Weißkohl und weißen Bohnen

FISCHE UND MEERESFRÜCHTE

bacalao a la cantábrica	im Tontopf gedünsteter Stockfisch in einer Sauce aus Zwiebeln, Knoblauch, Weißwein, Petersilie und Zitronensaft
cazuela de merluza con almejas	Seehecht und Venusmuscheln in Weißweinsauce, im Tontopf zubereitet und serviert
chipirones a la santanderina	kleine Tintenfische mit rohem Schinken gefüllt, in einer Sauce aus Tomaten, Zwiebeln, Knoblauch, Paprika und Weißwein
jibiones de la huerta	mit Tintenfisch *(jibión)* gefüllte grüne Paprikaschoten, im Tintensud geschmort
langostas a la plancha	auf einer heißen Metallplatte gegrillte Riesengarnelen

FLEISCHGERICHTE

callos con vino blanco	Kalbskutteln in einer Paprika-Weißwein-sauce
lengua de ternera con tomates y pimientos	Kalbszunge mit roten und grünen Paprika-schoten, Zwiebeln, Knoblauch, Tomaten und Weißwein
morro de vaca con verduras	Kalbsmaul in einem Sud aus Zwiebeln, Lauch, Karotten, weißen Rüben, Rettich, Weißwein und Lorbeerblatt

DESSERTS

quesada	Art Käsekuchen bzw. -torte
sacristanes	Blätterteigtaschen mit diversen Füllungen (Marzipan, Nüsse etc.)
"sobaos" (pasiegos)	Biskuitteilchen
tarta de queso con nueces	Art Käsekuchen mit Walnüssen

KÄSE

queso ahumado de Aliva	geräucherter Käse aus Schafs- und Ziegen-milch aus der Gegend um den Aliva-Pass
queso de Cantabria (Nata)	bekanntester kantabrischer Käse mit offizieller Herkunftsbezeichnung; er wird aus Kuhmilch hergestellt und hat eine Rei-fezeit von ca. 15 Tagen
queso de Guriezo	Frischkäse aus Schafsmilch aus dem Uriezo-Tal (bzw. von der Castro-Urdiales-Küste)

Süße Muntermacher

Als Kolumbus im Jahre 1502 auf der kleinen Insel Guanajo in Mittelamerika vom Häuptling eine Tasse Kakao als besondere Ehre überreicht wurde, konnte er nicht ahnen, dass dieses bittere und scharfe Gesöff einige Jahrhunderte später zum Modegetränk des Adels in ganz Europa werden sollte. Kolumbus dachte nicht im Traum daran, den scheußlichen Trunk, der ihm Sodbrennen verursacht hatte, in Spanien einzuführen. Einige Jahre später war Hernán Cortés etwas weitsichtiger. Bei der Eroberung Mexikos bekam er vom Kaiser Montezuma persönlich neben dem besagten Getränk einen Sack mit Kakaobohnen (*txocolatl* genannt), die bei den Azteken als Zahlungsmittel dienten. Nach seiner Rückkehr überreichte Cortés die *txocolatl*-Bohnen samt „Gebrauchsanweisung" Kaiser Karl V., der die Bitterkeit des Kakaos durch Zucker, Vanille und etwas Pfeffer zu mildern wusste. Das Schokoladenrezept blieb lange geheim und auf Spanien beschränkt. Erst 1615 anlässlich der Vermählung des französischen Königs Ludwig XIII. mit Ana, der Tochter Philipps II., überschritt die Trinkschokolade Spaniens Grenzen. Nach und nach setzte sich das ungewöhnliche Getränk bei den oberen Schichten in Europa und in der ganzen Welt durch. Während die spanischen Aristokraten *el chocolate* (die Schokolade) als heißes Getränk für zwischendurch favorisierten, wurde sie später – nachdem die Rezeptur vereinfacht wurde und lediglich aus Kakaopulver, Wasser, Zucker oder Honig und Maisstärke bestand – für die Madrider Bürger zum Lieblingsfrühstücksgetränk. Daran hat sich bis heute nichts geändert (allerdings wird oft dem Wasser Milch beigegeben).

Wer die *churros* (frittiertes Spritzgebäck) erfand, ist nicht überliefert. Sie tauchten in Madrid vor ca. 200 Jahren auf und sind die ideale Ergänzung zu der

heißen Tasse Kakao am Morgen. Die *churros* gibt es gleich in zwei Varianten: *churros* (dünnes Spritzgebäck) und *porras* (dicke, ca. 20 cm lange, frittierte Gebäckstängel aus demselben Teig wie die *churros*). Dieses Ölgebäck wird sofort nach dem Frittieren mit Zucker bestäubt und heiß verzehrt. In Madrid und Andalusien kann man die *churros* in Spezialbuden (die man auch auf Volksfesten in ganz Spanien sieht) oder kleinen Läden (beide *churrerías* genannt) kaufen. Dort werden sie stückweise verkauft und in eine trichterförmige Papiertüte zum Mitnehmen eingepackt oder einfach in Papier gewickelt. Viele *churrerías* verkaufen auch *chocolate* oder Milchkaffee zu den *churros,* aber in Madrid führen selbstverständlich Kaffeehäuser und *chocolaterías* (Schokoladentrinkstuben) – und sogar die meisten Hotels – die *churros* auf ihren Frühstückskarten. Seitdem in Spanien die Discos erst gegen 6 Uhr in der Früh dicht machen, hat sich in Madrid und Andalusien (andere spanische Provinzen ziehen langsam nach) eine *chocolate con churros*-Kultur entwickelt. Nach einer durchtanzten oder durchzechten Nacht gibt es nichts Besseres als in eine *churrería* zu gehen, um dort den Muntermacher *chocolate con churros* als erste kleine Mahlzeit des Tages zu genießen.

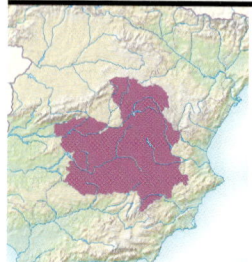

FLÄCHE:	79.226 KM²
EINWOHNER:	1.652.000
HAUPTSTADT:	TOLEDO
PROVINZEN:	ALBACETE, CIUDAD REAL, CUENCA, GUADALAJARA, TOLEDO

DAS GEBIET zwischen den Gebirgsketten Guadarrama, Gredos und Sierra Morena bezeichnet man heute als Castilla-La Mancha. Diese im Ausland fast unbekannte Gegend ist wegen ihrer bemerkenswerten Geschichte und ihrer herrlichen Landschaften eine der interessantesten spanischen Regionen überhaupt. Ihre Ursprünge lassen sich dank der gut erhaltenen prähistorischen Wandmalereien (Höhlen von Ayna und Alpera in Albacete, La Hoz und Casares in Guadalajara) bis ins Paläolithikum zurückverfolgen.

Diese kontrastreiche Region, die viele Zivilisationen (Iberer, Römer, Westgoten, Araber, Juden) hat kommen und gehen sehen, öffnet sich dem Besucher wie ein bunter Fächer: Wer sich für die Vergangenheit interessiert, findet hier geschichtsträchtige Orte wie Belmonte, Campo de Criptana und Ciudad Real sowie architektonische Juwelen wie Almagro, Sigüenza und Cuenca. Und die Perle der Perlen: Toledo, eine Stadt, die

Windmühle in Mota del Cuervo/ Provinz Cuenca

der legendäre römische Historiker Titus Livius in seinen Schriften als *Toletum* bereits erwähnte und die als Paradebeispiel des friedlichen Zusammenlebens von Christen, Moslems und Juden in die Geschichte eingehen sollte. Toledo war viele Jahrhunderte lang sowohl unter den Westgoten als auch unter den Arabern und später im christlichen Spanien das politische

Blick auf Toledo

Blick auf Jorquera / Provinz Albacete

Machtzentrum. Straßen und Gebäude sind allgegenwärtige steinerne Zeugen vergangener, glorreicher Zeiten.

La Mancha war bis zum 12. Jh. ein Teil von *Al Andalus* und ist stark von den Arabern geprägt worden. Mit ihren ausgeklügelten Bewässerungssystemen brachten sie ganze Landschaften zum Erblühen und auch die Viehzucht kam richtig in Schwung. Das ermöglichte einen bescheidenen Wohlstand für alle Bevölkerungsschichten dieser damals sehr kargen Region, was wiederum einen regelrechten Bauboom zur Folge hatte. Neue Städte wurden gegründet: Albacete (*Al-Basit* heißt „die Ebene"), Calatrava, Jorquera, Guadalajara, Talavera und Vascos, um nur einige zu nennen.

Durch die ständigen kriegerischen Auseinandersetzungen zwischen Christen und Arabern war La Mancha bereits ein Land der Ritter, bevor Miguel de Cervantes seinen weltberühmten Roman *Don Quixote* schrieb. In kaum einer anderen spanischen Region – außer vielleicht Kastilien-León – gibt es so viele Ritterburgen wie in La Mancha. Der geistliche Ritterorden von Calatrava hatte seinen Hauptsitz in Almagro. Die Klosterburgen in Calatrava la Nueva und Calzada de Calatrava waren Nebensitze dieses Ordens. Allein stehende, z.T. gut erhaltene Burgen gibt es in Alarcón (wurde zum staatlichen Hotel = *parador* umfunktioniert), Belmonte und San Martín de Montalbán. Andere gehören zum historischen Stadtbild wie z.B. die *castillos* in Atienza und Sigüenza (die ebenfalls ein *parador* beherbergt). Auf Touristenrouten wie der „Ritterroute", der „Landromanik" und der „Don-Quixote-Route" lassen sich Kunst und Kultur von Castilla-La Mancha am besten kennen lernen.

Castilla-La Mancha hat auch dem naturverbundenen Reisenden Großartiges zu bieten: endlose Ebenen, die eher an

Castilla-La Mancha (Kastilien-La Mancha)

Landschaft bei Albacete

Amerika als an Europa erinnern, schroffe Gebirgsketten (Sierra del Segura, Sierra de Alcáraz, Serranía de Cuenca), fruchtbare Flusstäler (Júcar, Segura, Huécar, Gallo), skurrile Kalkformationen mit geheimnisvollen Formen in der Nähe von Cuenca (*Ciudad encantada* = „verzauberte Stadt") und imposante Schluchten (Barranco de la Virgen de la Hoz in Guadalajara, Hoz del Júcar in der Provinz Albacete, Hoz de Beteta in Cuenca). Naturschutzgebiete und Naturparks wie Las Lagunas de Ruidera, Tablas de Daimiel und Cabañeros (Ciudad Real), La Alcarria (Guadalajara) und Montes de Toledo (zwischen Toledo und Ciudad Real) mit Landschaften von überwältigender und wildromantischer Schönheit hinterlassen unvergessliche Eindrücke.

Die Küche dieser Region ist so abwechslungsreich wie ihre Landschaften. Fremde Einflüsse, vor allem arabische und jüdische, sind noch heute auf der Speisekarte zu finden. Auch die schlichte Hirtenküche hat typische Landesspezialitäten hervorgebracht wie die *gazpachos manchegos* oder das Lamm *a la caldereta*. Überhaupt spielt Lamm in dieser Region eine besondere Rolle. Durch La Mancha führten bereits unter den Römern die wichtigsten Wanderhirtenstraßen. Die Zeiten haben sich seitdem geändert, aber das Lamm von La Mancha ist in seiner Qualität wahrscheinlich genauso gut wie damals – wenn nicht besser. Es hat jetzt sogar eine Herkunftsbezeichnung und ist, nach der Meinung bekannter Gastronomen, das beste Spaniens. Es kommt hier als Milchlamm vorwiegend gegrillt auf den Tisch, da es keinerlei Saucen als Geschmacks-verbesserer benötigt. Bei den ziemlich süßen Nachspeisen und Backwaren ist der maurische Einfluss offenkundig: *miel sobre hojuelas* (blattdünnes Ölgebäck mit Honig) oder *alajú* (eine Art Gewürzkuchen mit Feigen, Mandeln und Honig) sind nur zwei Beispiele unter vielen. Wichtige Exportartikel sind der exquisite und beliebte *Manchego*-Käse sowie die ausgezeichneten Qualitätsweine aus den verschiedenen offiziellen Herkunftsbezeichnungen dieser liebenswürdigen Region.

RESTAURANT-TIPPS

Alarcón: P. T. MARQUES DE VILLENA; Amigo de los Castillos, 3; Tel. 969 33 03 15 ● *Albacete:* NUESTRO BAR; Alcalde Conangla, 102; Tel. 967 24 33 73 EL CALLEJON; Guzmán el Bueno; Tel. 967 21 11 38 ● *Almagro:* MERENDERO EL VERDADERO; Carretera de Cuenca ● *Cuenca:* MESON CASAS COLGADAS (einmalige Aussicht, aber teuer); Tel. 969 22 43 52 - RINCON DE PACO; Juan Hurtado de Mendoza, 3; 969 21 34 18 ● *Chinchilla:* RINCON MANCHEGO; Tel. 967 26 06 66 ● *Mota del Cuervo:* MESON DON QUIJOTE; Francisco Costi, 2; Tel. 967 18 02 00 ● *Motilla del Palancar:* SETO; Carretera de Madrid; Tel. 969 33 21 18 ● *Toledo:* LA LUMBRE; Real de Arrabal, 3; Tel. 925 28 53 07 ● *Valdepeñas:* LA AGUZADERA; Autovía de Andalucía, 197,4 km (dirección sur); Tel. 926 31 14 02

VORSPEISEN

asadillo manchego	im Ofen gegrillte und als Salat angemachte rote Paprikaschoten
berenjenas de Almagro	in Essig, Öl, Knoblauch und Gewürzen eingelegte kleine runde Auberginen
moje manchego	kaltes Gericht aus Tomaten, Zwiebeln, Knoblauch, Tunfisch, hart gekochten Eiern und schwarzen Oliven
perdiz escabechada	kaltes, mariniertes Rebhuhn
salmorejo manchego	dickliche kalte Suppe aus Tomaten, Paniermehl, Knoblauch und Öl

Castilla-La Mancha (Kastilien-La Mancha)

EIERSPEISEN

duelos y quebrantos	Rühreier mit Lammhirn, Schinken und gebratenem Speck
mojete de habas	Rühreier mit jungen, dicken Bohnen und Tomaten
tortilla guisada	Omelette mit Kartoffeln und Zwiebeln mit einer Sauce aus Tomaten, Wein und Safran, im Tontopf weitergegart

GEMÜSEGERICHTE

atascaburras	Art Püree aus Kartoffeln und Stockfisch, mit Olivenöl angemacht und mit hart gekochten Eiern und Walnüssen garniert
espinacas al estilo de Iniesta	Spinat mit gehackten, hart gekochten Eiern in Béchamelsauce
patatas guisadas con hongos	Schmorgericht aus Kartoffeln, Pilzen (je nach Saison), Tomaten, Safran und Weißwein
pisto manchego con huevo frito	in Olivenöl geschmorte rote und grüne Paprikaschoten, Zwiebeln, Knoblauch und Tomaten (evtl. auch Zucchini) mit Spiegelei

FISCHE UND KRUSTENTIERE

ajo patatas	Schmorgericht aus gebratenem Stockfisch, Kartoffeln, Knoblauch und Paprika
cangrejos en salsa	Flusskrebse in pikanter Weißweinsauce
peces en escabeche	gebratene und in Essig und Weißwein eingelegte Flussfische
truchas figón	gebratene Forellen mit einer Sauce aus Schinkenstreifen, Weißwein und Zitronensaft

FLEISCHGERICHTE

albóndigas al azafrán	Fleischklößchen in einer Sauce aus rohem Schinken, Zwiebeln, Wein, Thymian, getrockneten Chilischoten, Gewürzpaprika und Safran
ajo mataero	dicker Brei aus Brotkrume, Knoblauch, Schweineleber, gebratenem Schweinebauch, Gewürzen und Pinienkernen
cochifrito	in Weißwein gebeiztes, gebratenes Zicklein mit einer Sauce aus Weißwein, Knoblauch und gehackten, hart gekochten Eiern
cochinillo asado al estilo de Cuenca	sehr langsam im Ofen gebratenes, kleines Spanferkel (maximal 3 kg schwer)
cordero asado a la manchega	Junglammbraten im Tontopf mit Weißweinsauce
cordero con ajos	mit vielen Knoblauchzehen in der Pfanne gebratene Lammfleischwürfel aus der Keule
cordero frito	gebratenes und ausschließlich in einer Knoblauch-Weißweinsauce geschmortes Lammfleisch

GEFLÜGEL- UND WILDGERICHTE

gazpachos manchegos	Schmorgericht aus Niederwild (Hase, Rebhuhn usw.) und ungesäuertem Brot
judías blancas con perdiz	im Tontopf geschmortes Rebhuhn mit weißen Bohnen und aromatischen Kräutern
mojete de conejo de campo	gebratenes Wildkaninchen in einer Sauce aus Knoblauch, Brotkrume, Zimt und Weißwein
perdiz con repollo	geschmortes Rebhuhn mit Weißkohl

DESSERTS

alajú	dünne Torte aus zwei großen, mit einer Paste aus Mandeln, Feigen und Honig gefüllten Oblaten (Cuenca)
flores manchegas	Ölgeback in Blumenform (eigentlich handelt es sich um das Wahrzeichen des Ritterordens von Calatrava in der Provinz Ciudad Real, wo diese Süßigkeit herstammt)
mazapán de Toledo (delicias de Ajofrín, marquesitas de Sonseca)	Marzipan aus Toledo (in Spanien so berühmt wie das Lübecker Marzipan in Deutschland); sowohl die *delicias* als auch die *marquesitas* sind mit Toledo-Marzipan gefüllte, kleine Gebäckteilchen
miel sobre hojuelas	papierdünne, frittierte Eierteigeckchen mit Honigsirup (oder nur mit Honig)
miguelitos de La Roda	Blätterteiggebäck mit einer Füllung aus vorwiegend Vanillepudding (nach einem traditionellen, geheim gehaltenen Rezept) aus La Roda bei Albacete
pan de Calatrava	Vanillepudding in Kastenform mit Löffelbiskuits als Bodenbelag (aus Fuensanta, Albacete)

pan de pasas	Biskuitkuchen in Brotform mit Rosinen und Pinienkernen
queso frito	in verquirltes Ei getunkte und ausgebackene *Manchego*-Käsewürfel

KÄSE

D.O. queso Manchego	der bekannteste spanische Käse überhaupt: ein runder, etwa 2 ½ – 3 kg schwerer Käse mit Herkunftsbezeichnung; er wird primär in der Provinz Ciudad Real, aber auch in Albacete, Cuenca und Toledo hergestellt; ursprünglich bestand er nur aus Schafsmilch, inzwischen gibt es ihn auch aus Schafs-, Ziegen- und Kuhmilch
Manchego fresco	wird sofort nach der Reifung (nicht weniger als 60 Tage) verzehrt
Manchego curado	kommt ca. 13 Wochen nach der Reifung zum Verkauf
Manchego añejo	7 bis 12 Monate lang gereift
Manchego en aceite	er kommt einjährig in ein Olivenölbad, worin er maximal ein weiteres Jahr bleibt: ein Leckerbissen zum Aperitif
queso La Estrella	ausgezeichneter Käse aus Schafsmilch, ursprünglich aus der Gegend um Oropesa (Toledo); nach 4-monatiger Reifung kommt er zur Weiterreifung in ein Ölbad

Edelstoff aus der Krokusblüte

Stellen Sie sich eine echte *paella* oder eine feine Mittel-meerfischsuppe ohne das besondere Aroma und die schöne gelbe Farbe des Safrans vor: absolut undenkbar! Aber über den Ursprung dieses Gewächses mit dem lateinischen Namen *crocus sativus* machen wir uns reichlich wenig Gedanken. Darüber gibt es jedoch unzählige Legenden. Eine der schönsten besagt, dass ein römischer Jüngling namens Crocus sich unsterblich in ein für ihn unerreichbares Mädchen verliebte. Dieses Mädchen hatte einen Garten, in dem wunderschöne Pflanzen wuchsen. Um ihr näher zu sein, verwandelte sich der Jüngling in eine besonders schöne, betörend duftende Lilie, den *crocus sativus,* der dank magischer Kräfte nie verblühte.

Soweit die antike Sage. In Wirklichkeit lässt sich die Herkunft des Safrans nicht sehr genau bestimmen. Die Etymologie deutet auf das arabische Wort „az-zafaram" hin (bzw. „asfar" oder „safra"), das so viel wie „gelb" bedeutet. Diese gemeinsame sprachliche Wurzel ist in vielen europäischen Sprachen als Bezeichnung für den *crocus sativus* heute noch präsent: „zafferano" (italienisch), „Safran" (deutsch), „safran" (französisch) und „saffron" (englisch).

Der Safrananbau in Spanien (im damaligen *Al-Andalus* und heutigen Andalusien) ist seit dem 10. Jh. überliefert. Aber erst im 14. Jh. brachten katalanische Händler das edle Gewürz nach Neapel und Venedig, wo es seinen Siegeszug antrat. In der Renaissance wurde es zu einem der beliebtesten Würz- und Färbemittel der italienischen und französischen Hofköche. Zur damaligen Zeit verwendete man den Safran sogar als Zahlungsmittel, womit er seinem Beinamen „Rotes Gold" Ehre machte. Eine Bezeichnung, die bis heute Gültigkeit hat, denn man bezahlt für ein Gramm dieses kostbaren Gewürzes immerhin bis zu 3 Euro. Das ist auf die mühevolle und zeitrau-

bende Ernte zurückzuführen. Man stelle sich vor: Die Safran-
gewinnung findet im Herbst bei Tagesanbruch statt. Blüte für
Blüte wird von Hand gepflückt. Jede dieser empfindlichen
Safranknospen hat lediglich drei Narben im Blütenkelch: Es
sind die Safranfäden, die man nach der Ernte in großen Getrei-
desieben, auf Kohlenbecken (die nach und nach von Gasöfen
verdrängt wurden) trocknet und leicht röstet.

Obwohl Teruel, Murcia, Alicante und Andalusien auch
Safran anbauen, ist La Mancha das führende Anbaugebiet Spaniens und sogar der Welt. Der exzellente Safrantyp „La Mancha" ist der begehrteste (und teuerste) auf dem Weltmarkt.
Wie bei Edelmarken bestimmt die richtige Herkunftsbezeichnung den Warenpreis. Um unseriöse Händler zu entlarven,
empfiehlt es sich, gut auf das Etikett zu achten, bevor man sich
zum Kauf entschließt. Früher hatten es Schwindler viel schwerer: Wurde der Safran „gestreckt" oder verschnitten, so drohten

dem Betrüger hohe
Strafen. Angeblich wur-
de im Jahr 1444 ein
deutscher Händler na-
mens Jobst Finderer
für schuldig befunden,
Safran verfälscht zu
haben. Er wurde neben
der minderwertigen
Ware auf
dem Nürn-
berger
Marktplatz
öffentlich
verbrannt.

Castilla-León (Kastilien-León)

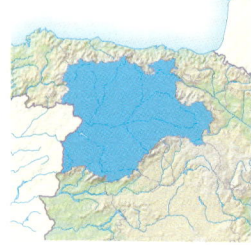

FLÄCHE:	94.193 KM²
EINWOHNER:	2.563.000
HAUPTSTADT:	VALLADOLID
PROVINZEN:	ÁVILA, BURGOS, LEÓN, PALENCIA, SALAMANCA, SEGOVIA, SORIA, VALLADOLID, ZAMORA

Castillo de Poza de la Sal/Pr. Burgos

Aquädukt von Segovia

DIE REGION KASTILIEN-LEÓN verdankt Ihren Namen den vielen Burgen (Kastilien bedeutet so viel wie „Land der Burgen" von *castillo* = Burg, Schloss). Zwar ist diese Region nicht die einzige Spaniens mit einer stattlichen Anzahl von Burgen, aber im 15. Jh. sollen es über 500 gewesen sein, von denen heute höchstens 200 übrig geblieben sind. Nur etwa 100 sind relativ gut erhalten, die andere Hälfte befindet sich entweder in einem desolaten Zustand oder ist eher als Ruine zu bezeichnen.

Diese autonome Region, die flächenmäßig größte Spaniens (mit 2,5 Millionen Einwohnern allerdings nur dünn besiedelt), liegt auf einer Hochebene (Meseta) und wird von den Bergketten Cordillera Cantábrica, Cordillera Central, Sistema Ibérico und der portugiesischen Grenze eingerahmt. Der Fluss Duero, der im Osten die natürliche Grenze zu Portugal bildet, durchfließt die gesamte Region und spielt seit jeher eine bedeutende Rolle.

Die Geschichte Kastilien-Leóns ist wie die des übrigen Spanien von verschiedenen Völkern und Kulturen geprägt (nur die Phönizier, Griechen und Karthager ließen sich hier nicht nieder). Die Römer müssen sich in dieser

Blick auf Segovia

Gegend ziemlich wohl gefühlt haben, denn sie hinterließen einzigartige Bauwerke wie z.B. das Aquädukt von Segovia, das römische Theater in Clunia und Teile der römischen Heeres- und Handelsstraße *Ruta de la Plata* (Silberstraße).

Bereits im 1. Jh. christianisiert, nahmen die Kastilier das Christentum mit Enthusiasmus an. Es waren die Königreiche Kastilien und León, die die *Reconquista* (Rückeroberung der Gebiete unter arabischer Herrschaft) anführten und vorantrieben.

Mystik und kriegerischer Geist sind zwei im altkastilischen Charakter fest verankerte Eigenschaften, die seit der Romanik auch in der Architektur ihre Ausdrucksform fanden: Kathedralen, strenge Klöster, Wehrkirchen und Festungen, aber auch bedeutende kirchliche und weltliche Gebäude im gotischen, Renaissance- und Barockstil machen den Besuch der neun Provinzhauptstädte, allen voran der alten Universitätsstadt Salamanca, zu einem Erlebnis.

Zeit nehmen sollte man sich für die landschaftlich reizvollen Strecken entlang dem Duero (die *Ruta del Duero*), für die *Ruta de la Plata* oder den Kanal von Kastilien.

Die Natur scheint es gut mit dieser Region gemeint zu haben: der Duero mit seinen hunderten von Nebenflüssen (Tiétar, Tormes, Pisuerga, Esla usw.), die imposanten *sierras* (Gredos, Picos de Europa, Guadarrama) mit ihren verschneiten Gipfeln, die dichten (Kork-)Eichen-, Kastanien- und Kiefernwälder oder die idyllischen

Im Hochland von La Demanda/ Provinz Burgos

immergrünen Tallandschaften. Sehenswürdigkeiten der besonderen Art für Naturfreunde sind *la Tierra del Pan* („das Brotland") mit kilometerlangen Getreidefeldern, die natürlichen Seen und Lagunen (einige sind eiszeitlicher Entstehung), die Naturschutzgebiete und Naturparks (*Parque Natural del Cañón del Río Lobo* und *Parque Natural del Lago de Sanabria*) und das Jagdschutzgebiet Sierra de la Culebra.

Die Küche dieser Region ist einfach, solide und ohne Firlefanz: frische Fische aus den zahlreichen Flüssen, Spanferkel und Lammbraten (vor allem in Segovia werden sie meisterhaft zubereitet), deftige Eintöpfe aus Hülsenfrüchten und Gemüse (die *judiones* – große weiße Bohnen – aus La Granja bei Segovia zergehen auf der Zunge und sind in ganz Spanien ein Begriff), pikante Wurstwaren, Schafs- oder Ziegenkäse und herrliche Weine aus den vier Gebieten mit offizieller Herkunftsbezeichnung.

Restaurant-Tipps

Ávila: MESON EL RASTRO; Plaza del Rastro, 1; Tel. 920 21 12 18 ● *Burgos:* CASA OJEDA; Vitoria, 5; Tel. 947 20 64 40 ● *León:* EL PALOMO; Escalerilla, 8. Tel. 987 25 42 25 ● *Palencia:* LA ENCINA; Casañe, 2; 979 71 09 36 ● *Salamanca:* CASA VALE; San Pablo/Plaza del Peso; Tel. 923 27 01 77 ● *Segovia:* MESON DE CANDIDO; Tel. 921 42 59 11 ● *Valladolid:* LA PARRILLA DE SAN LORENZO; Pedro Niño, 1; Tel. 983 33 50 88 ● *Zamora:* LAS ACEÑAS; Aceñas de Pinilla; Tel. 980 53 38 78

VORSPEISEN

empanada de Puerros	mit Lauch gefüllte Pastete
tabla de cecinas	Aufschnittplatte mit verschiedenen Dörrfleischsorten (luftgetrocknetes, leicht geräuchertes Rind- und Pferdefleisch)
tabla de embutidos (embutidos variados) de Salamanca	Aufschnittplatte mit luftgetrockneten Wurst- und Schinkenwaren aus Salamanca (Schweinelende, Paprikawurst, Salami, Schweinebauch, roher Schinken)

SUPPEN UND EINTÖPFE

garbanzos con tocino y chorizo	Eintopf aus Kichererbsen, durchwachsenem Speck, Paprikawurst, rohem Schinken und Gewürzen
judías de La Granja	große weiße Bohnen mit Schweinefleisch und Paprikawurst
olla podrida burgalesa	Eintopf aus roten Bohnen, Schweinefleisch, Speck, Dörrfleisch, Paprika- und Blutwurst
sopa de ajo zamorana	Brot- und Knoblauchsuppe mit Tomaten und Paprika
sopa castellana	Brot- und Knoblauchsuppe mit gestockten Eiern
sopa de almendras	Mandelsuppe mit gerösteten Brotscheiben

GEMÜSEGERICHT

patatas a la importancia	gebratene und anschließend in Wein, Hühnerbrühe, Knoblauch, Safran und Kräutern geschmorte Kartoffelwürfel

FISCHE UND KRUSTENTIERE

bacalao encebollado	Schmorgericht aus gebratenem Stockfisch und Zwiebeln
cachelada de bacalao	Schmorgericht aus Stockfisch, Kartoffeln, roten Paprikaschoten und Gewürzen
cangrejos a la cazuela	Flusskrebse in einer Sauce aus Zwiebeln, Knoblauch, Kräutern und Wein, im Tontopf geschmort
truchas con pimientos del Bierzo	gebratene Forellen mit Schinkenspeck und gebratenen roten Paprikaschoten aus El Bierzo (León)

GEFLÜGEL- UND WILDGERICHTE

gallina en pepitoria	geschmortes Huhn in einer Sauce aus Wein, Hühnerbrühe, Schinken, Mandeln und hart gekochten Eiern
lebrada de pregonaos	im Tontopf geschmorter Hase in Rotweinsauce
perdices estofadas	geschmorte Rebhühner in Weißwein mit Karotten, Zwiebeln, Knoblauch und Gewürzen

FLEISCHGERICHTE

cochinillo asado a la Segoviana	nur mit Wasser und Salz im Holzofen gebratenes, sehr kleines Spanferkel (3 Wochen altes Tier)
cordero asado a la Segoviana	nur mit Salz und Wasser im Holzofen gebratenes Milchlamm
guisado castellano sin agua	Kalb- oder Lammfleisch mit Kartoffeln, Tomaten, Zwiebeln und roten Paprikaschoten im eigenen Saft geschmort

DESSERTS

almendrados de Portillo	Teegebäck mit Mandeln aus Portillo (Valladolid)
bizcocho castellano	Biskuitkuchen (mit viel Butter)
bollos de Aranda	Art Biskuitgebäck mit Orangenaroma
empiñonadas de Pedrajas	Biskuits mit Pinienkernen aus Pedrajas de San Esteban (Valladolid)
mantecadas de Astorga	Butter-Mandelgebäck aus Astorga (León)
soplillos de Segovia	Eierschaumgebäck mit Anis und Schnaps aromatisiert

yemas de Santa Teresa	Eidotterkonfekt aus Ávila

KÄSE

queso de la Armada / queso sobao	2 Monate gereifter Käse aus Schafs- und Ziegenmilch aus der Gegend um León
queso de Burgos	bekömmlicher, frischer Schafskäse aus Burgos (mit oder ohne Salz)
queso cerrato	mittelgroßer Schafskäse aus Baltanás (Palencia); er reift 4–5 Monate und hält sich bis zu 2 Jahren
queso de Esgueva	*Manchego*-ähnlicher halbharter Schafskäse aus Esgueva (Valladolid)
queso de León	wird in Oseja de Sajambre (León) aus Kuhmilch hergestellt
Pata de Mula	Frischkäse aus Villalón (Valladolid), wird aus Schafsmilch hergestellt und kommt nach kurzer Reifung zum Verkauf
queso de Segovia	Käse aus Schafsmilch, wird noch in kleinen Mengen in Carrascal del Río, Hinojosa del Cerro und Torreadrada (Segovia) handwerklich hergestellt
queso de Soria *(bzw.* **queso de Valdeja***)*	Frischkäse aus Ziegenmilch aus der Provinz Soria
queso Vega Saúco	*Manchego*-ähnlicher, aus frischer Schafsmilch hergestellter Käse, reift ca. 6 Monate im Dunkeln
queso de Villalba de los Alcores	*Manchego*-ähnlicher Schafskäse, reift ca. 4 Monate in den alten Kerkern der halb verfallenen Burg von Villalba de los Alcores

Vom Schinken
und andere Schweinereien

I**M SPANISCHEN GIBT ES** einen lustigen Spruch: *Del cerdo me gustan hasta los andares,* was ins Deutsche übersetzt so viel heißt wie: „Vom Schwein mag ich alles, sogar wie es geht". Diese Liebe zum Schwein hat im  Laufe der Jahrhunderte unzähligen armen Borstentieren das Leben gekostet, denn das Schweineschlachten und die damit verbundene Fleischverarbeitung haben in Spanien eine sehr lange Tradition. Bereits die Iberer sollen eine primitive Art der Fleischkonservierung durch Erhitzen und Räuchern gekannt

 haben, aber erst die Römer brachten der damaligen spanischen Bevölkerung das richtige Einpökeln von Fisch und Fleisch bei. Der erste Schritt zur Wurstherstellung war getan!

Schlachtfeste waren früher ein wichtiges Ereignis im dörflichen Leben. Sie fanden meistens im Monat November, am Sankt-Martins-Tag, statt und fielen oft mit der ersten Kostprobe des jungen, einjährigen Weines zusammen. Mit zunehmender Industrialisierung bei der Herstellung von Schinken- und Wurstwaren sind die Schlachtfeste – wenige ländliche Gemeinden ausgenommen – aus dem spanischen Alltag verschwunden. Obwohl es die althergebrachte Art der Wurstherstellung nicht mehr gibt, hat jede Provinz Spaniens ihre traditionellen Wurst- und Schinkensorten bewahrt. Manche davon sind sogar dank der verbesserten Kühl- und Lagermöglichkeiten über die Grenzen hinaus bekannt geworden.

Wurst- und Schinkenwaren sind vom spanischen Speiseplan nicht wegzudenken. Sie unterscheiden sich in Form und Geschmack und entsprechend der Vielfalt der Landschaften, Kulturen und Völker Spaniens. *Morcilla, longaniza* und *chorizo* (Blut-, Hart- und Paprikawurst) gehören in viele Eintöpfe, Eier- und Gemüsegerichte oder werden, kalt oder warm, als kleine *tapa* zum Aperitif oder als Brotbelag verzehrt. Am beliebtesten ist die *chorizo*-Wurst, von der es in ganz Spanien unendlich viele Varianten gibt: fett, mager, dick, dünn, luftgetrocknet, leicht geräuchert, scharf, mild, mit viel oder mit wenig Knoblauch usw. Eine andere sehr schmackhafte Wurstspezialität von den Balearen ist die *sobrasada,* eine Paprikastreichwurst, die – auf einer Scheibe Bauernbrot – einfach himmlisch schmeckt. Zwar ist die *sobrasada* aus Mallorca die bekannteste, geschmacksmäßig ist jedoch die aus Ibiza von einer feineren und eleganteren Würze.

Ungekrönter König aller Schweinefleischerzeugnisse ist der rohe Schinken. Er wird überall in Spanien ungefähr auf die gleiche Art hergestellt. Zuerst wird die

ganze Schinkenkeule ausgeblutet, anschließend eingesalzen und etwa zwei
Wochen lang mit Salz bedeckt und ein-
gelagert. Wenn das Fleisch völlig blutleer
ist, wird der Schinken ausgewaschen
und an einem luftigen Ort zum Trocknen
aufgehängt. Je länger die Reifezeit, desto
schmackhafter und kostbarer der Schinken. Man unterscheidet zwischen zwei
Edelsorten, dem *jamón serrano* (wörtlich
„Gebirgsschinken") und dem *jamón
ibérico* („iberischer Schinken"). Der
serrano-Schinken wird aus dem Fleisch
weißer Schweine aus Intensivmast her-

gestellt (viele der dazu verwendeten Schweinekeulen stammen aus Holland und Belgien, weil dort die Schweine schwerer als die einheimischen Rassen sind und jeder Schinken beim Trocknen etwa ein Drittel seines Rohgewichtes verliert). Der *serrano*-Schinken muss mindestens 12 Monate lufttrocknen. Er muss unbedingt aus der Fabrik eines der Mitglieder des *Consorcio del Jamón Serrano* („Serrano-Schinken-Verband": ein Zusammenschluss führender spanischer Schinkenerzeuger) stammen und den strengen Qualitätsanforderungen des Verbandes entsprechen.

Der iberische Schinken wird aus dem Fleisch schwarzer, freilaufender Schweine der iberischen Rasse erzeugt, die hauptsächlich in Westandalusien, der Extremadura und Westkastilien beheimatet sind. Sie ernähren sich vorwiegend von Kräutern, Gräsern und Eicheln aus der *dehesa* (Korkeichenwald). Wird die Nahrung knapp, dann bekommen sie zusätzlich *pienso* (trockenes Viehfutter) aus Getreide. Durch diese besondere Kost erhält das Fleisch sein unvergleichliches nussiges Aroma (angeblich soll dieser Schinken trotz der reichlich vorhandenen Fettmaserung („Marmorierung") cholesterinarm sein). Der iberische Schinken ist auch unter den Bezeichnungen *pata negra* („schwarzer Fuß") bzw. *jamón de bellota* („Eichelschinken") bekannt. Er hat einen langen Reifungsprozess von ungefähr 2 Jahren (besonders teure Sorten reifen sogar 30 Monate) hinter sich, bis er auf den Teller kommt.

Cataluña (Katalonien)

Cala del Sr. Ramón an der Costa Brava

FLÄCHE: 31.930 KM²
EINWOHNER: 6.116.000
HAUPTSTADT: BARCELONA
PROVINZEN: BARCELONA,
GERONA (KATALAN.
GIRONA), LÉRIDA
(KATALAN. LLÉIDA),
TARRAGONA

KATALONIEN IST ein Land vielfältiger Schönheit: alpine Hochgebirgslandschaften in den Pyrenäen, herrliche Pinienwälder und malerische Fischerdörfer am Mittelmeer, Steilküste an der Costa Brava (der „wilden Küste"), endlose Sandstrände an der Costa Dorada (der „Goldküste"), amphibische Landschaften im Naturschutzgebiet des Ebrodeltas.

Kunstinteressierte werden das kulturhistorische Erbe Kataloniens bewundern. Vor allem die Romanik, Kataloniens ureigenste Kunst, hat in Altkatalonien (d.h. in der Gegend von Anoia, Segarra und Urgell) einen enormen architektonischen Reichtum hinterlassen (etwa 200 Burgen, Festungen und Herrenhäuser und an die 2.000 Kirchen mit schönen Wandmalereien, Retabeln und Skulpturen). Auch die Gotik, die hier einen mediterranen Charakter hat, sowie Renaissance und Barock sind in Katalonien mit bedeutenden Bauwerken vertreten, die nicht nur in größeren Städten wie Barcelona, Gerona, Lérida und Tarragona, sondern auch in vielen kleinen Orten zu finden sind. Eine besondere Stilrichtung ist der *Modernismo* mit Barcelona als Zentrum. Obwohl eine ganze Gruppe hervorragender Künstler (Architekten, Maler, Keramiker und Möbelbauer) dieser Jugendstil-Variante zu ihrer Bedeutung verhalf, bringt man überall auf der Welt hauptsächlich den Namen des genialen Antonio Gaudí mit dem

Gaudís Casa Milà in Barcelona

Pyrenäenlandschaft in der Provinz Lérida

Modernismo in Verbindung. Wahrscheinlich deshalb, weil seine Werke die monumentalsten und farbenprächtigsten Zeugnisse dieses Stils sind. Aber auch die moderne Kunst ist in Katalonien mit großen Namen vertreten: Picasso und Miró haben in Barcelona (der historischen Hauptstadt Kataloniens und zweitgrößten Stadt Spaniens – und einer der schönsten Städte am Mittelmeer) ihre eigenen Museen, während Dalí in seinem Museum in Figueras nicht nur durch sein Werk allgegenwärtig ist, sondern sogar dort begraben liegt.

Die Geschichte Kataloniens ist – zumindest in ihren Anfängen – nahezu identisch mit den Geschicken der anderen spanischen Regionen. Im 7. Jh. v. Chr. waren auch hier die Iberer zu Hause. Aus dieser Zeit gibt es relativ gut erhaltene Ruinen in Ullastret, Olérdola und Tarragona. Während die Griechen nur Handelsniederlassungen in Rosas und Ampurias gründeten, machten sich die Karthager (frühere Phönizier) im ganzen Land breit. Nach der Überlieferung gründete Heeresführer Amilcar Barca, Vater des legendären Hannibal, die Stadt Barcino (heutiges Barcelona). Mit der Romanisierung Kataloniens erbten die späteren Katalanen zwei wichtige Güter: die lateinische Sprache, Urmutter des Katalanischen, und das römische Recht, das später zum katalanischen Recht umfunktioniert wurde. Zahlreiche Bauwerke (die monumentalsten befinden sich in Ampurias und Tarragona) erinnern noch an diese Zeit. Die Römer wurden von den Westgoten und diese von den Mauren vertrieben. Als sie ins Franken-Reich eindrangen, schlugen sie die karolingischen Truppen bis zum Gebiet südlich des Llobregat-Flusses zurück und errichteten die *marca hispánica* (die spanische Mark) als Grenze zwischen Christentum und Islam. Später wurde Katalonien zur Grafschaft und dank einer

Calella de Palafrugell

klugen Heiratspolitik durfte es sich ab dem 12. Jh. Königreich Katalonien-Aragonien nennen. Die katalanische Sprache, die sich aus dem Vulgärlatein entwickelte und große Ähnlichkeit mit dem Provenzalischen aufweist, wurde damals zur Schriftsprache. König Jaume I. „der Eroberer" vertrieb zwischen 1229 und 1245 die Mauren aus Mallorca, Ibiza und Valencia. Übermütig geworden brachen die Katalanen nach Sardinien, Sizilien, Neapel, Griechenland und Ägypten auf, sei es als Geschäftsleute oder als bezahlte Söldnertruppen, was sie nicht unbedingt sehr beliebt machte (es gibt noch heute im Griechischen das Schimpfwort *katalanós*, ein Synonym für Bandit). In dieser Zeit wurde in Katalonien das erste Seegesetz Europas ausgearbeitet und das Rechts- und Verwaltungssystem ausgebildet. Das katalanisch-aragonesiche Königreich war keine absolute Monarchie, sondern praktizierte eine Art parlamentarische Regierungsform, die sie deutlich von den anderen Königreichen auf der Iberischen Halbinsel unterschied. Für damalige Verhältnisse ziemlich revolutionär!

War es Erbanlage – das phönizische oder griechische Gen –, das die Katalanen zur Mittelmeer-Macht, ähnlich wie die Genueser oder Venezianer, aufsteigen ließ? Seit dieser Zeit als geschickte und erfolgreiche Händler sagt man ihnen kluges, taktisches Verhandeln, Tüchtigkeit und an Geiz grenzende Sparsamkeit nach (Varianten von Schottenwitzen werden in ganz Spanien erzählt). Mit der Entdeckung Amerikas begann jedoch der Abstieg. Zentralspanien forderte sein Tribut: Kataloniens Geldsäcke waren leer und der Niedergang vorprogrammiert. Katalonien wurde politisch unbedeutend und die Katalanen besannen sich wieder auf die alten Tugenden: harte Arbeit und Sparsamkeit. Mit Erfolg – in den nächsten Jahrhunderten wurde Katalonien zur Wirtschaftsmacht innerhalb des

spanischen Reiches. Nach dem spanischen Bürgerkrieg musste Katalonien für seine Republiktreue bitter bezahlen. Es kam eine harte Zeit: Alles Katalanische wurde unter-

In der Markthalle **La Boquería** *in Barcelona*

drückt, aber auch Franco konnte es nicht verhindern, dass Katalonien zum wirtschaftlich potentesten Teil Spaniens aufstieg. Nach dem Tod des Diktators wurde Juan Carlos I. zum König aller Spanier gekrönt. Ende 1979 trat das katalanische Autonomiestatut in Kraft, das der Region u. a. ein selbständiges katalanisches Parlament bescherte. Zwar fordern politische Hitzköpfe immer noch die völlige Unabhängigkeit von der spanischen Zentralregierung, aber trotz den populistischen Parolen, die hauptsächlich kurz vor Wahlen ausgegraben werden, sind die meisten Katalanen mit der jetzigen Regierungsform zufrieden.

Die Küche Kataloniens ist so vielseitig wie seine Landschaften. In Cerdaña (Pyrenäen) ist sie einfach, etwas derb und den harten klimatischen Verhältnissen angepasst. Die *ollade,* ein deftiger Eintopf aus Weißkohl, weißen Bohnen, Kartoffeln, Blutwurst und viel Schweinefleisch, erfordert einen robusten Magen. Auch Wild, Geflügel, Flussfische und Waldpilze haben einen festen Platz auf der dortigen Speisekarte. Aus dem Ampurdán, dem Landstrich zwischen Gerona und der nördlichen Costa Brava, kommt die beste und einfallsreichste Küche Kataloniens: Frisches Gemüse, Geflügel, Kaninchen, aber auch zahlreiche Mittelmeer-Fischarten werden zu delikaten Spezialitäten verarbeitet. Hier gibt es gewagte Mischungen wie Ente mit Birnen, Kaninchen mit Schnecken, Huhn mit Languste, die einmalig schmecken. Vic, eine kleine Stadt in der Nähe von Barcelona, ist für seine ausgezeichneten Wurstwaren bekannt. Vor allem genießt die Hartwurst (*longaniza* bzw. *salchichón*) in ihren verschiedensten Formen (dünn: *fuet;* sehr dünn: *espatec*) in ganz Spanien einen ausgezeichneten Ruf. Alles in allem eine sehr kreative und abwechslungsreiche Küche, die zu den herrlichen Weinen und Schaumweinen (*cavas*) dieser Region besonders gut passt.

Cataluña (Katalonien)

RESTAURANT-TIPPS

Barcelona: CAN LLUIS; Calle Cera, 49; Tel 93 241 11 87 - LES 7 PORTES; Paseo Isabel II, 14; Tel. 93 319 30 33 - CAN MAJO; Almirante Aixada, 23; Tel. 93 221 54 55 ● *Cambrils:* CAN BOSCH; Rambla Jaume I., 19; Tel. 977 36 00 19 ● *Gerona:* MAS-SANA; Bonastruc de Porta, 10; Tel. 972 21 38 20 ● *Figueres:* DURAN; Lasauca, 5; Tel. 972 50 12 50 ● *Lérida:* ANDRIA; Joan Brudieu, 21; Tel. 973 35 03 00 ● *Sils:* Hostal de la Granota; Carretera N; II Km. 695; Tel. 972 85 30 44 ● *Tarragona:* BARQUET; Gasómetro, 16; Tel. 977 24 00 23

VORSPEISEN

bonito en escabeche con alcaparrones	marinierter Tunfisch mit Riesenkapern
ensalada catalana	Kopf- und Friseesalat mit Tomaten, Tunfisch, hart gekochten Eiern, Zwiebeln, Oliven, Spargeln und verschieden Wurstsorten als Garnierung
ensalada de habitas con menta fresca	als Salat angemachte junge Saubohnen mit Minze
esqueixada (de bacalao)	Stockfischsalat mit Tomaten, Paprikaschoten, Zwiebeln und schwarzen Oliven
escalivada	im Ofen gegrillte und mit Olivenöl und Essig als Salat angemachte Auberginen, rote Paprikaschoten und Gemüsezwiebeln
pastel de berenjena	Auberginenterrine
pastel de bogavante	Hummerterrine
pica-pica	verschiedene als Kleinstportion *(tapas)* servierte typische katalanische Gerichte
pica-pica marinero	*pica-pica* aus Fisch und Meeresfrüchten

piés de cerdo (penada) a la vinagreta	gekochte, entbeinte und mit Olivenöl, Essig und Kräutern angemachte Schweinefüße
poti poti del Bages	mit viel Olivenöl angemachter Salat aus Kartoffeln, Stockfisch, Tomaten, Zwiebeln und Oliven
xató	Salat aus Stockfisch, Tunfisch, Sardellen, Friseesalat und schwarzen Oliven, mit einem pikanten Dressing aus Knoblauch, Mandeln, Haselnüssen, Tomaten, getrockneten Paprikaschoten, Öl und Essig

SUPPEN UND EINTÖPFE

escudella barrejada	Suppe aus Fleischbrühe mit Kohl, Kartoffeln, Suppengrün, Fleischstückchen, Reis und Nudeln
escudella i carn d'olla	Eintopf aus verschiedenen Fleischsorten (Rind, Schwein, Huhn), einem dicken, ovalen Kloß aus Hackfleisch *(pilota),* Blutwurst, Speck, Kartoffeln, Kichererbsen, Karotten und evtl. Stangensellerie; wie beim Madrider *cocido* wird vorher eine Nudel- oder Reissuppe aus der Brühe gereicht *(escudella);* anschließend folgt der zweite Gang: das Fleisch und das Gemüse, das mit Öl und Essig angemacht wird
judías leridanas	Eintopf aus weißen Bohnen, Kohl, Kartoffeln, Blutwurst, Zwiebeln, Knoblauch und Gewürzen
sopa de musclos (mejillones) a la catalana	in einer Sauce aus Zwiebeln, Knoblauch, Tomaten, Cayennepfeffer und Anisschnaps gedünstete Muschelsuppe, die zum Schluss mit etwas Fischbrühe aufgefüllt wird
sopa de pescado	sehr aufwändig zubereitete Suppe aus Fisch und Krustentieren

Cataluña (Katalonien)

sopa de rape	Seeteufelsuppe mit Suppengrün und pürierten Weißbrotscheiben

GEMÜSEGERICHTE

calçots (cebolletas tiernas)	auf Rebholzfeuer gegrillte junge Frühlingszwiebeln, die mit verschiedenen Dipps serviert werden
espinacas con pasas y piñones (a la catalana)	in Knoblauch und Olivenöl geschwenkter Spinat mit Rosinen und Pinienkernen
habas a la catalana	im eigenen Saft gedünstete, kleine junge Saubohnen mit Blutwurst, Schinkenspeck, Knoblauch, Petersilie und Minze
judías (seques) con butifarra	gekochte und in der Pfanne geschwenkte weiße Bohnen mit Bratwurst
rovellons a la brasa	auf Holzfeuer gegrillte Edelreizkerpilze mit Knoblauch und Petersilie

PASTA UND REIS

canelons de l'avia (canelones de la abuela)	mit einer Farce aus verschiedenen Fleischsorten gefüllte Nudelrollen (Art „cannelloni"), mit Béchamelsauce bedeckt und mit Käse überbacken
fideos a la cazuela	im Tontopf zubereitete kurze Spaghetti mit Schweinerippenstücken, Bratwurststücken, Tomaten, Zwiebeln und Knoblauch
fideos rossejats	im Tontopf zubereitete kurze Spaghetti mit Fleisch, goldbraun angebratenen Zwiebeln, Tomaten, Paprika und Knoblauch
arroz a la cazuela	im Tontopf gegartes Reisgericht mit Huhn oder Kaninchen, Tomaten, Paprikaschoten, Erbsen, Artischocken, Zwiebeln und Knoblauch

arroz negro	Reisgericht mit Tintenfisch, Zwiebeln und Tomaten sowie der Tinte des Tintenfisches, die den Reis schwarz färbt

FISCHE UND MEERESFRÜCHTE

bacalao a la llauna	gebratener Stockfisch, der in einer Knob-lauch-Weißweinsauce im Ofen fertig gegart wird
bacalao en samfaina	gebratener Stockfisch mit einer Art Ratatouille
calamares rellenos „Costa Brava"	mit Schweinemett gefüllte Tintenfische in einer Sauce aus Zwiebeln, Tomaten, gerösteten Mandeln, Wein und Bitterscho-kolade
lenguado al cava	Seezungenfilets in einer Sauce aus Sahne, Sekt und Rosinen
rape a la marinera	Lotte (Seeteufel) nach Seemannsart (in einer Sauce aus Tomaten, Paprikaschoten, Knoblauch, Mandeln und Pinienkernen)
suquet de pescado	Gericht aus verschiedenen Fischsorten, z. B. Lotte (Seeteufel), Zackenbarsch, Goldbras-se usw. in einer Sauce aus Tomaten, Knob-lauch und Mandeln

Cataluña (Katalonien)

zarzuela de pescado con romesco	Fischeintopf aus Tintenfisch, Seehecht, Lotte (Seeteufel), Crevetten und Muscheln in einer Weißweinsauce (mit Tomaten, Zwiebeln und Knoblauch); dazu wird eine scharfe, dickliche, kalte Sauce *(romesco)* aus Weißbrot, getrockneten Pfefferschoten, Tomaten, Knoblauch, gerösteten Mandeln, Öl und Essig gereicht

FLEISCHGERICHTE

albóndigas con sepia	Hackfleischklößchen und Tintenfisch in einer Sauce aus Zwiebeln, Knoblauch, Mandeln, Schokolade, Fleischbrühe, Weißwein und Brandy
chuletitas de cabrito rebozadas	kleine panierte Ziegenkitzkoteletts
fricandó	Kalbsschnitzel in einer hellen Anbrenne (evtl. mit Tomaten), mit getrockneten Stockschwämmchen (bzw. Mehlpilzen)
galtes de porc (carrillo de cerdo)	im Ofen gebratene Schweinebacken
lomo de cerdo relleno a la barcelonesa	Schweinerückenbraten (Lende) mit einer Füllung aus Schweinemett, Essiggurken, Karotten und Paniermehl

GEFLÜGEL- UND WILDGERICHTE

conejo con allioli	Kaninchenbraten mit einer Art Knoblauchmayonnaise (ohne Ei)
conejo al romesco	im Tontopf zubereitetes Kaninchen in *romesco*-Sauce (siehe *zarzuela*)
pato con peras	Entenbraten mit Birnen

perdices con coles	gebratene Rebhühner in Weinsauce, mit kleinen Kohlrouladen als Beilage
pollo con samfaina	im Tontopf zubereitete Hähnchenstücke in einer Art Ratatouille-Sauce

DESSERTS

brazo de gitano	Biskuitroulade mit diversen Füllungen, z. B. Sahne, Vanillecreme, Schokolade usw.
buñuelos del Ampurdán	kleine Krapfen (Berliner) mit Anisgeschmack
carquiñolis	Mandelgebäck ähnlich den italienischen „cantucci"
coca de piñones	Schmalzfladen mit Pinienkernen
crema catalana	Vanillecreme mit Karamellüberzug
manzanas asadas con frutos secos	Bratäpfel mit einer Füllung aus Walnüssen, Mandeln, Pinienkernen und Rosinen
peras al vino	Williamsbirnen in Rotweinsirup

KÄSE

queso Brossat (Brull)	eine Art Quark aus Schafsmilch
mató	Frischkäse aus Ziegenmilch, muss innerhalb einer Woche nach Herstellung verzehrt werden, wird mit Honig gegessen *(mel i mató)*
queso Serrat	junger Schafskäse mit einer Reifezeit von etwa 2 Monaten

Das flüssige Gold

D ER OLIVENBAUM IST ein typisch
mediterranes Gewächs. Verstei-
nerte Überreste des *acebuche* (wilder
Ölbaum) wurden in Andalusien nahe
der Guadalquivir-Mündung gefunden (dort, wo Historiker die mythi-
sche iberische Stadt Tartessos 1.000
v. Chr. vermuten). Die genauen
Ursprünge des Olivenbaums bleiben
weitgehend im Dunkeln. Sicher ist
nur, dass die ersten Olivenbäume im
östlichen Mittelmeerraum im Gebiet
zwischen Kleinasien und der Sinai-
halbinsel wuchsen. Über unbekannte Wege gelangten sie nach Ägypten
und von dort nach Kreta. Bereits
unter König Minos wurde Olivenöl
erzeugt. Das geht aus einigen Ton-
schrifttafeln hervor, die bei Ausgrabungen gefunden wurden und die
den hohen Handelswert des Oli-
venöls lobend erwähnen. Auf phönizischen Schiffen wurden Saatgut
und Olivenöl nach Griechenland (wo
die Athleten ihre Körper damit einöl-
ten, um sie geschmeidig zu machen)
und in seine Mittelmeer-Kolonien
gebracht. Den Römern gebührt aber
die Ehre, den Ölbaum und das zur
Ölherstellung notwendige Know-
how in ihre Provinz Hispania
gebracht zu haben. Hier in Betica
(dem heutigen Andalusien) gab es
die besten Boden- und Klima-Vor-
aussetzungen für den Olivenanbau.
In der Tat war es eine Freude, wie gut

die Ölbäume in Betica gediehen. In kürzester Zeit wurde das in Hispania erzeugte Öl wegen seiner hohen Qualität zum Hauptagrarerzeugnis und zum Exportschlager dieser römischen Provinz. Die mit dem flüssigen Gold aus Betica voll beladenen Galeeren trotzten den Mittelmeerwogen und belieferten Rom und seine entlegensten Provinzen. Der Ölhandel mit dem hispanischen Produkt blühte und entwickelte sich bald zu einer der wichtigsten Einnahmequellen des römischen Imperiums. Kaiser Hadrian (100 n. Chr.) ließ während seiner Herrschaft sogar Münzen prägen, die auf der Vorderseite sein Bildnis und auf der Rückseite das mit Olivenzweigen geschmückte Wort HISPANIA zeigten.

Jedoch wurde das Olivenöl erst unter maurischer Herrschaft zu einem wichtigen Bestandteil der Volksküche, wie das spanische Wort *aceite* (Olivenöl) beweist, das eindeutig auf das arabische *az-zait* (Olivensaft) zurückgeht. Die *Reconquista* (Rückeroberungsfeldzug gegen die Mauren) leitete die mageren Jahre für das Olivenöl ein: Es war nämlich eine Küchenzutat, die man allzusehr mit Arabern und Juden in Verbindung brachte. Altchristen demonstrierten ihre Religionszugehörigkeit u. a. dadurch, dass sie mit Schweineschmalz kochten. Aber auch die fanatischsten unter ihnen mussten nach und nach einsehen, wie töricht es war, nur aus religiösen Gründen auf dieses gesunde und schmackhafte Speisefett zu verzichten. Endlich, im 17. Jh., war das Olivenöl wieder rehabilitiert und

trat seinen Sieges-
zug durch Europas
Küchen an (sogar in
Frankreich wurde es
plötzlich hoffähig).

An der ursprüng-
lichen Herstellungs-
art hat sich im Laufe der Jahrhunderte nur
wenig geändert. Heute sind fast alle Fabri-
ken weitgehend automatisiert. Aber verein-
zelt gibt es immer noch kleine Ölmühlen,
die – wie Anno dazumal – mit Mühlsteinen
das Öl aus den Oliven pressen. Dazu sind
eine lange Erfahrung und eine gute Portion
Geduld nötig. Beides ist heutzutage Man-
gelware: Ihr Aussterben ist also nur eine
Frage der Zeit!

Die technischen Einzelheiten bei der
Ölgewinnung sind eine mühsame und
trockene Sache. Wichtig für den Endver-
braucher sind jedoch die Qualitätsunter-
schiede, die letztendlich den Preis des Oli-

venöls bestimmen. Am kostbarsten ist das Öl namens *flor de aceite.* Dieses hochwertige Erzeugnis gewinnt man durch das Auffangen des Öls, das ohne Fremdeinwirkung (d.h. noch vor dem Pressvorgang) beim Olivenmahlen entsteht. Dadurch bleiben wichtige Bestandteile wie Vitamine und ungesättigte Fettsäuren weitgehend erhalten. Er wird in kleinen Flaschen für teures Geld verkauft. Erschwinglicher, jedoch ebenfalls von ausgezeichneter Qualität, ist das native Olivenöl aus erster Pressung *(aceite de oliva extra virgen),* mit maximal 1° Ölsäuregehalt. Er wirkt sich sehr positiv auf die Gesundheit aus (im Kampf gegen die freien Radikale, zur Senkung des Cholesterinspiegels usw.). Bis zu 1,5° Ölsäuregehalt hat das *aceite de oliva virgen,* ein Olivenöl aus zweiter Pressung. An letzter Stelle ist noch das einfache Olivenöl *(aceite de oliva)* zu erwähnen. Diese Mischung aus nativem und raffiniertem Olivenöl ist zwar preiswert, besitzt jedoch kaum Nährstoffe und hat daher – im medizinischen und ernährungswissenschaftlichen Sinne – keinerlei Bedeutung.

FLÄCHE: 41.602 KM²
EINWOHNER: 1.057.000
HAUPTSTADT: MÉRIDA
PROVINZEN: BADAJOZ, CÁCERES

Viele Spanier glauben, dass sich Extremadura von den Adjektiven *extrema* (extrem) und *dura* (hart) herleitet. Man sagt, die Region heiße so wegen der extremen klimatischen Bedingungen, die hier herrschen: eiskalte Winter und glühend heiße Sommer. Das ist aber ein Irrtum. Der Name dieser Region stammt aus der *Reconquista*-Zeit (Wiedereroberungsfeldzug gegen die Araber, die das Land beherrschten) und bezeichnet die Demarkationslinie zwischen christlichem und maurischem Territorium, die südlich des Flusses Duero verlief (Extremadura heißt also wörtlich „jenseits des Duero").

Hervas/Provinz Cáceres

Die Extremadura wird auch *Tierra de Conquistadores* (Land der Eroberer) genannt, denn aus dieser Gegend stammen Männer wie Hernán Cortés (Mexiko), Francisco Pizarro (Peru), García de Paredes (Venezuela), Francisco de Orellana (Amazonas)

und Nuflo de Chaves (Bolivien) sowie viele andere Heerführer, einfache Soldaten, Kirchenmänner und Chronisten, die an der Entdeckung und Kolonisierung des amerikanischen Kontinents maßgeblich beteiligt waren.

Die Extremadura ist ein weites, dünn besiedeltes Tafelland im Südwesten Spaniens, das von Mittelgebirgen umgeben ist. Korkeichenwälder, Oliven- und Erdbeerbäume (immergrüne Mittelmeerbäume mit erdbeerähnlichen Früchten) sind typisch für diese Region. Das Jerte-Tal mit seinem besonderen Mikroklima ist der ideale Standort für Obstplantagen aller Art. Die Kirschen und Erdbeeren, die hier wunderbar gedeihen, sind in ganz Spanien geschätzt und werden sowohl frisch als auch als Tiefkühlware ins Ausland exportiert. Der beste Paprika sowie 80 % der gesamten Tabakproduktion Spaniens stammen ebenfalls aus der Extremadura.

Von den antiken Bewohnern dieses Gebietes waren es die Römer, die die Extremadura besonders prägten: Die legendäre *Ruta de la Plata* (Silberstraße) durchquerte die Provinzen Cáceres und Badajoz von Norden nach Süden. Von dieser wichtigen Handels- und Verkehrsstraße sind Teilstrecken noch heute intakt. Mérida, als Emerita Augusta von Kaiser Augustus 25 v. Chr. gegründet und heutige Hauptstadt der autonomen Region, bildet in ihrer Gesamtheit ein Museum römischer Baukunst und Kultur. Das gut erhaltene Theater, das gigantische Amphitheater, zwei Brücken, ein Siegesbogen, zwei Aquädukte, der Diana-Tempel, zwei Herrenhäuser und das grandiose Nationalmuseum römischer Kunst brachten ihr die Unesco-Ehrung *Ciudad-*

*Kloster in Guadalupe/
Provinz Cáceres*

Patrimonio de la Humanidad (Weltkulturerbe) ein. Spätere Zeugen einer bewegten Vergangenheit als Grenzland zwischen Christen und Mauren sind die zahlreichen Burgen und Befestigungen christlichen und arabischen Ursprungs. Aber auch die jüdische Kultur hat viele Spuren hinterlassen: So ist die *judería* (jüdisches Viertel) von Hervás (Cáceres) eines der besterhaltenen Viertel dieser Art in ganz Spanien. Als besonders sehens-

wert möchten wir außerdem die Städte Cáceres (besonders schöne Altstadt und Renaissance-Paläste), Guadalupe (Monumentalkloster mit phantastischen Kunstschätzen), Olivenza (entzückendes, ehemals portugiesisches Städtchen), Plasencia (Kathedrale, Stadtmauern und Paläste), Trujillo (gotische und barocke Kirchen und Paläste) erwähnen.

Der Extremadura-Reisende sollte es aber bei aller Naturschönheit und allem architektonischen Reichtum nicht versäumen, die gastronomischen Spezialitäten zu kosten, wie das exquisite Obst- und Gemüseangebot aus dem Jerte-Tal oder das Lammgericht *caldereta* mit seinen zahlreichen Varianten. Auch die vielen Schmorgerichte aus (Wild-)Kaninchen, Federvieh und Flussfischen wie *tenca* (Schleihenart), Karpfen oder Forelle werden hier auf vielerlei Arten zubereitet und schmecken vorzüglich. Besonders hervorheben sollte man an dieser Stelle die ausgezeichneten Wurstwaren und den delikaten *jamón pata negra* (Schinken von Schwarzfuß-Schweinen). Dieser besondere luftgetrocknete Schinken wird aus dem Fleisch frei laufender, Eicheln fressender (oder mit Eicheln gefütterter) schwarzer Schweine hergestellt. Er muss mindestens 2 Jahre reifen, bis er sein besonderes Aroma voll entfaltet. Diese einmalige – nicht gerade billige – Delikatesse schmeckt am besten in feine Streifen geschnitten zu einem Glas Rotwein.

Restaurant-Tipps

Cáceres: EL FIGON DE EUSTAQUIO; Plaza San Juan, 12; Tel. 927 24 81 94 ● *Mérida:* EL ENCINAR; Avenida de Portugal; Tel. 924 37 24 00 ● *Guadalupe:* MESON EL CORDERO; Alfonso el Onceno, 27; Tel. 927 36 71 31 ● *Trujillo:* MESON LA TROYA; Plaza Mayor, 10; Tel. 927 32 13 64

SUPPEN, ENTÖPFE UND ANDERE GERICHTE

sopa de miga	Brotsuppe mit Knoblauch und Schinkenstückchen
sopa de patatas	Kartoffel-Brotsuppe mit Paprikaschoten, Zwiebeln, Knoblauch und Kräutern
sopa de sapillos	Eiersuppe mit Brotscheiben

guiso de costillas de cerdo	Kartoffeleintopf mit Schweinerippchen
guiso de lentejas	Linseneintopf mit Bauchspeck, Paprika-wurst, Karotten und Paprika
zorongollo	Kartoffel-Kürbiseintopf mit Paprika-schoten, Zwiebeln und Tomaten

EIERSPEISEN

huevos rellenos	mit Stockfisch gefüllte, hart gekochte Eier mit Kartoffeln in einer Zwiebel-Knob-lauchsauce
revuelto de morcilla	Rühreier mit Blutwurst
tortilla de bacalao	Omelette mit Stockfisch
tortilla de chorizo	Omelette mit Paprikawurst

FISCHE UND KRUSTENTIERE

anguilas en adobo	marinierte Aale, die anschließend paniert und gebraten werden; dazu wird eine scharfe Paprikasauce gereicht
bacalao de Yuste	Gratin aus Kartoffel- und Stockfischpüree
cangrejo del Tiétar en salsa	geschmorte Flusskrebse in einer scharfen Peperonisauce
escabeche de patatas y peces	gebratene und marinierte Flussfische und Kartoffeln
moje de peces de la Vera	gebratene und gedünstete Flussfische in einer scharfen Sauce aus Zwiebeln, Knob-lauch, scharfen Pfefferschoten und Kräu-tern (wird kalt gegessen)

tencas a la cazuela	gebratene und im Tontopf geschmorte Fluss-Schleie in einer Paprika-Weißwein-sauce
truchas con salsa picante	gebratene Forellen in einer scharfen Sauce aus Pfefferschoten, Essig und Kräutern

FLEISCHGERICHTE

caldereta (de cabrito o de cordero)	Schmorgericht aus Ziegenkitz- oder Lammfleisch in einer Sauce aus der Leber des jeweiligen Tieres, kleinen getrockneten Paprikaschoten, Knoblauch und Paprika
cuchifrito de cabrito	gebratenes Zicklein in einer Sauce aus Knoblauch, Essig, kleinen getrockneten Paprikaschoten, Brot und Paprika
hígado en su jugo	Lammleber in Rotweinsauce mit Äpfeln
morros con tomate	Schweineschnauze in einer Tomaten-Paprika-Sauce
picadillo de cerdo con pimientos	in Würfel geschnittenes, gebratenes Schweine-fleisch aus der Keule (mit Knoblauch und Paprika gewürzt); als Beilage werden gebratene Paprikaschoten gereicht

GEFLÜGEL- UND WILDGERICHTE

palitos de pollo en escabeche	in verquirltem Ei gewälzte, rasch gebratene und anschließend marinierte Hähnchen-bruststreifen
pollo a lo padre Pero	im Tontopf geschmortes Huhn in einer Tomaten-Paprikasauce mit Gewürzkräutern
perdices al modo de Alcántara	mit Trüffeln und Geflügelleber gefüllte Rebhühner in Portweinsauce
perdices en salsa	in Weißwein, Essig, Zwiebeln und Knob-lauch geschmorte Rebhühner

pichones con arroz	*paella*-ähnliches Reisgericht mit Tauben

DESSERTS

borrachuelos	lockenförmiges Ölgebäck, dessen Teig mit Wein und Schnaps anstatt mit Wasser zubereitet wird
castañas pilongas con leche y picatostes	in Milch, Zimt und Anis gekochte Dörr-kastanien, die mit „armen Rittern" gereicht werden
empanadas (de higo)	mit Walnüssen gefüllte Trockenfeigen
huesillos	krapfenähnliches Ölgebäck in Knochenform
tarta de cerezas	Kirschkuchen
tarta de zarzamoras	Brombeerkuchen

KÄSE

queso del Casar / queso de Cáceres	Schafskäse in Tortenform aus Cáceres; die Rinde wird während der Reifezeit mit Oli-venöl bestrichen
queso de las Hurdes	Schafskäse aus Las Hurdes/Cáceres (dem manchmal Ziegenmilch beigemengt wird); wird mittelalt verzehrt
queso de Plasencia	Ziegenkäse aus Plasencia/Cáceres, der etwa 45 Tage reift; seine rote Farbe stammt von der Paprika, mit der er während der Reifung bestrichen wird
queso de la Serena	diesen jungen Käse aus Schafsmilch gibt es nur in begrenzter Stückzahl, da er von den Schafshirten nur auf Bestellung hergestellt wird
mazurrón = requesón	Frischkäse aus Schafsmilch

Vom einfachen Gemüse zum edlen Gewürz

M AN SCHREIBT DAS JAHR 1493. Die Mönche des Königlichen Klosters Guadalupe in der Extremadura, in dem Isabella und Ferdinand wieder einmal abgestiegen sind, sind in heller Aufregung. Noch vor dem Hochamt verbreitet sich im Städtchen die Nachricht wie ein Lauffeuer: „Die Königin weint, die Königin weint", heißt es überall. Das gemeine Volk will es wieder ganz genau wissen. Der lebenslustige Ferdinand soll sich in eine Hofdame der Königin verguckt haben, meinen die einen. Oder war es wieder der schroffe Kolumbus, der die Königin mit einer seiner Grobheiten zum Weinen gebracht hat? Weder noch. In Wirklichkeit hatte Königin Isabella aus purer Neugierde in eine der von Cristóbal Colón

(spanischer Name von Christoph Kolumbus) aus Kuba mitgebrachten Pfefferschoten gebissen, die so scharf waren, dass ihr die Tränen in die Augen kamen.

Zusammen mit anderen exotischen Frucht- und Gewürzsamen waren die kleinen getrockneten Chilis als Opfergabe beim feierlichen Dankgottesdienst zu Ehren der Madonna von Guadalupe gedacht. Kolumbus hatte sie von seiner ersten Amerika-Reise von den Antillen als Mitbringsel für seine Dienstherren Isabella und Ferdinand – die ja als die „Katholischen Könige" in die Geschichte eingegangen sind – nach Spanien gebracht und ihnen nach seiner Rückkehr zusammen mit einigen „Indios" zum Geschenk gemacht (Kolumbus war weiterhin davon überzeugt, einen kürzeren Weg nach Indien entdeckt zu haben, deshalb nannte er die Eingeborenen aus den neuen kastilischen Überseegebieten einfach *indios*).

Der Erfolg des so genannten „spanischen Pfeffers" *(pimiento)* war damals eher mäßig. Niemand konnte etwas damit anfangen. So geriet er in Vergessenheit, bis Hernán Cortés – ein Sohn der Extremadura – Mexiko eroberte. Dort gab es gleich verschiedene Arten dieses Nachtschattengewächses (botanisch: *capsicum annuum*), die sowohl medizinischen als auch kultischen und gastronomischen Zwecken dienten. Diese vielen Verwendungsmöglichkeiten brachten Cortés dazu, Jungpflanzen in seine Heimat zu bringen und den Mönchen von Guadalupe und Yuste zu schenken, die als begabte Gärtner bekannt waren. Daraus entwickelten sich die Sorten, die wir heute kennen: Gemüsepaprika, Tomatenpaprika, Süßpaprika und Gewürzpaprika (= Peperoni bzw. Chili). Die Mönche kamen auch als erste dahinter, dass man aus den Früchten bestimmter roter Capsicum-Pflanzen (*annuum, cerasiforme* und *longum*) ein köstliches süßes oder scharfes Gewürzpulver herstellen kann. Diese Entdeckung konnte eine Zeit lang geheim gehalten werden, aber bald wussten auch die Bauern außerhalb der Klostermauern, wie man die exotischen Pflanzen züchten und daraus den *pimentón* (Paprika) herstellen kann. Via Genua und Venedig wurden sowohl die Schote als auch der Paprika bald in allen Mittelmeerländern sehr populär. Den Türken ist es jedoch zu verdanken, dass die vielseitige

Pflanze auf dem ganzen Balkan angebaut wurde und das daraus gewonnene Pulver zum ungarischen Nationalgewürz avancierte.

Ohne die Güte des ungarischen Paprika anzweifeln zu wollen, kann man feststellen, dass der spanische *pimentón* aus La Vera (Extremadura) von einer außergewöhnlich hohen Qualität ist. Er wird von Meisterköchen für die Zubereitung feinster Speisen bevorzugt. Er unterscheidet sich von anderen Erzeugnissen durch das Trocknungsverfahren der Früchte, das in kleinen, fensterlosen, zweistöckigen Häusern *(sequeros)* stattfindet. Im Erdgeschoss wird ein Feuer aus Eichenholz angezündet, das 12 bis 15 Tage ständig brennen muss. Durch ein Weidengeflecht im Fachwerk aus Schwarzpappelbalken, die als Decke des Erdgeschosses und Fußboden der ersten Etage dienen, dringt der Rauch in die obere Kammer, wo die Paprikafrüchte lagern und täglich vom Bauern umgeschichtet werden. An den ersten 3 Tagen darf die Temperatur im ersten Stock 30° C nicht übersteigen. Danach wird die Temperatur auf 60°–70° C erhöht und bleibt bis zum Ende des Trocknungsprozesses konstant. Das gibt dem Paprika aus La Vera seinen speziellen, leicht rauchigen Geschmack, der ihn von anderen Paprikasorten Spaniens (z. B. aus Murcia, Aragonien, den Balearen usw.) und anderen Ländern (Ungarn, Türkei) unterscheidet, wo die Trocknung in Heißluftkammern oder ganz einfach in der Sonne erfolgt. Nach der Rauchtrocknung folgt die *pisá* (das Kleinstampfen mit den Füßen) der Paprikaschoten. Danach kommt zuerst die *criba* bzw. *espezonado* (das Aussortieren der Stiele und teilweise der Kerne) und erst dann das Mahlen durch Wasser- bzw. elektrisch angetriebene Steinmühlen (die Wassermühle ist langsamer, aber auch schonender). Nach vier oder fünf Mahlgängen ist der *pimentón* fertig zum Abfüllen. Er wird in drei Geschmacksrichtungen angeboten: *dulce* (edelsüß), *agridulce* (mittelscharf) und *picante* (scharf). Ein guter *pimentón* gibt vielen spanischen Gerichten die letzte delikate Würznote, veredelt aber auch den Geschmack vieler bekannter Wurstsorten wie *chorizo, sobrasada, lomo embuchado* und *morcilla*. Wichtiger Kochtipp: Der *pimentón* wird immer zuletzt dazugegeben und darf nie mit siedendem Öl in Kontakt kommen, sonst wird er bitter.

Galicia (Galicien)

FLÄCHE: 29.434 KM²
EINWOHNER: 2.720.000
HAUPTSTADT: SANTIAGO DE COMPOSTELA
PROVINZEN: LA CORUÑA (GALIC. A CORUÑA), LUGO, ORENSE (GALIC. OURENSE), PONTEVEDRA

IN GALICIEN war eine der ältesten keltischen Kulturen Europas ansässig. Jahrtausende alte Dolmen und *castros* (Rundbauten), die auf erhöhten Lagen wie dem Berg Santa Tecla stehen, sind sichtbare Zeugen dieser Vergangenheit. Zwar ging die keltische Sprache durch Fremdeinflüsse schon sehr früh verloren, aber die keltische Mystik ist heute noch in der Seele des galicischen Volkes, in seinen Traditionen und seiner Folklore fest verankert. Wo sonst in der westlichen Welt sitzt der Aberglaube so tief wie hier? Die dämonischen Kräfte und der böse Blick der Hexen – hier *meigas* genannt – (für viele Galicier keine Phantasiegebilde, sondern durchaus lebendige Gestalten) begegnen uns in den vielen Legenden dieses von den anderen Spaniern so verschiedenen Volksstammes. Hinter der Fassade tiefer Religiosität verbirgt sich oft der alte Druiden-Glaube an Mysterien und übernatürliche Kräfte.

Baiona/Provinz Pontevedra

Viele Bräuche drehen sich um Grundelemente der Natur wie Wasser, Stein und Feuer. Bei den zum Teil exotisch anmutenden Feierlichkeiten spielt Musik nach den Urklängen der *gaita* (Dudelsack) eine Hauptrolle. Das besondere Winterklima Galiciens (Nebel, Regen und Wind) begünstigte seit jeher den alten Glauben an Naturgewalten, der trotz der nachkeltischen Zivilisationen (Römer, Sueben, Westgoten und, nur sehr kurz, Araber) lebendig geblieben ist.

Ribadeo/Provinz Lugo

Dieses Land, wo die Römer das Ende der Welt *(finis terrae)* vermuteten, beeindruckt den Reisenden gerade wegen seiner Andersartigkeit. Die zahlreichen Flüsse, die Galicien durchqueren, bilden an ihrer Mündung charakteristische fjordartige Küstenformen, die hier *rías* genannt werden. Der 1.300 km lange Küstenstreifen ist von einer unerwarteten Urwüchsigkeit. Sanfte Buchten wechseln mit zerklüfteten, gefährlichen Steilküsten wie der *Costa da Morte* (Todesküste) ab, an deren Klippen viele Fischer und Seefahrer ihr Leben ließen. Im Landesinneren erwarten den Besucher großartige Berglandschaften, sattgrüne Wiesen und der berühmte Jakobsweg.

Kathedrale von Santiago de Compostela

Über diese Pilgerstraße kamen im Mittelalter Millionen von Gläubigen aus aller Welt nach Santiago. Nach und nach entstanden die romanischen Kirchen, Hospize und Klöster, die den Jakobsweg säumen (viele davon sind in einem recht guten Zustand). Als das Grab des Apostels Jakobus (in Spanien Santiago genannt) wiederentdeckt wurde, erlebte Galicien seine Blütezeit. Santiago de Compostela wurde dadurch zu einer der drei heiligen Städte der christlichen Welt neben Rom und Jerusalem. Diese Stadt hat im Laufe der Jahrhunderte ihren besonderen Charakter nie verloren.

Außer dem Grab des heiligen Jakobus, das in der romanischen Basilika unterhalb der barocken Kathedrale Obradoiro steht, gibt es in Santiago eine Fülle von Monumentalbauten und Kunstschätzen, die allein schon Grund genug sind, nach Galicien zu kommen. Weitere Sehenswürdigkeiten aus verschiedenen Epochen findet man in den Provinzhauptstädten La Coruña, Lugo, Orense und Pontevedra.

Eigentümlich und einzigartig in ihrer Architektur sind die zahlreichen *hórreos* (Getreidespeicher), *cruceiros* (Wegkreuze) und *pazos* (Herrenhäuser). Eine andere Sehenswürdigkeit ist das in manchen ländlichen Gebieten Galiciens stattfindende

Fest der *curros* (Wildpferde). Diese uralte Tradition wird in einigen Orten alljährlich wieder lebendig und zieht viele Besucher an. Hier und auf den zahlreichen Tanz- und Volksfesten, die das ganze Jahr hindurch gefeiert werden, hat der Besucher Gelegenheit, die Folklore und die Gastronomie Galiciens kennen zu lernen.

Eine Küche, in der die *empanadas* (Pasteten mit verschiedenen Füllungen) nicht fehlen dürfen und die im Herbst und Winter vorwiegend aus Eintöpfen aus Kartoffeln, Gemüse und Schweinefleisch (*pote gallego, lacón con grelos* usw.) besteht. Fische und Meeresfrüchte spielen in der galicischen Küche naturgemäß die Hauptrolle. Ganz frisch gefangen und einfach zubereitet, damit sie den Eigengeschmack nicht verlieren, sind sie – besonders zu einem kühlen *Albariño* – ein Hochgenuss.

RESTAURANT-TIPPS

La Coruña: TABERNA PIL-PIL; Paralela de Ollimar, 36; Tel. 981 212 712 ● *Lugo:* MESON DE ALBERTO/VERRUGA; Calle Luz ● *Orense-Allariz:* BODEGON O PORTOVELLO; Parque Portovello ● *Pontevedra:* CASA ROMAN; Avda. Augusto García Sánchez, 12; Tel. 986 84 35 60 ● *Santiago de Compostela:* ALAMEDA; Porta Faxeira, 15; Tel. 981 58 47 96

VORSPEISEN

buey de mar a la coruñesa	gekochter und dann gefüllter Taschenkrebs, die Füllung besteht aus dem eigenen gekochten Fleisch, Paniermehl und Mayonnaise
centolla cocida	gekochte Meerspinne
empanada gallega	mit Tunfisch, Tomaten, Zwiebeln, Paprikaschoten und hart gekochtem Ei gefüllte Pastete (es gibt auch eine Variante mit Hackfleisch)

empanada de maiz	Pastete aus Maismehl mit einer Füllung aus Speck, Schinken, Paprikawurst und Zwiebeln
empanada de sardinas	Pastete mit einer Füllung aus Sardinen, Zwiebeln und Tomaten
langosta cocida	gekochte Languste
mariscada	verschiedene, gekochte Meeresfrüchte: z. B. Meerspinne, Taschenkrebs, Crevetten, rohe Venusmuscheln, Miesmuscheln, Seeigel usw.
ostras en escabeche	gebratene und marinierte Austern
rape con salpicón	als Salat mit fein gehackten Zwiebeln, Paprikaschoten und hart gekochten Eiern angemachter gekochter Seeteufel und Kartoffelscheiben
salpicón de mariscos	s. o., aber mit Tintenfisch, Crevetten, Muscheln und Krabbenfleisch
vieiras con jamón	mit Schinken gefüllte, überbackene Jakobsmuscheln

EINTÖPFE

judías pintas con arroz	bunte (gefleckte) Bohnen mit durchwachsenem Speck, Paprikawurst, Reis, Zwiebeln und Gewürzen
lacón con grelos	Eintopf aus Schweinsvorderhaxe, Paprikawurst, jungen Rübenblättern und Kartoffeln
pote (gallego)	Eintopf aus weißen Bohnen, Schweineohr und -fuß, luftgetrocknetem Schinken, Paprikawurst, Kartoffeln und jungen Rübenblättern (oder Weißkohl)

Galicia (Galicien)

FISCHE UND MEERESFRÜCHTE

almejas en salsa verde	Venusmuscheln in Petersilien-Safran-Sauce
bacalao con ajada	Schmorgericht aus Stockfisch, Kartoffeln und angebratenem Knoblauch
caldeirada	Eintopf aus verschiedenen Seefischen (z.B. Seeteufel, Seehecht, Stein- oder Heilbutt, Zackenbarsch), Knoblauch und Gewürzen (nach Möglichkeit mit Meerwasser gekocht)
congrio con guisantes y patatas	geschmorter Seeaal mit Kartoffeln, jungen Erbsen, Zwiebeln, Knoblauch, Petersilie und Safran
lamprea a la sidra	gedünstetes Neunauge in einem Sud aus Knoblauch, Zwiebeln, Walnüssen, Petersilie und Apfelwein
merluza a la cazuela	Seehecht auf einem Kartoffelbett mit einer Sauce aus Zwiebeln, Tomaten, Knoblauch, Gewürzen und Weißwein (im Tontopf im Ofen gebacken)
mejillones (almejas) a la marinera	Miesmuscheln (oder Venusmuscheln) nach Seemannsart: gedünstet in einer Sauce aus Zwiebeln, Petersilie, Paprika und Weißwein
pulpo a feira	gekochter, in dünne Scheiben geschnittener Krake, der mit Olivenöl und Paprika ange-macht und auf einem Holzteller lauwarm serviert wird
rodaballo en salsa verde	Schmorgericht aus Steinbutt, Kartoffeln, jungen Erbsen, Zwiebeln, Knoblauch und Weißwein (im Tontopf zubereitet und serviert)

FLEISCHGERICHTE

cabrito en cazuela con limón	mariniertes und im Tontopf langsam gegartes Zicklein in einer Zitronen-Weißweinsauce
lomo con patatitas nuevas	Schweinelendenbraten mit neuen Kartoffeln
miolada de Orense	marinierte Halsgrat- und Kopfstücke vom Schwein, die anschließend gedünstet und gegen Ende der Kochzeit mit einer Mischung aus Brotkrume, Schweinehirn und Eiern angereichert wird

GEFLÜGEL- UND WILDGERICHTE

capón con ostras	im Ofen gebratener Kapaun mit einer Füllung aus Hackfleisch, Suppengrün und Austern, in Zitronensauce
capón relleno de castañas	im Ofen gebratener Kapaun mit einer Esskastanien-Schinkenfüllung, in Weißwein-Brandy-Sauce
empanada de coello	mit in Rotwein mariniertem Kaninchenfleisch, Zwiebeln, Knoblauch und Kräutern gefüllte Pastete

DESSERTS

cañas con merengue	mit Baiser gefüllte Blätterteigrollen
cocadas	kleine Kokosnussbaisers (eine Art Kokosmakronen, aber viel luftiger, da sie mit viel Eischnee gemacht sind)
filloas a la crema	sehr dünne, mit Vanille-Buttercreme gefüllte kleine Pfannkuchen
pastel de millo	Art Biskuitkuchen aus Maismehl, Rum, Butter und Eiern

Galicia (Galicien)

roscos de yema	Gebäckkringel aus vielen Eidottern und Anisgewürz mit Zuckerguss
tarta de manzana	Apfelkuchen
tarta de Santiago	Mandeltorte, mit Puderzucker bestäubt und mit dem Jakobskreuz dekoriert

KÄSE

Anabiza-Cebreiro	Frischkäsesorten aus Kuhmilch, die nur in Handarbeit hergestellt werden
queso del país	würziger Käse aus Kuhmilch, der etwa einen Monat reift (ganz Galicien)
queso de San Simón	Käse aus Kuhmilch, nach 3–4 Wochen Reifezeit wird er mit Birkenholz leicht angeräuchert und erhält dadurch sein besonderes Aroma; er hat eine Haltbarkeit von etwa einem Jahr (Lugo)
queso de tetilla *bzw. „de perilla"*	er hat den lustigen Namen „kleine Zitze" wegen seiner Form (Birne oder kleine Frauenbrust, je nach Optik); wird aus Kuhmilch hergestellt, reift etwa 2–3 Wochen und hält sich etwa 2 Monate (La Coruña)
queso de Ulloa *(auch* **Arzüa-Ulloa***)*	hat eine Reifezeit von etwa 4–5 Wochen an *(auch* einem luftigen Ort und hält sich zwischen 5 und 6 Monaten

AJO BLANCO CON UVAS (KALTE KNOBLAUCHSUPPE MIT WEINTRAUBEN)

ZUTATEN:

200 g	altbackenes Weißbrot
6	Knoblauchzehen
100 g	gemahlene Mandeln
4 EL	Olivenöl
3 EL	Essig
250 g	Weintrauben
	evtl.
100 g	geröstete Weißbrot-würfel
	Salz

(für 4 Personen)

ZUBEREITUNG:

Das Weißbrot in kaltem Essigwasser einweichen, herausnehmen und ausdrücken. Die Knoblauchzehen schälen, Trieb entfernen, mit den Mandeln, dem Weißbrot und dem Salz im Mixer zu einer glatten Masse pürieren.

Das Öl tropfenweise (wie bei einer Mayonnaise) langsam unterrühren. Zum Schluss die Masse mit etwas Essig abschmecken. Die Mischung in eine Suppenterrine füllen, etwa $1/2$ l kaltes Wasser dazugeben, gut durchmischen, damit eine Art Creme entsteht, und in den Kühlschrank stellen. Die Weintrauben waschen (evtl. schälen), vor dem Servieren in die Suppe geben, nach Belieben auch mit den gerösteten Weißbrotwürfeln servieren.

Illes Balears – Islas Baleares (Balearen)

FLÄCHE:	5.014 KM²
EINWOHNER:	746.000
HAUPTSTADT:	PALMA DE MALLORCA
PROVINZ:	BALEARES

DIE URSPRÜNGE DES LEBENS auf den Balearen gehen auf die Jungsteinzeit zurück. Vor allem auf Menorca gibt es eine überraschend große Zahl von prähistorischen Funden, z.B. Megalithdenkmäler (Hünengräber, Türme, Steinblöcke), die als Grabstätte oder zum Zelebrieren religiöser Riten dienten. Diese Inseln wurden im Laufe ihrer Geschichte von sämtlichen Mittelmeer-Zivilisationen „heimgesucht", die auf Beutesuche hin und her segelten: Phönizier, Griechen, Karthager, Römer, Vandalen, Byzantiner und Mauren. Sie alle fielen über die schönen Inseln her, bis die Katalanen 1229–1231 dem bunten Treiben ein Ende setzten. Aber auch sie konnten die Überfälle der Piraten nicht verhindern, die über viele Jahrhunderte hinweg die Balearen unsicher machten. So waren die Bewohner Formenteras zeitweise gezwungen, fluchtartig die Insel zu verlassen, weil sie nicht imstande waren, sich gegen die barbarischen Seeräuber zu verteidigen. Die historischen Funde auf Mallorca, Menorca und Ibiza erinnern noch heute an die bewegte Vergangenheit der Inselgruppe.

Mallorca

Heute ist es eher der Fremdenverkehr, der Unruhe auf die Inseln bringt (aber auch harte Devisen). So muss **Mallorca** mit dem Negativimage leben, das ihm die berühmt-berüchtigte „Schinkenstraße" von El Arenal eingebracht hat. Wer aber nur diese Seite von Mallorca kennt, der hat eine Menge versäumt. Denn Mallorca hat viele Gesichter: ein elegant-mondänes, ein ländliches und ein romantisches (denken wir an die Liebesgeschichte von Chopin und George Sand, die in Valldemosa eine unglückliche Zeit verbrachten). Sobald man den schrecklich verbauten Süden verlässt, stößt man auf unbeschreiblich schöne Küstenlandschaften mit Fischerhäfen, kleinen Buchten und mittelalterlichen Städtchen. Es muss also nicht „Ballermann" sein!

Die Insel **Menorca** ist viel unberührter als ihre große Schwester. Durch den Vertrag von Utrecht im Jahr 1714 wurde sie für fast ein Jahrhundert zu einem Teil des Britischen Empire, weshalb sie mancherorts heute noch ein gewisses englisches Flair hat. Die Finca San Antonio bei Mahón war seinerzeit die Traumkulisse der – für damalige Moralbegriffe – skandalösen Romanze zwischen dem Admiral Lord Nelson und Lady Hamilton. Man findet hier herrschaftliche Häuser und Paläste, malerische Häfen, schöne Strände in einsamen Buchten und gut erhaltene Kulturdenkmäler. Alles in allem eine bemerkenswerte Insel für kunstgeschichtlich Interessierte oder für Erholungssuchende.

Ibiza, „die weiße Insel", ist viel besser als ihr Ruf, ein Überbleibsel aus der Hippyzeit der 60er Jahre. Ibiza-Stadt hat zwar

Ibiza

immer noch ein ausschweifendes Nachtleben, aber man sollte tagsüber die Hauptstadt besuchen. Vor allem Dalt Vila, die von dicken Befestigungsmauern umschlossene Altstadt, beherbergt hochinteressante architektonische Kunstwerke aus vielen Epochen. Unbedingt sehen sollte man außerdem das *Museo Monográfico del Puig de Molins*, ein Museum für punische Kunst, das in Europa einzigartig ist. Sobald man ins Landesinnere oder in den Norden fährt, öffnet sich dem Besucher eine beschauliche Welt: die Welt einer alten Mittelmeerkultur, die bis auf die Karthager zurückgeht und die Vergangenheit und Gegenwart zu vereinigen weiß.

Wenn man nach **Formentera** fährt, sollte man das Abendkleid zu Hause lassen, denn hier sind Ruhe und Erholung angesagt. Auch Autos sind hier fehl am Platz: Es gibt eine einzige Straße, die die Insel durchquert. Am besten erkundet man die Insel mit dem Fahrrad. Die schönsten Buchten sind sowieso nur mit dem Rad oder zu Fuß zu erreichen. Der Naturliebhaber

Formentera

wird ausgedehnte Föhrenwälder, wilde Gewürzkräuter und eine Menge träge Eidechsen *(ferrerets)* vorfinden, die unter Artenschutz stehen.

Die kleine Insel **Cabrera** steht in ihrer Gesamtheit unter Naturschutz. Dieses völlig intakte Naturparadies ist ein Reservat selten gewordener Pflanzen- und Vogelarten. Als Gruppentourist kann man sie problemlos für ein paar Stunden besuchen. Individualreisende haben es schwerer: Um dort anzulegen, benötigen sie eine Sondergenehmigung. Diese gilt aber nur für einen Tag.

Das gastronomische Angebot der Balearen ist vielseitig. Es gibt eine deftige Binnenland- und eine leichte Meeresküche, die von Insel zu Insel verschieden sein kann. Die Insulaner waren in früheren Zeiten Selbstversorger. Zum Essen gab es nur, was Ihnen Land oder Meer je nach Jahreszeit geboten haben. So etwas nennt man heute „marktorientierte Küche". Gemüse und Obst, aber auch Hülsenfrüchte und Oliven werden saisonbedingt auf vielerlei schmackhafte Weise zubereitet. Beim Fleisch ist das Schwein der ungekrönte König. Es wird mit wohlduftenden Kräutern gewürzt und kommt dann gegrillt, geschmort oder im Ofen gebraten auf den Tisch. Es liefert auch den Grundstoff für die berühmte Paprikastreichwurst *sobrasada*. Auch Wild, Geflügel, Lamm und Schnecken stehen auf der Speisekarte der Inseln. Meistens sind es aber einfache, natürliche Zubereitungen (immer mit viel Würzkräutern), die ihre bäuerliche Herkunft nicht leugnen können. Vor allem die bescheidenen *cocas,* pizzaartige Blechkuchen, die mit einem Gemüse-, Fisch- oder süßen Belag ofenfrisch angeboten werden, schmecken einfach köstlich und sind ziemlich preiswert. Beim Fisch geht es allerdings viel feiner zu: Langusten, Rochen, Zackenbarsch und Tintenfisch sowie Fischsuppen werden meisterhaft zubereitet. Ob die Mayonnaise *(mahonesa)* tatsächlich auf Mahón (Menorca) erfunden wurde, dies herauszufinden bleibt den Küchenhistorikern überlassen.

RESTAURANT-TIPPS

Formentera: ES MOLI DE SAL; Playa de Ses Illetes; Tel. 971 18 74 91 ● *Ibiza-Stadt:* CA N'ALFREDO; Vara del Rey, 16; Tel. 971 31 12 74 ● *Palma de Mallorca:* CASA EDUARDO; Pesquera, 4 (Es Mollet); Tel. 971 72 11 82 - CELLER SA PREMSA; Plaza Obispo Berenguer de Palau, 8; Tel. 971 72 35 29 ● *Mahón de Menorca:* PILAR; Forn, 61; Tel. 971 36 68 17 ● *Mercadal:* CA N'AGUEDET; Lepanto, 23; Tel. 971 37 53 91 ● *Santa Gertrudis:* CAN PAU; Carretera de San Miguel, km 2,9; Tel. 971 19 70 07

VORSPEISEN UND KLEINGERICHTE

arenques con pimientos y berenjenas	gegrillte Salzheringe mit einem Salat aus gegrillten Paprikaschoten, Tomaten und Auberginen
berenjenas y cebollas a la mallorquina	Zwiebel- und Auberginenauflauf
cocarrois	mit Spinat (bzw. Mangold), Rosinen und Pinienkernen gefüllte Teigtaschen
cocas mallorquinas (de pimientos, de atún, de sardinas, de sobrasada)	pizzaähnlicher Blechkuchen aus Hefeteig mit verschiedenen Belägen: Paprikaschoten, Tunfisch, Sardinen oder Paprikastreichwurst

espinagada con anguilas	Blechkuchen aus Brotteig mit einem Belag aus Spinat, Erbsen, Zwiebeln und Aal
sepia con trempó	Salat aus Sepia, Tomaten, Zwiebeln, Paprikaschoten und Knoblauch, alles in Würfel geschnitten und mit Olivenöl und Weinessig angemacht
trempó con higos de Formentera	Salat aus Tomaten, Zwiebeln und Paprikaschoten mit einem Dressing aus pürierten Pfefferschoten, Knoblauch, Minze und Olivenöl; der Salat wird mit in Achtel geschnittenen, frischen Feigen garniert

SUPPEN

sopa de ajo a la ibicenca	Knoblauchsuppe mit Zwiebeln und Kohl (Ibiza)
crema de almendras	Mandelcremesuppe auf der Basis von Hühnerbrühe und gemahlenen Mandeln (kann kalt oder warm gegessen werden)
sopas mallorquinas	Gemüseeintopf mit gerösteten Bauernbrotscheiben (mit Wirsing bzw. Kohl und Blumenkohl als Hauptbestandteil)

GEMÜSEGERICHTE

coliflor rehogada	in Olivenöl und Knoblauch gedünsteter Blumenkohl mit Rosinen
granada d'alberginies (pastel de berenjenas)	Auberginenpudding mit Tomatensauce als Beilage
sofrito	grob geschnittene und in Olivenöl geschmorte grüne Paprikaschoten, Tomaten, Zwiebeln, Knoblauch und Petersilie
tumbet	Gemüseauflauf mit Kartoffeln, Auberginen, Zucchini, Tomaten und Knoblauch

FISCHE UND MEERESFRÜCHTE

burrida de Ratjada (burrida de raya)	gedünsteter Rochen in einer Sauce auf der Basis von Knoblauchmayonnaise *(all i oli)*, Fischsud, Safran (und evtl. Mandeln); die Sauce wird als Suppe auf Weißbrotscheiben angerichtet
calamares rellenos	mit einer Mischung aus hart gekochten Eiern, Tomaten, Zwiebeln, Knoblauch und Petersilie gefüllte Tintenfische in einer feinen Tomatensauce mit Rosinen und Pinienkernen
caldera menorquina de pescado	Fischtopf aus Merlan, Petersfisch und verschiedenen Mittelmeerfischen in Safransud
escupinyes a la crema (escupinas a la crema)	in Béchamelsauce überbackene Muschelart aus Menorca
langosta a la ibicenca	gedünstete Languste mit gefüllten Tintenfischen (die Füllung besteht aus Muscheln, Weißfisch und hart gekochten Eiern)
estufat de tonyina (estofado de atún)	Schmorgericht aus Tunfischscheiben, Tomaten, Zwiebeln, Knoblauch, Weißwein und evtl. Rosinen und Pinienkernen
mero a la mallorquina	mit Mangold, Tomaten, Zwiebeln und Knoblauchzehen im Ofen gegarter Zackenbarsch (Mallorca)

Illes Balears — Islas Baleares (Balearen)

FLEISCHGERICHTE

borret	Lammeintopf mit Kichererbsen, Kirschen und Aprikosen
frito mallorquín	Pfannengericht aus Lamminnereien (Leber, Lunge, Herz und Milz), Kartoffeln, Karotten, Erbsen, Blumenkohl, Stangensellerie und Frühlingszwiebeln
greixera de piés de cerdo a la menorquina	Art Auflauf aus Schweinefüßen, Speck, Frischkäse aus Mahón und Eiern
lechona rellena	mit Äpfeln und Pflaumen gefüllter Spanferkelbraten
perdices de capellán	mit Schinken und Paprikastreichwurst gefüllte Rind- oder Kalbfleischroulade in Weißweinsauce
riñones en cazuela	gebratene und geschmorte Kalbsnierchen in einer Sauce aus Zwiebeln, Knoblauch, Petersilie und Weinessig

GEFLÜGEL- UND WILDGERICHTE

arrós brut	Reis mit Wildkaninchen (evtl. auch mit Taube) und Gemüse
capirotada de conill (muslitos de conejo gratinados)	mit durchwachsenem Speck gefüllte Kaninchenkeulen, die vorher gebraten und anschließend in Mandelmilch geschmort werden
caracoles con sobrasada	gekochte und geschmorte Schnecken in einer scharfen Sauce aus Zwiebeln, Knoblauch, Tomaten, Weißwein, Schinkenstreifen und Paprikastreichwurst
conejo con cebolla	gebratene und geschmorte Kaninchenstücke in einer Sauce aus Weißwein, Zwiebeln, Knoblauch und Kräutern

pechuga de pato con olivas	marinierte und gebratene Entenbrust mit einer Sauce aus Oliven und Rotwein

DESSERTS

buñuelos de arroz con leche	Milchreiskrapfen
empanadillas de cabello de ángel	mit Kürbiskonfitüre gefüllte süße Teigtaschen
ensaimada mallorquina	mit Kürbiskonfitüre gefüllte Schmalzgebäckschnecke
flaó	Art Käsekuchen aus Ibiza
gató de almendra	Mandelkuchen
helado de almendra	Mandeleis
macarróns de Sant Joan	in Milch, Zitronenschale, Zimt und Zucker gekochte Bandnudeln

KÄSE

queso ibicenco	Frischkäse aus Ziegen- und Schafsmilch
queso de Mahón	viereckiger Kuhmilchkäse aus Menorca, der *semicurado* (mit 2-monatiger Reifezeit), *curado* (mit etwa 6-monatiger Reifezeit) oder *añejo* (etwa 1 Jahr alt) erhältlich ist
queso mallorquín	aus Kuhmilch hergestellter Käse (ähnlich wie der *Mahón,* aber nicht so fein)

Islas Canarias (Kanarische Inseln)

FLÄCHE: 7.273 KM²
EINWOHNER: 1.638.000
HAUPTSTÄDTE: LAS PALMAS,
SANTA CRUZ DE
TENERIFE
PROVINZEN: LAS PALMAS,
SANTA CRUZ DE
TENERIFE

„Garten der Hesperiden"

DIE KANARISCHEN INSELN WAREN schon in der Antike den Griechen und Römern bekannt. Sie gaben ihnen in ihren Chroniken poetische Namen wie „die glücklichen Inseln", „Garten der Hesperiden" oder „Atlantis" (einige Historiker vermuteten in dieser Gegend den legendären versunkenen Kontinent). Der kanarische Archipel besteht aus 7 großen (El Hierro, Fuerteventura, Gran Canaria, La Gomera, Lanzarote, La Palma, Teneriffa) und 6 kleinen Inseln (Alegranza, Graciosa, Montaña Clara, Roque del Este, Roque del Oeste und Lobos).

Die Ureinwohner der Inselgruppe, die *guanches,* waren ein hellhäutiges, streng hierarchisch organisiertes Volk. Erst im 15. Jh. gingen die Inseln nach lang andauernden Kämpfen mit den *guanches* in den Besitz der kastilischen Krone über. Systematisch kolonisiert wurden die Kanaren im darauf folgenden 16. und 17. Jh. Nachdem die Insulaner durch die Eroberungskämpfe stark dezimiert wurden, schickte die Krone kastilische Siedler (von den *guanches* abschätzig *godos* genannt), um das Land urbar zu machen. Ursprünglich bauten die Neukanarier Zuckerrohr und Weizen an, aber bald mussten sie auf andere Getreidesorten, Gemüse, Tabak und Wein übergehen, um die spanische Flotte zu versorgen, die – auf ihrem Weg nach Amerika – auf den Kanaren einen Zwischenstopp einlegte. Daran änderte sich bis Anfang des 20. Jh. nur wenig, als die Zeit der Bananen- und Tomatenplantagen folgte. Zusammen mit dem

Gran Canaria

Tabak und dem Zuckerrohr wurden sie bald zu den wichtigsten Wirtschaftszweigen der Inselgruppe.

In den 6oer Jahren wurden die Kanarischen Inseln für den Fremdenverkehr entdeckt. Hauptsächlich ältere, sonnenhungrige Touristen aus dem Norden kommen in Scharen wie die Zugvögel, um hier zu überwintern. Sie bringen Devisen und Arbeit für die Einheimischen, aber durch den Massentourismus ist auch die „Unschuld" dieser Inseln verloren gegangen, die bis dahin zu den schönsten „Fleckchen" dieser Erde zählten.

Es gibt wenige Inseln vulkanischen Ursprungs, die sich trotz ihrer räumlichen Nähe so voneinander unterscheiden wie die Kanarischen Inseln. Man könnte fast von Miniaturkontinenten sprechen. Auf **Gran Canaria** findet man die unterschiedlichsten Landschafts- und Klimazonen. Tropische Vegetation an der den Passatwinden zugewandten feuchteren Nordseite wechselt mit wüstenartigen Gegenden im Süden, im Zentrum der Insel türmen sich imposante Bergketten.

Fuerteventura ist die „afrikanischste" unter den Kanaren. Sie hat die längste Küste und die ausgedehntesten Strände aller Kanarischen Inseln und ist ein Bade- und Fischerparadies.

Fuerteventura

Lanzarote überrascht den Besucher mit einer mondähnlichen Landschaft. Da die Vulkane hier bis zum 19. Jh. aktiv waren, hinterließen ihre Ausbrüche eine bizarre Lavalandschaft. Diese Besonderheit kam dem Obst- und Weinanbau zugute: In den Kratern gedeihen die Weinreben prächtig. Ein Muss für den Besucher ist die merkwürdige Kraterlandschaft des Naturparks von Timanfaya, die von hunderten von kleinen Vulkanen geschaffen wurde und die auf dem Rücken eines Kamels besichtigt werden kann.

Teneriffa

Teneriffa, *isla de la eterna primavera* („Insel des ewigen Frühlings"), ist die größte Insel des Archipels. Sie wird von einer Bergkette durchzogen. In der Mitte befindet sich der 3.718 m hohe, schneebedeckte Vulkan Teide (Spaniens höchster Berg) mit seinem gigantischen Krater von rund 20 km Durchmesser. Er gehört zum Naturpark *El Teide* mit seinen bizarren Lavaformationen. Außergewöhnlich ist auch das Orotava-Tal. Hier soll einst Alexander von Humboldt – von der Grandiosität und Schönheit dieser Landschaft zutiefst ergriffen – auf die Knie gefallen sein und Gott für die Vollkommenheit dieser Schöpfung gedankt haben.

La Palma, *la isla bonita* („die schöne Insel"), ist durch die relativ hohen Niederschläge die grünste aller Kanarischen Inseln. Hier sind auch die meisten Bananenplantagen anzutreffen. Den Naturpark *La Caldera de Taburiente* kann man zu Fuß oder mit Allradfahrzeugen erreichen. Die *Caldera* (wörtlich „Kessel") ist eigentlich ein Vulkankrater von 9 km Durchmesser und 770 m Tiefe. Auf dem höchsten Berg der Insel (2.423 m) befindet sich eine Sternwarte.

La Palma

La Gomera wird *isla colombina* („Kolumbus-Insel")
genannt, weil sie Kolumbus letzte Etappe auf seiner ersten Ent-
deckungsfahrt war. Die Küstenlandschaft La Gomeras ist wild
mit spektakulären Steilhängen und felsigen Abschnitten. Der
Nationalpark von Garajonay ist vielleicht der einzige noch
erhaltene Wald aus dem Tertiär in Europa. Wanderer werden
hier eine Pflanzenwelt entdecken, die andernorts schon vor ein
paar tausend Jahren ausgestorben ist.

El Hierro mit seinen beeindruckenden Vulkankratern und
sattgrünen Wäldern ist die kleinste Kanarische Insel und bei
Naturfreunden besonders beliebt. Die Küste ist – bis auf den
Strand bei Golfo – steil
und unzugänglich. Die
Bevölkerung lebt haupt-
sächlich von der Landwirtschaft, insbesondere vom
Ananas- und Weinanbau.
Die Ureidechse, *lagarto de
salmor* (von der es nur
noch wenige Exemplare
auf der Welt gibt), steht
hier unter Tierschutz.

El Hierro

Durch die Abgeschiedenheit des Archipels mussten seine
Bewohner stets auf die ureigenen landwirtschaftlichen Erzeug-
nisse und Fischarten zurückgreifen. So ist die Gastronomie der
Inseln ziemlich einfach und steht auf vier Säulen: Die erste ist
der *gofio* (gerösteter und gemahlener Mais oder Weizen, der zu
einer Masse verarbeitet wird). In ärmeren Zeiten war der *gofio*
Hauptbestandteil der Inselküche, heute dient er als Beilage
oder Brotersatz. Die zweite sind die *papas* (Kartoffeln), die hier
in der Schale in Meerwasser gekocht werden, bis sie ganz runz-
lig sind. Deshalb heißen sie *papas arrugadas*, „Runzelkartoffeln". Die dritte sind die *mojos* (scharfe Saucen), die zu den
papas, zum *gofio* oder zu vielen Fischgerichten gereicht werden. Die vierte sind Früchte und Gemüse aus den Obst- und
Gemüsegärten der Inseln. Seit der Entdeckung Amerikas wurden hier tropische Früchte angebaut (Mango, Banane, Papaya,
Avocado), die der kanarischen Küche einen leicht südamerika-
nischen Einschlag geben. Mit Huhn, Truthahn, Kaninchen

oder Zicklein aus dem eigenen Stall werden sie zu interessanten Kompositionen zubereitet. Auch Gemüseeintöpfe (mit oder ohne Fleisch) werden hier gern gegessen. Aus dem Atlantik kommen die für die Inseln typischen, ansonsten jedoch recht ungewöhnlichen Fischsorten *cherne* (Wrackbarsch), *vieja* (Schleimfisch), *alfoncino* (Alfoncino-Fisch), die gesalzen (ein Überbleibsel aus der Zeit, als es keine Kühlschränke gab), gegrillt oder gekocht – aber fast immer mit *mojo* und *papas arrugadas* als Beilage – ausgezeichnet schmecken. Die köstlichen Inselweine sind die ideale Ergänzung zu diesen leicht exotisch anmutenden kulinarischen Genüssen.

Restaurant-Tipps

El Hierro (Valverde-Echedo): LA HIGUERA DE LA ABUELA; Tajiniscoba ● *Fuerteventura (Corralejo):* LA MARQUESINA; Muelle Chico; Tel.: 928 53 54 35 ● *La Gomera (Valle del Gran Rey):* EL PALMAREJO; Carretera de Arure; Tel. 922 80 58 68 ● *La Palma (Santa Cruz de la Palma):* CHIPI-CHIPI; Juan Mayor, 42; Tel. 922 41 10 24 ● *Lanzarote (Yaiza):* LA ERA; El Barranco, 3; Tel. 928 83 00 16 ● *Las Palmas:* EL CUCHARON; Reloj, 2; Tel. 928 33 32 96 ● *Tenerife (Puerto de la Cruz):* LA GAÑANIA; Camino del Durazno; Tel. 922 52 33 88

VORSPEISEN

ensalada de berros	Salat aus Kresse, Zwiebeln, Weißkohl, Rotkohl, Karotten, Tomaten, frischem Koriander und Zitronenvinaigrette
ensalada de papas negras con langosta	Salat aus gekochter Languste mit Pellkartoffeln aus Teneriffa (alles in Scheiben geschnitten) und Kräutervinaigrette
ensalada de vieja con vinagreta de hierbecillas	Salat aus gebratenem Schleimfisch, Schalotten, Tomaten und Knoblauch in Kräutervinaigrette
sopa fría de melón	kalte Melonencreme-Suppe mit Koriander (evtl. mit Zitronenmelisse)

EINTÖPFE

escaldón	dicke, püreeartige Suppe aus *gofio* (der italienischen „Polenta" ähnlicher Brei aus geröstetem Maismehl), Speck, Knoblauch, gehackter grüner Paprikaschote und Safran
potaje canario	*cocido*-ähnlicher Eintopf aus Schweine- und Rindfleisch, Paprika- und Blutwurst, Kichererbsen, Kartoffeln, Süßkartoffeln, Kohl, Birnen und Safran
potaje de berros	Eintopf aus Kresse, weißen Bohnen, Kartoffeln, durchwachsenem Speck, Schweinerippe und Knoblauch

FISCHE UND MEERESFRÜCHTE

cazuela de pescado	Schmorgericht aus verschiedenen Weißfischen, Kartoffeln, Zwiebeln, Knoblauch, Paprikaschote, Tomaten und Safran
cherne con papas arrugadas y mojo	gekochter Wrackbarsch mit den typischen, in der Schale gekochten „Runzelkartoffeln", dazu *mojo:* eine scharfe Tunke aus Essig und Öl und Paprika- und Pfefferschoten *(mojo picón)* bzw. Koriander *(mojo verde)*

cherne al hinojo	gebratene Wrackbarsch-Scheiben mit Zwiebeln, Fenchel und süßer Sahne (evtl. Crème Fraîche)

lapas con mojo	gegrillte Napfschnecken mit *mojo*
sancocho	Fischeintopf mit Kartoffeln und Süßkartoffeln, als Beilage gibt es *gofio* (anstatt Brot) und Tomatensalat

FLEISCHGERICHTE

carajacas	marinierte und gebratene Rinderleber
carne roja canaria	marinierte, gebratene und anschließend in Weißwein, Paprika und Gewürzen geschmorte Rindfleischscheiben
carnero verde al estilo canario	Hammelgulasch mit Salatherzen und Pinienkernen
morcillas dulces	süße Blutwurst mit Weintrauben, Rosinen und Mandeln

DESSERTS

bienmesabe	kalte Mandelcreme (im Sektglas serviert)
bollos de cuajada	Dickmilch-Krapfen mit Honig in Milch gekocht
frangollo canario	Maisbrei mit Zucker, Zimt und Anisgewürz
quesadillas	mit Frischkäse gefüllte, süße Teigtaschen (Pasteten)
raspaduras de gofio	trichterförmige Süßigkeit aus *gofio,* Honig und Mandeln

KÄSE

almogrote	Käsepaste aus Ziegenmilch, die man auf Brot oder zu *papas arrugadas* isst
queso de flor	Frischkäse bzw. junger Käse aus Ziegenmilch (aus Santa María de Guía auf Gran Canaria)

queso de La Gomera	würziger Ziegenkäse (manchmal auch Schafskäse), der mit Heidekraut, Rebholz oder *tabaiba* (ein Wolfsmilchgewächs) geräuchert wird
queso herreño	Käse aus Ziegen- und Schafs- bzw. Kuhmilch aus El Hierro (wird mit Paprika eingerieben und anschließend leicht geräuchert)
queso majorero	aromatischer Käse aus Ziegenmilch; da die Ziegen auf der Insel sich hauptsächlich von Majoran ernähren, geben sie der Milch dieses Aroma weiter; wird oft mit Paprika bestrichen und frisch oder mittelalt verzehrt (Fuerteventura)
queso palmero	aus Ziegen- und Schafsmilch, zwischen 3–6 kg schwer, leicht geräuchert, hat eine Reifezeit von etwa 3 Monaten (La Palma)
queso de Santa Cruz	Ziegenkäse, der fast keine Rinde hat; der Käsemasse werden Mandeln beigemischt (Teneriffa)

Lanzarote

Exotische Früchte

DIE MEISTEN der in Spanien bekannten exotischen Früchte kamen im Zuge der Entdeckung Amerikas ins Land. Allerdings gibt es ein paar darunter, die den umgekehrten Weg machten, d.h. sie wurden in die Neue Welt exportiert, so z.B. die Dattel, der Granatapfel und, so seltsam es klingen mag, die Banane (auf Spanisch *plátano* genannt). Ja, diese krumme, von den Deutschen so heiß und innig geliebte Frucht soll es schon 600 Jahre v. Chr. in Indien gegeben haben. Über Ägypten und die arabischen Länder etablierte sich die Banane schließlich in Westafrika und von dort brachten sie die Portugiesen auf die Kanarischen Inseln. Dort, auf der Insel La Palma, fand sie die denkbar besten klimatischen Bedingungen und so konnten spanische Missionare knapp ein Jahrhundert später einige Jungpflanzen nach Santo Domingo mitnehmen. Dort wurde die Banane bald zu einem der wichtigsten Grundnahrungsmittel der einheimischen Bevölkerung. Später breitete sich der Bananenanbau in ganz Mittelamerika aus, wo sie ab dem 19. Jh. als Exportartikel Nummer 1 in die Alte Welt zurückkam. Viele der uns geläufigen „exotischen" Obstsorten haben in Spanien, insbesondere auf den Kanarischen Inseln, ideale Wachstumsbedingungen und sind zum festen Bestandteil der jeweiligen Landesküche geworden, wo sie als Frischobst oder als Grundlage von Haupt- und Nachspeisen (Eis, Kuchen und Marmeladen) Verwendung finden.

Sehen wir uns die in Spanien gängigen „Exoten" einmal an:

Ananas (*piña* bzw. *piña tropical*): Sie stammt ursprünglich aus Afrika. Im Tupi-Guarani-Dialekt bedeutet Ananas so viel wie „exzellente Frucht". Sie ist sehr reich an Vitaminen und natürlichen Enzymen.

Avocado (*aguacate*): Sie stammt ursprünglich aus Mittel- und Südamerika, ist sehr fett und daher sehr kalorienreich, enthält aber große Mengen von Vitamin A und E.

Cherimoya (*chiromoya*): Stammt ursprünglich aus Afrika (Kenia), hat viel Vitamin C.

Granadilla – auch **Passionsfrucht** oder **Maracuja** genannt – (*granadilla* bzw. *fruta de la pasión* oder *maracuyá*): Sie stammt ursprünglich aus Kolumbien, besitzt sehr viel Zitronensäure und Vitamin B und C.

Granatapfel (*granada*): Die Araber sollen sie nach Spanien gebracht haben. Die Stadt Granada verdankt dieser Frucht ihren Namen (angeblich wegen der vielen Granatapfelbäume, die es dort während der maurischen Herrschaft gegeben hat). Ihre saftigen Kerne sind reich an Vitamin C, Phosphor, Eisen und Kalium. Außerdem soll er cholesterinsenkend sein und Darmkrebs vorbeugen.

Guave (*guayaba*): In Brasilien und Chile beheimatet, hat einen sehr hohen Vitamin C-Gehalt.

Kaki (*caqui* bzw. *palosanto*): Typische Mittelmeerfrucht, reich an Vitamin B1, B2 und C.

Kaktusfeige (*higo chumbo*): Eine Frucht, die ihre Stacheln verliert, wenn sie einige Zeit im Wasser liegt. Sie hat ziemlich viel Vitamin A und C und enthält Oxalatkristalle.

Karambole (*carambola*): Ursprünglich in Südostasien beheimatet, zucker- und kalorienarm, hat viel Vitamin C.

Kumquat (*cumquat, fortunella margarita*): Diese Zwergorange stammt ursprüglich aus China, schmeckt kräftig nach Orangeat (die Schale ist essbar) und hat viel Vitamin C.

Mango (*mango*): Stammt ursprünglich aus Indien, ist sehr faserreich und enthält viele Kohlehydrate, reich an Folsäure, Vitamin C und E.

Papaya (*papaya*): Stammt aus dem tropischen Afrika und Südamerika, enthält kaum Kohlehydrate, ist reich an Kalzium und Vitamin A, B2 und C.

Tamarillo (*tamarillo*): Ursprünglich aus Peru. Der Name bedeutet in der Eingeborenensprache „Baumtomate". Ist reich an Vitamin A.

La Rioja

FLÄCHE: 5.034 KM²
EINWOHNER: 268.000
HAUPTSTADT: LOGROÑO
PROVINZ: LA RIOJA

Wenn man von La Rioja spricht, denkt man unwillkürlich an die weltberühmten Weine, die in dieser Gegend erzeugt werden. Diese relativ kleine autonome Region war aber seit jeher, allein durch ihre besondere Lage zwischen Kastilien, Navarra, dem Baskenland und Aragonien, Zeuge – wenn nicht Hauptdarsteller – vieler Episoden der spanischen Geschichte. La Rioja war ein Durchgangsgebiet verschiedener Völker und Kulturen, die im Laufe der Jahrhunderte ihre Spuren hinterlassen haben: römische Ruinen, westgotische Relikte, arabische und christliche Festungen, Klöster, romanische Kirchen ... Aber auch vielen Spaniern ist nicht bekannt, dass La Rioja die Wiege der spanischen Schriftsprache ist. Hier, in der Abgeschiedenheit des Klosters Yuso, schrieb der geistliche Gonzalo de Berceo Ende des 12. Jh. das erste Gedicht in der spanischen Volkssprache (einer Sprache, die bis dahin nur im mündlichen Gebrauch war, da wichtige Schriftstücke in Latein verfasst wurden).

Die Landschaft La Riojas ist schon eine Reise wert. La Rioja Alta im Nordosten, zwischen dem nördlichen Ebro und den Provinzen Álava und Burgos, ist eine reiche landwirtschaftliche Region mit Ackerland, Getreidefeldern und ausgedehnten Weingärten. Hier verläuft *la Ruta del Vino* (die Weinstraße). In den Ortschaften Haro, Briones, Ollauri, San Asensio usw. kann man nicht nur die bekanntesten *bodegas* (Weinkellereien) des Landes besichtigen, sondern auch wunderschöne, alte Herrenhäuser aus Quadersteinen mit den Adelswappen an der Fassadenfront sowie alte Barockkirchen, Burgen und Paläste aus verschiedenen Epochen bewundern.

La Rioja Baja grenzt an Aragón, Soria und Navarra. Als wichtiges Durchgangsgebiet zwischen Kastilien und Aragonien war La Rioja Baja im Mittelalter heiß umkämpft und so stößt man hier überall auf Spuren dieser fernen Zeiten, z.B. in Calahorra, der ältesten Stadt La Riojas. Ihr Ursprung ist keltiberisch, aber sie wurde von den Römern ausgebaut und in Calagurris umbenannt, woher ihr jetziger Name stammt. Die Sierras (Bergketten) de la Demanda und de Alcarama im Süden der Region bieten kontrastreiche Landschaften und bilden gleichzeitig die natürliche Grenze zwischen La Rioja, Altkastilien und Aragonien. Hier entspringen auch zahlreiche Flüsse, die sich ihren Weg zum Ebro durch üppige Wälder bahnen und diese Gegend zu einem Naturparadies machen.

Logroño, die Hauptstadt La Riojas, ist seit jeher eine wichtige Etappe auf dem Jakobsweg. Dadurch sind hier alle architektonische Stilrichtungen christlicher Baukunst vertreten.

Die *riojanos* (Bewohner La Riojas) empfangen den Besucher mit großer Gastfreundschaft. Als Wein trinkendes Volk feiern sie die Feste, wie sie fallen: Bei den *batallas del vino* („Weinschlachten") von Haro und San Asensio, dem *baile de los zancos* („Stelzentanz") in Anguiano und den *fiestas* zu Ehren von

Weinschlacht von Haro

San Mateo in Logroño fließt der exzellente Wein reichlich und auch die bodenständige, aber schmackhafte Landesküche darf nicht fehlen. Eine Küche, die deftig und in sehr reichlich bemessenen Portionen auf den Tisch kommt. Die fruchtbaren Gemüsegärten der Region liefern das frische Gemüse (herrlich zarten Spargel, saftige Paprikaschoten, erstklassige Artischocken, Karden usw.). Beim Fleisch wird das Schwein bevorzugt, woraus delikate Wurstsorten hergestellt werden: *jamón, longaniza* und *chorizo, lomo embuchado* (Schinken, Hart- und Paprikawurst, luftgetrocknete Lende) und verschiedene Patés. Zum Nachtisch gibt es Ölgebäck wie die *fardalejos* oder Marzipanteilchen, die auf die Araber zurückgehen.

La Rioja

RESTAURANT-TIPPS

Logroño: IRUÑA; Laurel, 8; Tel. 941 22 00 64 ● *Santo Domingo de la Calzada:* EL RINCON DE EMILIO; Plaza Bonifacio Gil, 7; Tel. 941 34 09 90

GEMÜSEGERICHTE

fritada	in Olivenöl geschmorte, in Würfel geschnittene Zwiebeln, Paprikaschoten und gehackte Knoblauchzehen
menestra de verduras	gekochtes und in Schinken und Paprikawurst geschmortes Frühlingsgemüse
pimientos del piquillo asados	gegrillte und anschließend in Olivenöl und Knoblauch geschmorte Paprikaschoten
pimientos rellenos	mit Hackfleisch gefüllte, gebratene Paprikaschoten in Tomatensauce

SUPPEN UND EINTÖPFE

caparrones con tocino y chorizo	geschmorte rote Bohnen mit Speck, Paprikawurst, Schweinefüßchen, -rippchen und -ohren (die Bohnen werden als erstes serviert und dann das mitgekochte Fleisch als Hauptgericht)
patatas a la riojana	Kartoffeleintopf mit Schweinerippchen, Paprikawurst, Paprikaschoten und Gewürzen
pochas estofadas	Eintopf aus weißen Bohnen mit Speck, Paprikawurst und Lammfleisch
sopa riojana	dicke Suppe aus verschiedenen Gemüsesorten, Kartoffeln, Brot, Schinken und Paprikasalami

FISCHGERICHTE

bacalao a la riojana	mit Olivenöl, Tomaten, Zwiebeln, Knoblauch und Paprikaschoten geschmorte Stockfischstreifen
bonito en fritada	gebratener und anschließend in einer Sauce aus Zwiebeln, grünen Paprikaschoten, Knoblauch und Tomaten im Tontopf geschmorter Tunfisch
congrio con tomate	Seeaal in einer Sauce aus Tomaten, Zwiebeln, Paprikaschoten und Weißwein
truchas con setas	im Ofen gebackene Forellen mit einer Sauce aus Rotwein und Waldpilzen

FLEISCH- UND GEFLÜGELGERICHTE

calderete de cordero	Lammgulasch mit Kartoffeln, Karotten, Paprikaschoten und Artischocken in einer pikanten Sauce aus Lammleber, Chilischoten, Paprika und Weißwein
callos con nueces	in einer Sauce aus Schinkenwürfeln, Knoblauch, Tomaten und Walnüssen geschmorte Kutteln
codornices en zurrón	mit einer Wachtel gefüllte Paprikaschoten in einer Sauce aus Tomaten, Zwiebeln, Knoblauch und Weißwein

DESSERTS

fardalejos	Blätterteigtaschen mit Mandelfüllung
tarta de requesón y miel	Torte aus Mürbeteig, Schichtkäse und Honig
tarta de queso con salsa de arándanos	Käsekuchen mit Preiselbeersauce

FLÄCHE: 7.995 KM²
EINWOHNER: 5.031.000
HAUPTSTADT: MADRID
PROVINZ: MADRID

Die Comunidad de Madrid ist klein, aber vielseitig. Bevor wir auf ihre geschichtlichen und architektonischen Besonderheiten näher eingehen, möchten wir die von den meisten Touristen kaum beachteten Landschaften erwähnen, allen voran die Sierra (Bergkette) von Guadarrama im Norden der Hauptstadt, die bei den *madrileños* (Madridern) als Skigebiet und Wochenendausflugsziel beliebt ist. Aber auch das Lozoya-Tal, der San Juan-Stausee (bei San Martín de Valdeiglesias) oder die fruchtbaren Ebenen der Flüsse Tajo und Jarama sind einen Abstecher wert. Von den zahlreichen geschichtsträchtigen Orten in der Umgebung von Madrid sind Alcalá de Henares, Aranjuez und Chinchón wohl die interessantesten. Die Universitätsstadt Alcalá de Henares stammt aus dem 15. Jh., in der Umgebung befinden sich noch Reste aus vorgeschichtlicher, römischer und gotischer Zeit. Aranjuez war seit dem Ende des 15. Jh. die Sommerresidenz der spanischen Könige. Allein der schöne Palast mit seinen verspielten Gärten ist einen Besuch wert. Das mittelalterliche Chinchón ist vor allem wegen der Arkaden seines Hauptplatzes *(Plaza Mayor)* und seiner *Plaza de Toros* (Stierkampfarena) berühmt. Ein lohnendes Ausflugsziel ist das Kloster El Escorial am Fuße der Guadarrama-Bergkette.

Plaza Mayor in Madrid

Blick auf die Sierra de Guadarrama

Der strenge Monumentalbau, den Philipp II. als Mausoleum für sich und die nachkommenden Generationen spanischer Könige errichten ließ, beeindruckt durch seine eigenwillige Architektur und die vielen Kunstschätze, die er beherbergt.

Madrid selbst, Hauptstadt der autonomen Region und spanische Hauptstadt seit 1562, hat seine Ursprünge im 9. Jh. im arabischen *Mayrit*, einer Festung am Fluss Manzanares. Im 11. Jh. wurde die kleine Gemeinde von König Alfons VI. erobert und blieb fortan in christlicher Hand. Aber es war Philipp II., der – als er das mittelalterliche Städtchen durch königliches Dekret zur Hauptstadt des Königreiches kürte – den Grundstein zum heutigen Madrid als politisches, kulturelles und wirtschaftliches Zentrum des Landes legte. Diese monumentale Stadt erlebte, architektonisch gesehen, drei Blütezeiten: unter den Habsburgern – in Spanien *Austrias* genannt –, deren wichtigster Regent Philipp II. war; unter der Bourbonen-Herrschaft (speziell unter Karl III., der Madrid zu einer Kulturstadt mit zahlreichen Palästen, Museen und Bibliotheken machte)

Palacio de Cristal im Parque del Retiro

und im 19. Jh. unter Isabel II. Aus dieser Zeit stammen u.a. die Theater *Teatro Real* und *Teatro de la Zarzuela*, das *Prado*-Museum und die großartige, 131 ha umfassende Gartenanlage *Parque del Retiro* (die Lunge Madrids). Im 20. Jh. wurden die kilometerlange Prachtstraße *Paseo de la Castellana*, der Kolumbus-Platz *(Plaza de Colón)* und viele herrliche Parkanlagen, wichtige Kulturzentren und berühmte Museen gebaut. Aber die Stadt hat auch Sehenswürdigkeiten besonderer Art zu bieten, so z.B. die fast unerschöpflichen Einkaufsmöglichkeiten in den schicken Boutiquen, Einkaufspassagen und Kaufhäusern oder den *Rastro*, einen riesigen Sonntagsflohmarkt in der Altstadt. In den Restaurants aller Preisklassen, den gemütlichen *bodegas* (Weinschänken) und *mesones* (rustikale Gasthöfe) kann man die typischen Spezialitäten, wie den bekanntesten Eintopf Spaniens, den *cocido madrileño* (Madrider Eintopf), und die *callos a la madrileña* (Kutteln nach Madrider Art) probieren, die eigentlich die einzigen ech-

Comunidad de Madrid

ten Madrider Spezialitäten sind. Zwar sind alle anderen Gerichte, die in Madrid auf den Tisch kommen, aus anderen spanischen Regionen „importiert" worden, aber einige wie z. B. die *sopa de ajo* (Knoblauchsuppe) oder der *besugo al horno* (im Ofen gebratene Meerbrasse) schmecken nirgends so gut wie hier. Dank modernster Kühltechnik und Transportmöglichkeiten bekommen die Madrider den besten und frischesten Fisch aus dem Norden schon wenige Stunden nach dem Fang „ins Haus" geliefert. Auch eine *tapas*-Tradition gibt es in Madrid mit unzähligen Bars, modernen oder urigen, die ein beliebter Treffpunkt für Jung und Alt sind. Diese Mischung aus Welt-Metropole und Kleinstadt-Idyll macht Madrid zu einer der attraktivsten Hauptstädte Europas. Hier bekommt das geflügelte Wort *de Madrid al cielo* (von Madrid aus kommt man in den Himmel) seine volle Bedeutung. Und die *castizos madrileños* (urwüchsigen Madrider) fügen schmunzelnd hinzu: *Y en el cielo, un agujerito para verlo.* (Und im Himmel [suchen wir] ein Guckloch, um es zu sehen.)

Restaurant-Tipps

Madrid: CASA LUCIO; Cava Baja, 35; Tel. 91 365 32 52 - CASA CIRIACO; Mayor, 84; Tel. 91 548 06 20

VORSPEISEN UND GEMÜSE

caracoles al estilo de Madrid	Schnecken in einer scharfen Chili-Safran-Sauce
cardos a la madrileña	Kardenartischocken (eine Distelart) in Schinkenbéchamel

ensalada de San Isidro	Salat aus Tunfisch, hart gekochten Eiern, Zwiebeln, Oliven und römischem Salat in Vinaigrettesauce
espárragos a la madrileña	gekochter weißer Spargel aus Aranjuez mit einer Art Sauce Hollandaise

EINTÖPFE

cocido madrileño	Eintopf aus Fleisch, Schinken, Paprika-wurst, durchwachsenem Speck, Huhn, Kohl, Kartoffeln, Karotten und Kichererb-sen, der in 2–3 Gängen serviert wird: Nudelsuppe aus der Brühe, Gemüse, Fleisch und Wurst
judías a la tío Lucas	gekochte weiße Bohnen, die anschließend mit Knoblauch, Lorbeerblatt, Paprikawurst, Speck und Essig weitergeschmort werden
potaje de garbanzos a la madrileña	Kichererbseneintopf mit Karotten und Spinat

FISCHGERICHTE

besugo asado a la madrileña	im Ofen gegarter Graubarsch auf Kartoffel-scheiben in Zitronen-Weinsauce
merluza a la madrileña	mit geschälten Garnelen gefüllter Seehecht, der mit einer Tomaten-Zwiebel-Knoblauch-Sauce und Paniermehl bedeckt und im Ofen gegart wird
raya a la madrileña	Rochenscheiben in einer ähnlichen Zube-reitung wie oben, aber mit viel Weißwein und auf Kartoffelscheiben im Ofen gegart

FLEISCHGERICHTE

añojo guisado	Schmorgericht aus Lammfleisch, Kartof-feln, jungen Erbsen, Paprikaschoten und Artischocken

Comunidad de Madrid

callos a la madrileña	geschmorte Kutteln mit Schinkenwürfeln, Paprika- und Blutwurst in einer scharfen Chili-Sauce
cochinillo asado	Milchspanferkelbraten vom Holzofen
rabo de toro estofado	geschmorter Stierschwanz mit Schalotten, Karotten, Kartoffeln, Pilzen und Knoblauch in einer Rotweinsauce mit Gewürzkräutern

DESSERTS

arroz con leche	Milchreis mit Zimt- und Vanillestangen
bartolillos madrileños	mit Vanillecreme gefüllte und frittierte Teigecken
buñuelos, churros y rosquillas de aire	Ölspritzgebäck in verschiedenen Formen (als Stangen, Kringel usw.)
buñuelos de manzana	Apfelkrapfen
canutillos rellenos	Blätterteigröllchen mit Sahne oder Schokoladen- bzw. Vanillecremefüllung
requesón de Miraflores con miel	Schichtkäse mit Honig
tarta de cuajada (con salsa de frambuesas)	Dickmilchkuchen (mit Himbeersauce, aber auch mit Kiwi- oder Brombeersauce)

Das eigentliche Nationalgericht

Entgegen einer weit verbreiteten Meinung gibt es in Spanien kein Nationalgericht. Obschon viele die *paella* für das Nationalgericht par excellence halten, ist es eher der *cocido* (ein reichhaltiger Fleisch-Gemüse-Eintopf), der diese Ehre verdient. Dieses einfache Gericht hat eine erwähnenswerte, nachweisbare Vorgeschichte; schon deshalb lohnt es sich, sich näher damit zu befassen.

Die vielen Völker, die die Geschichte der Iberischen Halbinsel geprägt haben (Iberer, Kelten, Phönizier, Griechen, Karthager, Römer, Westgoten, Mauren und Juden), hinterließen auch ein gastronomisches Erbe, dessen Spuren in den verschiedenen Regionalküchen heute noch allgegenwärtig sind. So ist zum Beispiel der *cocido* ein Nachkomme der *adafina*, eines jüdischen

Eintopfgerichtes aus Rindfleisch, Huhn, Gemüse, Kichererbsen und hart gekochten Eiern.

Als Isabel und Ferdinand von Kastilien (die „Katholischen Könige") im Jahre 1492 mit der Eroberung Granadas die *Reconquista* (Wiedereroberungsfeldzug) zu Ende führten, begann die Verfolgung der Araber und Juden. Für sie gab es nur zwei Möglichkeiten: ihrem Glauben abzuschwören oder Spanien für immer zu verlassen.

Die zum Christentum konvertierten Juden galten als besonders angepasst. Um auch nach außen hin zu beweisen, dass sie gute Christen waren, verwendeten sie von nun an in ihrer Küche reichlich Schweinefleisch, dessen Verzehr die jüdische Religion verbietet. So auch in der *adafina*, die somit (ohne hart gekochte Eier) zum *cocido* (Gekochtes) wurde und dank ihrer einfachen Zubereitungsart sich bald großer Beliebtheit erfreute. Der *cocido* wird in den verschiedenen spanischen Regionen jeweils anders genannt: in Andalusien *cocido andaluz, escudella i carn d'olla* in Katalonien, *olla podrida* in Asturien und im Baskenland, *pote gallego* in Galicien. Der bekannteste von allen ist jedoch der *cocido madrileño,* der in drei Gängen – Suppe, Gemüse und Fleisch mit verschiedenen Saucen (Tomaten, Minze oder Vinaigrette) als Beilage – serviert wird. Trotz des Namensunterschieds weichen Zubereitungsart und Zutaten des *cocido* kaum merklich voneinander ab. Wichtig ist eine lange (drei- bis vierstündige) Kochzeit auf kleiner Flamme, wenn möglich im Tontopf.

Unter welcher Bezeichnung auch immer, alle Spanier – ob arm oder reich – lieben ihren *cocido*. Er ist ein nahrhaftes, bodenständiges Gericht, das bis in die jüngste Vergangenheit in Madrid an 365 Tagen im Jahr auf den Tisch kam. Jetzt, wo die Familien kleiner geworden sind, geht man zum *cocido*-Essen lieber ins Restaurant.

Cocido madrileño (Madrider Eintopf mit Kichererbsen)

Zutaten:

500 g	Rindfleisch aus der Schulter
1	Hühnerbrust mit Knochen
150 g	durchwachsener Speck
1	Schinkenknochen
1	Markknochen
1	Fleischknochen
1	Blutwurst *(morcilla)*
150 g	*Chorizo*-Wurst
300 g	Kichererbsen
6	mittelgroße Kartoffeln
1 Stange	Lauch
1	große Karotte
1 Stange	Staudensellerie
1 kg	Wirsing oder Weißkohl
75 ml	Öl-, Essig- und Paprikawürze
250 g	Tomatensauce
1	Knoblauchzehe
	Salz
100 g	Suppennudeln

(für 6 Personen)

Zubereitung:

Die Kichererbsen etwa 10 Stunden in reichlich kaltem Wasser mit einem Kaffeelöffel Natron quellen lassen und gut auswaschen. Das Fleisch, die Knochen, die Hühnerbrust und die Kichererbsen in einen großen Suppentopf geben und mit etwa 3 l Wasser bedecken. Das Salz hinzufügen. Den Eintopf etwa 60 Minuten langsam kochen lassen. Die Paprikawurst, den Speck, das Gemüse (bis auf den Wirsing) und die geschälten ganzen Kartoffeln dazugeben und weitere 50 Minuten kochen lassen. Den Wirsing getrennt in Salzwasser etwa 40 Minuten kochen, das Wasser abgießen und beiseite stellen. Die Brühe abgießen und die Nudeln darin in etwa 8 Minunten gar kochen.

Die Suppe mit den Nudeln als ersten Gang servieren. Die Kichererbsen zusammen mit dem Gemüse, dem Fleisch und den anderen Zutaten auf einer großen Platte anrichten. Man kann den zweiten und dritten Gang nach Belieben mit der Würze aus Öl, Paprikapulver und Essig oder mit der Tomatensauce anmachen.

KULINARISCHE STREIFZÜGE DURCH SPANIEN

Murcia

FLÄCHE: 11.317 KM²
EINWOHNER: 1.060.000
HAUPTSTADT: MURCIA
PROVINZ: MURCIA

Archäologische Funde bestätigen zwar die Iberer als Ureinwohner Murcias, aber es waren die Karthager, die als Gründer Cartago Novas (heutiges Cartagena) als eigentliche Urväter dieser Region in die Geschichte eingingen. Als Durchgangsstraße vieler Völker (Römer, Westgoten und Mauren) brachten die Araber bei ihrer Ankunft ein besonderes Geschenk im Gepäck mit: ein gut durchdachtes Bewässerungssystem, das Murcia zum Obst- und Gemüsegarten Spaniens machte. Diese moderne und effektive Art der Landwirtschaft wurde bis zum heutigen Tag zur wichtigsten Einnahmequelle dieser Region. Vom Omaijaden-Fürst Abd-al-Rahman II. im Jahre 825 unter dem Namen *Mursija* gegründet, gehörte die Stadt Murcia zunächst zum Königreich Kastilien und wurde nach und nach christianisiert. Die gotische Kathedrale und die vielen Kirchen und Klöster, die im Laufe der folgenden Jahrhunderte gebaut wurden, zeigen uns die Bemühungen der spanischen Könige, die arabische Vergangenheit aus dem

Kathedrale Santa María in Murcia

Playa Grande, Puerto Mazarrón

Gedächtnis und den Herzen der Bevölkerung zu eliminieren, eine Vergangenheit, die in Orten wie Alhama oder Cehegín heute noch im Stadtbild lebendig ist.

Den Touristen erwarten in dieser autonomen Region hübsche mittelalterliche Städtchen wie Caravaca de la Cruz und Lorca. Wasserratten wird es insbesondere an die feinen Sandstrände der *Costa Cálida* (wörtlich „warme Küste") mit der Nehrung *La Manga* ziehen, die zwischen San Pedro del Pinatar und San Javier die Salzwasserlagune *Mar Menor* (inzwischen zu einem El Dorado für Golfer geworden) umschließt. Unweit von hier liegt Cartagena, „die andere Hauptstadt" der Region Murcia, das mit seinen römischen Ausgrabungen ein beliebtes Ziel für Bewunderer der Antike ist.

Kulinarische Hochgenüsse erleben in dieser Region vor allem Gemüse- und Fischliebhaber: Die wohlschmeckenden und herrlich frischen Produkte der *huerta* (bewässertes Obst- und Gemüseland), wie z.B. zuckersüße Erbsen und süße Karotten, Artischocken, Tomaten, Auberginen, Zucchini und Paprikaschoten werden hier auf eine ganz einfache und natürliche Art zubereitet. Rar gewordene Fischarten wie der *mújol* (Meeräsche) und bestimmte Sorten von Riesenkrabben sind hier noch zu finden. An diesem Teil der Mittelmeerküste ist das Meer noch nicht leer gefischt, Fisch und Meeresfrüchte sind

reichlich vorhanden und kommen in verschiedenen schmackhaften Zubereitungsarten fangfrisch auf den Tisch. Aber auch
die nach alter römischer Tradition gesalzenen und getrockneten Rückenfilets vom Tunfisch *(mojama de atún)* schmecken
zu frisch gerösteten Mandeln einfach vorzüglich.

Restaurant-Tipps

Cartagena: JOSE MARIA-LOS CHURRASCOS; El Algar (bei
Cartagena); Tel. 968 13 61 44 ● *Murcia:* LA HUERTANICA;
Infantes, 3; Tel. 968 21 76 68

VORSPEISEN UND SALATE

ajotomate	Tomatensalat mit Kümmel, Paprikapulver, viel gehacktem Knoblauch und Olivenöl, der mindestens eine Stunde vor dem Anrichten durchziehen muss
ensalada murciana	grüner Salat mit Tomaten, Oliven, jungen Zwiebeln, Tunfisch, Oliven und hart gekochten Eiern
mojama de atún y huevas de mújol con almendras	getrocknetes Tunfischfilet und Meeräsche-rogen mit frisch gerösteten Salzmandeln
pastel murciano	Blätterteigpastete mit einer Füllung aus Hirn, Kalbfleisch, Paprikawurst, rohem Schinken, Paprikaschoten, Tomaten und hart gekochten Eiern
pimientos rellenos a la lorquina	mit Fleisch (Kalb- oder Schweinefleisch) und Schinken gefüllte und anschließend gebratene Paprikaschoten, die mit einer feinen Tomatensauce serviert werden

tortilla murciana	Omelette aus Eiern, Zucchini, Auberginen, Zwiebeln, Paprikaschoten, Schinkenwürfeln und Tomaten

GEMÜSEGERICHTE

buñuelos de alcachofa	in Ausbackteig getunkte und dann in Olivenöl frittierte Artischockenherzen
zarangollo murciano	Kartoffeln und Zucchini (oder junger Kürbis), die mit Zwiebeln gebraten und anschließend mit klein gewürfelten Tomaten geschmort werden

EINTÖPFE UND REISGERICHTE

arroz de la huerta (arroz huertano)	Reispfanne mit Gartengemüse der Saison
arroz en caldero (caldero del Mar Menor)	Fisch-Reis-Eintopf aus verschiedenen Fischen und Meeresfrüchten (Meeräsche, Goldbrasse, Zackenbarsch, Tintenfisch, Crevetten), Knoblauch, getrockneten Paprikaschoten, Tomaten, Olivenöl und Gewürzkräutern (man serviert als ersten Gang den Reis und dann den Fisch mit *Alioli* (Knoblauchmayonnaise)
arroz murciano	Reispfanne aus klein gehackten Schweinerippchen, Tomaten, vielen Paprikaschoten, Knoblauch, Olivenöl und Safran (der Reis wird im Backofen fertig gegart)
michirones con chorizo	geschmorte, junge, dicke Bohnen *(michirones)* mit Paprikawurst, Pfefferschoten und Kräutern

pisto murciano	in Öl geschmorte Tomaten, Paprikaschoten, Zwiebeln, Auberginen und Zucchini

potaje murciano	Eintopf aus Kichererbsen, weißen Bohnen, Spinat mit Stockfischklößen

FISCHE UND KRUSTENTIERE

ajo colorado	Stockfisch-Kartoffel-Ragout mit Tomaten, Zwiebeln, Knoblauch und getrockneten Paprikaschoten
dorada a la sal	im Ofen gebackene Goldbrasse in Salzkruste
dorada con pimientos	mit kleinen Goldbrassen gefüllte, große grüne Paprikaschoten, die in Olivenöl in der Pfanne gebraten werden
langostinos del Mar Menor en salsa	Garnelen in einer Sauce aus Schinken- würfeln, Olivenöl, Zwiebeln, Knoblauch, Weißwein und Gewürzen
mújol a la sal	Meeräsche in Salzkruste

FLEISCHGERICHTE

chuletas de cordero en ajo cabañil	gebratene Lammkoteletts mit Kartoffeln in einer Essig-Öl-Knoblauchsauce
pebre	Suppentopf aus Lamm- oder Kalbfleisch mit Tomaten, Pfeffer und Kümmel; zuerst wird die Brühe mit gerösteten Weißbrot- scheiben (als Suppe) und als zweiter Gang das Fleisch serviert

solomillo con pimientos y alcachofas	gegrilltes Kalbsfilet mit angebratenen und dann im eigenen Saft gedünsteten Paprikaschoten und Artischocken (als Beilage)

DESSERTS

arroz con miel	Reispudding mit Honig
pan de ala (alfajores)	in Anisschnaps getränktes Mandel-Honig-Gebäck
pan de higos	Feigenbrot
paparajotes	Ölgebäck mit starkem Zitronenaroma
suspiros murcianos	Mandelbaisers
yemas de Caravaca	Eidottergebäck in Karamelmantel

KÄSE

Nur sehr wenige handgemachte Frischkäsesorten aus Ziegenmilch in der Gegend von Jumilla und Caravaca

Durstlöscher aus der Erdmandel

DIE *HORCHATA* (ERDMANDELMILCH) ist das spanische Sommergetränk schlechthin. Nach alter Überlieferung soll die *horchata* ihren Namen dem katalanischen König Jaume I. *El Conquistador* (Joachim I. der Eroberer) verdanken. Nach seinem glorreichen Valencia-Feldzug bekam er angeblich – um seinen Durst zu stillen – ein Glas gekühlte Erdmandelmilch von einem jungen, hübschen Mädchen serviert. Von diesem herrlich erfrischenden Getränk besonders angetan, schrie er: *Això es or, xata!* (Das ist Gold, Kleines!) und gab somit der bislang namenlosen Flüssigkeit den katalanischen Namen *orxata,* der später ins Kastilische *(horchata)* übersetzt wurde. Aber Legenden beiseite! Die *chufa* (Erdmandel), woraus die *horchata* hergestellt wird, war schon in der Antike bekannt. Sie wurde in Ägypten für medizinische Zwecke verwendet und fand sogar Erwähnung in alten Hieroglyphen. Wahrscheinlich waren es die Araber, die sie irgendwann zwischen dem 8. und 14. Jh. nach Spanien brachten.

Bei der Erdmandel (lat. *cyperus esculentus*) handelt es sich um eine kleine wässerige und zuckerreiche Knolle, die sich an der Pflanzenwurzel befindet. Die *horchata*-Herstellung ist eine äußerst mühsame Angelegenheit. Beginnen wir bei der Ernte: Im Frühling werden die jungen *chufa*-Setzlinge gepflanzt, Anfang November werden die sichtbaren, aber unbrauchbaren

Teile der *chufa*-Pflanze abgebrannt und dann die Pflanzenwurzeln mit den Erdmandeln aus der Erde geholt. Die *chufas* werden dann sorgfältig gewaschen, damit keine Erde daran haften bleibt. Bevor sie aussortiert werden, müssen sie ca. 3 Monate lang richtig trocknen. Aus den hochwertigen *chufas* wird

die *horchata* gemacht; die minderwertigen werden aussortiert und dienen später als Saatgut. Sowohl die Ernte als auch die Herstellung wurden früher in Handarbeit erledigt. Heute ersetzen Maschinen weitgehend die menschliche Hand.

Der Fabrikationsverlauf sieht folgendermaßen aus: Zuerst werden die trockenen Erdmandeln erneut gewaschen. Man lässt sie aufquellen, um sie dann fein zu mahlen. Anschließend werden sie in einer Rührmaschine mit Quellwasser, Zucker und ein wenig Zitronensaft vermischt und gut durchgerührt. Danach wird die Masse durch eine Art Riesensieb richtig durchgepresst und bis zum letzten Tropfen gefiltert. Die dadurch gewonnene *horchata* wird in Kanister oder Flaschen abgefüllt und sofort kühlgestellt. Das absolute Fehlen von Konservierungsstoffen und Färbemitteln machen die *horchata* zu einem äußerst gesunden und bekömmlichen Erfrischungsgetränk. Allerdings ist die Erdmandelmilch nur 1–2 Tage haltbar (danach setzt der Oxidations- und Gärungsprozess ein). Das ist Vorteil und Problem der *horchata* zugleich: Was nicht verkauft wird, muss spätestens 48 Stunden nach der Herstellung weggeschüttet werden. Aus wirtschaftlichen Gründen (immerhin gibt dieser Wirtschaftszweig einer ganzen Menge Menschen Arbeit) ist man dazu übergegangen, die *horchata* zu pasteurisieren, in Flaschen abzufüllen und damit die Supermärkte in ganz Spanien zu beliefern. So kann jeder zu Hause seine *horchata* genießen, ohne nach Alboraya (ein Vorort von Valencia, der von der Herstellung und dem Verkauf von Erdmandelmilch weitgehend lebt) fahren zu müssen. Aber wer dort jemals in einer der typischen *horchaterías* (*horchata*-Schenken) auf dem so genannten *horchata*-Boulevard eine geeiste *horchata* getrunken hat, der wird sicherlich den Unterschied merken.

FLÄCHE: 10.421 KM²
EINWOHNER: 524.000
HAUPTSTADT: PAMPLONA
PROVINZ: NAVARRA

MENSCHEN GAB ES in Navarra bereits in der Steinzeit. Die *Ruta de los Dólmenes* („Dolmen- bzw. Hünengräberstraße") doku- mentiert durch diese megalithi- schen Denkmäler die Existenz von Frühbewohnern in diesem Teil Spa- niens.

Navarra ist vor allem im Norden und Westen stark von der baski- schen Kultur geprägt. Während im Süden fremde Mächte (Römer, Westgoten und Mauren) ein- und ausgingen, kämpften die Vasconier (Nachfahren der Indoeuropäer, die den Norden des Landes irgendwann im Paläolithikum besiedelten) ständig und meist mit Erfolg gegen die Eindringlinge. So konnten sie bis zum heutigen Tage ihre eigene Identität und Sprache (Bas- kisch) bewahren. Nachdem es über Jahrhunderte Zankapfel seiner mächtigen Nachbarn Kastilien, Aragonien und Frank- reich und Opfer interner Auseinandersetzungen im Mittelalter gewesen war, wurde das alte Königreich Navarra 1515 mit Kasti- lien vereinigt. Die *Fueros de Navarra* (Navarras Sonderrechte) blieben dennoch bestehen. Diese gesetzlich verankerten Privi- legien haben – wenn auch in verbesserter und der spanischen Verfassung angepasster Form – bis heute überdauert.

Diese autonome Region übt eine unwiderstehliche Anzie- hungskraft auf den Besucher aus: Schroffe Bergkämme und tiefe Schluchten wechseln mit fruchtbaren Tälern und sattgrü- nen Wiesen ab und spektakuläre Naturparks wie der *Bárdenas Reales* laden zu sportlichen Aktivitäten wie Bergsteigen, Rei- ten, Kanufahren oder Gleitschirmfliegen ein. Die fruchtbaren Täler bieten ideale Voraussetzungen für die delikaten Gemüse- sorten, die sich in ganz Spanien großer Beliebtheit erfreuen und die – je nach Saison – frisch oder in Konservenform auf den hiesigen Speisekarten zu finden sind, z.B. exquisite Spargel und Artischocken, zarte, fleischige Karden, milde *piquillo*- Schoten oder Zwergsalatherzen *(cogollitos de Tudela)*. Die zahlreichen, glasklaren Gewässer liefern den Lachs und die Forellen für besonders einfallsreiche Gerichte (z.B. die *trucha*

Blick auf die Kathedrale von Pamplona

a la navarra, Bachforelle mit Rohschinkenfüllung). Aus dem Kantabrischen Meer kommen Graubarsch, Seehecht und Sardelle, die in Navarra nach baskischer Art zubereitet werden. Auch Lamm-, Schweine-, Kalb- und Stierfleisch samt Innereien stehen hier ganz oben auf dem Speisezettel. Die beliebten Käsesorten *Roncal* und *Idiazábal* schmecken ohnegleichen, wenn dazu ein samtiger, im Eichenfass gereifter Rotwein der hiesigen Herkunftsbezeichnung getrunken wird. Und zur Verdauung ist ein *pacharán* angesagt, ein Schlehenlikör, der in den letzten Jahren in Spanien sehr in Mode gekommen ist.

Navarra war seit jeher eine wichtige Etappe auf dem Jakobsweg. Zwei Pilgerwege durchqueren diese Region: Die Straße, die von Aragonien nach La Rioja führt, und die Pyrenäen-Straße über Valcarlos und Roncesvalles. Die nach Santiago de Compostela wallfahrenden Pilger brachten dem Land wirtschaftlichen Aufschwung. Ein Reichtum, der mit dem Bau christlicher Monumente (Pilgerherbergen, Kirchen und Kapellen, überwiegend im romanischen Stil) an beiden Seiten des Jakobsweges Hand in Hand ging. Diese sind größtenteils heute noch gut erhalten und einen Abstecher wert. Besuchen sollte man unbedingt auch Artajona (mittelalterliche Stadtmauer und Wehrkirchen), Estella (wegen seiner prächtigen Baudenkmäler und Kunstschätze „das Toledo des Nordens" genannt), Olite (Städtchen mit einer märchenhaften Schlossburg), das maurisch angehauchte Tudela, Viana (prachtvolle Adelshäuser) und das 74 v. Chr. von dem römi-

schen Feldherrn Pompeius gegründete Pamplona, die Hauptstadt Navarras.

Pamplona ist hauptsächlich wegen der *Sanfermines* international bekannt. Dieses Riesenvolksfest zu Ehren des Schutzpatrons San Fermín wurde von Ernest Hemingway in seinem
Roman „Fiesta" 1926 verewigt. Am 6. Juli gibt der *chupinazo*
(ohrenbetäubender Böllerschuss) das Startzeichen zum *en-
cierro,* dem Eintreiben der Stiere durch die Gassen, das in der
Arena sein vorläufiges Ende findet. Diese uralte Tradition artet
in einen Kollektivrausch von Sonne, Farben, Musik und Wein
aus, von dem die *pamplonicas* (Einwohner Pamplonas) alljährlich achteinhalb Tage lang ergriffen werden. Ein Massendeliri-
um, das von den Fernsehsendern aller Welt mit spürbar ver-
ständnislosem Kopfschütteln übertragen wird. Aber wenn die
Ruhe wieder eingekehrt ist, kann man bei einem Spaziergang
durch die kunstgeschichtlich interessante Altstadt die gast-
freundliche Bevölkerung näher kennen lernen, die lukullische
Genüsse stets zu schätzen weiß.

RESTAURANT-TIPPS

Olite: CASA ZANITO; Rúa Mayor, 16; Tel. 948 74 00 02 ●
Pamplona: CASA AMPARO; Esquíroz, 22. Tel. 948 26 11 62

GEMÜSEGERICHTE

alcachofas con jamón	gekochte Artischocken in weißer Sauce mit Schinken und Knoblauch
broete de San Fermín	mit Paprikasalami, Schinken, Zwiebeln und Knoblauch geschmortes Gartengemüse und Kartoffeln
cardo quisado con alcachofas	Karden und Artischocken in Ingwer-béchamel
cogollos de Tudela con anchoas	junge Salatherzen mit Sardellen
cogollos gratinados	gedünstete, junge Salatherzen in Tomaten-sauce, die anschließend überbacken werden

menestra de Tudela	mit Schinken, Paprikasalami, Knoblauch und etwas Weißwein geschmorte Artischocken, Mangoldstiele, grüne Bohnen und Erbsen (mit Spargel als Garnierung)
puerros gratinados	überbackene Lauch-Schinken-Röllchen in Béchamelsauce
pimientos del piquillo rellenos de setas	mit Waldpilzen gefüllte, feine rote Paprikaschoten
setas con almendras	Waldpilze in Weißwein-Mandel-Knoblauch-Sauce

FISCHE UND KRUSTENTIERE

ajoarriero de bacalao a la pamplonica	mit Krabbenfleisch, Crevetten, Pilzen, Paprikaschoten, Tomaten und Zwiebeln geschmorter Stockfisch
bacalao encebollado	Stockfischauflauf mit Tomaten, Zwiebeln, Knoblauch und Paprikaschoten
cangrejos de Tafalla	Flusskrebse in einer scharfen Sauce aus Tomaten, Zwiebeln, Knoblauch und getrockneten Chilischoten
truchas a la navarra	mit Schinken gefüllte und dann gebratene Forellen
truchas con crema de ajos	gebratene und dann in Knoblauchsauce mit Speck gedünstete Forellen
truchas con vino	in Rotwein und Kräutern marinierte und anschließend in der Marinade gekochte Forellen

FLEISCH-, GEFLÜGEL- UND WILDGERICHTE

codornices al tostón	in rohem Schinken eingewickelte und im Ofen gebackene Wachteln
conejo en salsa rubia	geschmortes Jungkaninchen in Weißwein-Kräuter-Sauce

estofado de toro	in Rotwein, Essig und Gewürzen geschmortes Stierfleisch
gorrín asado	Spanferkelbraten
hígado de pato con salsa de ciruelas	gebratene Entenleber in Pflaumensauce
liebre en salsa de uvas	marinierter und dann geschmorter Hase in Weißwein-Essig und Trauben-Sauce
lomo de jabalí adobado	marinierter, im Ofen gebratener Wildschweinrücken
manitas de cerdo en salsa	panierte und gebratene Schweinefüßchen in Knoblauch-Chili-Weißweinsauce
perdiz estofada con alubias de Tolosa	geschmortes Rebhuhn mit braunen Bohnen und Karotten
solomillo al foie-gras con salsa de uvas	Kalbs- oder Rinderfilet mit Entenleberscheibe und Trauben-Brandy-Sauce
tordos del Tkoko	mit Schinkenspeck gefüllte, geschmorte Drosseln

DESSERTS

arroz con leche al merengue	flambierter Milchreis mit Baiser
compota ribereña	Kompott aus Birnen, Äpfeln und Pfirsichen in Rotweinsirup
pastel de castañas	Kastanienkuchen
tarta de cuajada con salsa de frambuesas	Art Käsekuchen aus Schafsdickmilch mit Himbeersauce

tarta de guindas	Sauerkirschkuchen
tortas de chanchigorris	Anisfladen mit Speckgrieben

KÄSE

queso de Lanz	würziger Schafskäse mit einer 3-monatigen Reifezeit
queso Idiazábal	eigentlich ein baskischer Schafskäse, wird aber auch in den angrenzenden Gebieten hergestellt
queso Roncal	ein Schafskäse mit Herkunftsbezeichnung, pikant und mit einem leicht rauchigen Geschmack
queso de Urbasa	leicht geräucherter Schafskäse (ähnlich wie der *Idiazábal,* aber milder)

País Vasco (Baskenland)

FLÄCHE:	7.261 KM2
EINWOHNER:	2.109.000
HAUPTSTADT:	VITORIA (BASK. GASTEIZ)
PROVINZEN:	ÁLAVA, GUIPÚZCOA, VIZCAYA

ÜBER DIE HERKUNFT DER BASKEN sind Tintenströme geflossen. Anthropologen rätseln heute noch darüber, ob es sich bei den Basken nicht um direkte Nachkommen der Iberer handelt, der Urbevölkerung Spaniens, die als kleine Stämme in der Abgeschiedenheit der Berge überlebt und ihre volkstümliche Kultur erhalten haben (man darf nicht vergessen, dass viele der baskischen Hochtäler erst vor ein paar hundert Jahren zugänglich wurden).

Das über viele Jahrhunderte hinweg nur mündlich überlieferte *Euskera* (Baskisch) soll das Überbleibsel einer Mundart sein, die auf spanischem Boden schon gesprochen wurde, als es in Europa noch keine Spuren der uns bekannten romanischen oder germanischen Sprachen gab. Die Andersartigkeit der Basken drückt sich aber nicht nur in der Sprache aus, sondern auch in den vielen fremdartigen Bräuchen dieses sehr traditionsbewussten Volkes. So sind z.B. im baskischen Karneval pelzvermummte Wesen mit Furcht erregenden Masken zu sehen, die aus der Zeit vor der Christianisierung stammen.

Die großzügige und fast unberührte Natur in *Euskadi* (Baskenland) begeistert den Besucher: grüne Weiden, weite Ebenen mit Weizenfeldern und Weinbergen, raues Hochgebirge und sanfte, mit Eichen und Pinien bewaldete Hügel und

Plentzia und Gorliz

Berg Txindoki

Naturparks wie Valderejo, Urkiola und Urdaibai. Großartig ist auch die Küstenregion mit ihren herrlichen Badestränden – wie im aristokratischen *Donostia* (San Sebastián) – oder den kleinen, malerischen Buchten und bezaubernden Fischerhäfen (z.B. Zarauz, Fuenterrabía, Lequetio oder Bermeo). Unvergleichlich schöne Eindrücke erwarten den Baskenland-Besucher, der sich vom gelegentlichen sehr feinen Regen *txirimiri* und den mäßigen Temperaturen nicht abschrecken lässt. Die bekannteste Touristenroute in *Euskadi* ist seit dem Mittelalter zweifelsohne der Jakobsweg und jede der drei baskischen Provinzen hat ihre eigene Pilgerroute. Sie alle sind – historisch, kunstgeschichtlich und landschaftlich – von großem Interesse. Unbedingt besuchen sollte man die drei grundverschiedenen Provinzhauptstädte: San Sebastián (baskisch *Donostia*) ist die Perle am Kantabrischen Meer. Ein kosmopolitischer, mondäner Badeort für Gutbetuchte, die Ende des 19., Anfang des 20. Jh. ihren Sommerurlaub hier verbrachten. Es ist heute noch ein exklusives Urlaubsziel. Bilbao, die größte und bürgerlichste Stadt *Euskadis,* pulsierendes Handels- und Industriezentrum mit eleganten Wohnhäusern, einer schönen Altstadt und dem avangardistischen Guggenheim-Museum als Hauptanziehungspunkt. Die Hauptstadt *Euskadis* ist Vitoria (baskisch *Gasteiz*), eine saubere und gepflegte Stadt, die kleinste und älteste des Baskenlandes mit einer schönen, gut erhaltenen Altstadt. Vitoria-Gasteiz ist der Sitz des baskischen Parlaments und der autonomen baskischen Regierung.

Bei den Basken ist Gastfreundschaft eine Selbstverständlichkeit. Da sie offene, liebenswürdige Menschen sind, fühlt sich der Besucher im Baskenland wie zu Hause. Vor allem bei sportlichen Veranstaltungen kann man sie und ihre besonderen Eigenarten am besten kennen lernen. Das *pelota*-Spiel (ein Vorgänger des Squash), Steinestemmen und Bäumefällen sind einige der populärsten sportlichen Betätigungen im Baskenland.

Seit der Industrialisierung im 19. Jh. (Werften, Kohlenbergwerke, Maschinenbau) gehörte das kleine Baskenland zu den reichsten Regionen Spaniens. Nach dem Eintritt Spaniens in die EG konnten jedoch viele dieser subventionsabhängigen Industriezweige nicht überleben. Die Angst vor der baskischen

separatistischen Terrorgruppe ETA und die von ihr eingeführte „Solidaritätssteuer" hat überdies dazu geführt, dass viele Firmen sich davor scheuen, ihr Geld in diese Region zu investieren. Trotzdem genießen die vielen internationalen Messen in Bilbao hohes Ansehen und werden von einem Fachpublikum aus aller Welt besucht.

Die Basken lieben das Meer. Es ist ein Teil ihrer Identität. Als beherztes, seefahrendes Volk gehörten sie zu den ersten, die den Fuß auf Neufundland und Grönland setzten. Der erste Weltumsegler Juan Sebastián Elcano war ein Sohn Guetarias und viele Walfänger stammten ebenfalls aus dem Baskenland.

Die Basken sind sowohl für ihren gesunden Appetit als auch für ihre Trinkfestigkeit bekannt. Eine Besonderheit dieses Landes sind die „gastronomischen Gesellschaften". Es sind eine Art Männer-Kochclubs, in denen die Gastronomie des Landes gepflegt wird. Dort kommt man(n) zum Kochen, Essen und Trinken zusammen, Frauen sind jedoch seit jeher von diesen geselligen Runden ausgeschlossen. Die traditionelle baskische Küche besteht aus frischen, erstklassigen Produkten aus den Gemüsegärten (butterzarte rote Bohnen, Paprika), dem Wald (Edelreizker, Steinpilze) bzw. der Viehzucht: Rind- und Kalbfleisch sind besonders zart (*chuletones,* Riesenochsenkoteletts vom Grill, sind eine der bekanntesten Fleischspezialitäten), aber auch Schwein oder Lamm werden gern als Braten gegessen. In Bilbao gibt es eine regelrechte *tapas*-Kultur (*tapas* heißen hier *pinchos* und werden als Unterlage zu einem *chiquito,* einem Gläschen Wein, verzehrt). Unbestrittene Stars auf der baskischen Tafel sind alle Arten von Fischen und Meeresfrüchten, die gegrillt, gedünstet oder in himmlischen Saucen in Restaurants, Grillstuben oder Hafenkneipen hochprofessionell und phantasievoll zubereitet werden. Denn die

Küche des Baskenlands genießt in Spanien einen hervorragen-
den Ruf. Die neue baskische Küche wird von Kennern zu Recht
– noch vor der katalanischen Küche – für die beste Spaniens
gehalten.

RESTAURANT-TIPPS

Bilbao: VICTOR; Plaza Nueva, 2; Tel. 944 15 16 78 ● *San
Sebastián:* ASTELENA; Euskal-Herria, 3; Tel. 943 42 58 67 ●
Victoria-Gasteiz: OLEAGA; Adriano VI, 15; Tel. 945 22 33 10

VORSPEISEN UND KLEINGERICHTE

alubias rojas de Tolosa	gekochte und mit Olivenöl, Zwiebeln und durchwachsenem Speck in der Pfanne geschwenkte rote Bohnen

angulas a la bilbaina	in Öl, Knoblauch und kleinen getrockneten Chilischoten gedünstete Glasaale
calabacines a la marinera	mit Fisch und Frühlingspilzen gefüllte Zucchini
hojaldre con puerros	dünne Blätterteigpastete mit einer Füllung aus Lauch, Zwiebeln und Eiern
huevos a la trufa	pochierte Eier mit Trüffelraspeln (oder -scheiben) auf gebratenen Weißbrotschei-ben
huevos Maritxu	Artischockenherzen mit Rühreiern

País Vasco (Baskenland)

pastel de cabracho (krabarroka)	Drachenkopf-Pastete
pastel de changurro *bzw.* **txangurro = centollo**	Meerspinne-Pastete
piperada	Rührei mit grünen Paprikaschoten, Zwiebeln und Tomaten
pochas	mit Speck, Zwiebeln, Karotten, grünem Paprika und Paprikawurst geschmorte junge weiße Bohnen
porrusalda	Schmorgericht aus Stockfisch, Porree und Kartoffeln
salpicón de bogavante (salpicón llubrigante)	Salat aus Hummerfleisch mit Vinaigrettesauce

FISCHE UND KRUSTENTIERE

bacalao a la bilbaina	in einer Sauce aus Olivenöl, Weißwein, Zwiebeln, Knoblauch, getrockneten Paprikaschoten und Brot geschmorter Stockfisch
bacalao al pil-pil	in Olivenöl und Knoblauch geschmorter Stockfisch
besugo a la donostiarra	mit Knoblauch und Chilischoten im Ofen gebackener Graubarsch
cocochas (kokotschas) en salsa verde	Seehechtbäckchen in grüner Sauce (aus Knoblauch und Petersilie)
marmitako	Tunfisch-Kartoffel-Eintopf mit Tomaten, Zwiebeln, Knoblauch und Paprikaschoten

merluza a la koskera	Seehecht mit Venusmuscheln, Spargel-spitzen und Erbsen in Weißwein-Knob-lauch-Sauce
sardinas asadas al estilo de Santurce	gegrillte Sardinen, die in Weinblättern umwickelt angerichtet werden
changurro (txangurro)	mit dem eigenen Fleisch gefüllte und dann überbackene Seespinne
zurrucutuna	Schmorgericht (wie eine dicke Suppe) aus Stockfisch, Brotscheiben, Zwiebeln, Papri-ka und Knoblauch

FLEISCH-, GEFLÜGEL- UND WILDGERICHTE

conejo frito con setas	gebratenes Wildkaninchen mit Waldpilzen
liebre a la bilbaina (con salsa de nueces)	angebratener und dann in einer Sauce aus Rotwein, Haselnüssen, Pilzen, Äpfeln und geriebener Bitterschokolade geschmorter Hase
lomo de cerdo con leche	in Milch und Zimt geschmorte Schweine-lende
pollo guisado en cazuela	geschmortes Huhn in Weißwein-Zitronen-Sauce mit Paprika-Tomaten-Knoblauch-Gemüse
sukalki	geschmorte Kalbsschulter mit Kartoffeln, Karotten, Zwiebeln, kleinen getrockneten Paprikaschoten und Tomaten
villagodio	gegrilltes Ochsenkotelett (T-Bone-Steak) mit gebratenen, kleinen grünen Paprika-schoten

País Vasco (Baskenland)

DESSERTS

bizcochos de Vergara	Biskuitgebäck, das mit Eidottercreme gefüllt und mit Zuckerglasur überzogen wird
budín de manzana	Apfelpudding
colineta	eine Art Eier-Mandel-Soufflé mit Baiser garniert
cuajada con miel	Dickmilch mit Honig
intxaursalsa	kühle Dessertcreme aus pürierten Walnüssen, Milch, Zucker, Sahne und Zimt zu festlichen Anlässen
pantortillas de Reinosa	süße, dünne Butterfladen
torrijas de manzana	in Schnaps marinierte und dann frittierte Apfelbeignets

KÄSE

queso de Badaia	kleiner Schimmelkäse aus Ziegenmilch, der ca. 3 Wochen reift; er sollte spätestens 2 Monate nach Herstellung verzehrt werden
queso de Entzia (Andia)	milder Schafskäse mit einer 2-monatigen Reifezeit

queso de Gorbea	kleiner halbtrockener Schafskäse aus Biscaya
Idiazábal	der König der baskischen Käse, er wird aus Schafsmilch hergestellt und mit Dornen- und Buchenholz geräuchert

queso de Orduña	kleiner, alter, gelblicher Schafsmilchkäse aus der gleichnamigen Ortschaft; hält sich mindestens 2 Jahre

Die salzige Delikatesse
aus dem Norden

DIE GESCHICHTE DES BACALAO (Stockfisch, Klippfisch) ist mit dem traditionell seefahrenden Volk der Basken eng verbunden. Obwohl der Italiener Giovanni Caboto als Entdecker Terranovas (Neufundland) im Jahre 1497 gilt, sollen der Sage nach baskische Walfänger mindestens hundert Jahre davor die Küsten Neufundlands zum ersten Mal gesichtet haben. Die baskischen Seeleute trauten ihren Augen nicht, als sie die riesigen *bancos de bacalao* (Kabeljau- bzw. Dorschbänke) in diesen kalten Gewässern des heutigen Kanada vor sich schwimmen sahen. Ein unermesslicher Fischreichtum, der nur darauf zu warten schien, von ihnen gefangen zu werden ...

Aber bald stellte sich die Frage: Wie sollten diese feinen, weißfleischigen Fische die Reise bis in die ferne Heimat unbeschadet überstehen? Kühlmöglichkeiten, wie wir sie heute kennen, gab es damals noch nicht. Erfinderisch und praktisch veranlagt, wie die Basken nun einmal sind, kamen sie auf die rettende Idee: Man müsste das alte Einsalzungsverfahren weiterentwickeln und verfeinern, damit Qualität und Geschmack des kostbaren Fangs so wenig wie möglich darunter leiden. Gedacht, getan! Die frisch gefangenen Fische wurden ausgenommen und gut mit Meerwasser gesäubert. Anschließend wurden ihnen die Mittel- und Seitengräten entfernt, damit man sie flach aufeinander legen konnte. Einzeln eingesalzen und von einer dicken Salzschicht bedeckt, kamen sie in die dunklen und kühlen Schiffsräume, wo sie bis zum Ende der Seereise lagerten. Bei der Ankunft im spanischen Heimathafen musste der Kabeljau im Freien auf Holzgestellen weiter trocknen. Derart haltbar gemacht, konnte der so zum Stockfisch gewordene Kabeljau durch ganz Spanien transportiert werden.

Und so wurde auch der *bacalao* (ein Wort, das im Spanischen sowohl für den frischen als auch für den eingesalzenen, trockenen Kabeljau verwendet wird) zum ständigen Begleiter der spanischen Seefahrer auf ihren Entdeckungsreisen. Aber auch in die spanischen Haushalte trat der *bacalao* seinen Siegeszug an. Von begabten Köchen auf schmackhafte Art

Bacalao al pil-pil

zubereitet, wurde der *bacalao* im Landesinneren zur willkommenen Abwechslung in einer überwiegend aus Fleisch bestehenden Küche.

Soweit die Überlieferung, die wahrscheinlich bloß ein Körnchen Wahrheit enthält. Tatsache ist aber, dass der *bacalao fresco* (frischer Kabeljau) den Basken von ihren Fischfangzügen in der Nordsee schon ziemlich lange bekannt war. Diese Fischart kam ebenfalls – wenn auch in viel kleineren Mengen – im Golf von Biscaya vor. Er wurde ursprünglich auf den Klippen luftgetrocknet, weshalb er auch mancherorts „Klippfisch" genannt wird. Der in Spanien vorwiegend konsumierte Stockfisch ist der *bacalao dorado* (goldener Stockfisch), auch *bacalao nacional* (einheimischer Stockfisch) genannt. Er kommt aus nordkanadischen oder isländischen Gewässern und wird wie im 16. Jh. schonend eingesalzen, jedoch nicht mehr luftgetrocknet. Er ist sozusagen eine Halbkonserve, die bei einer Temperatur von maximal 6° C kühl gelagert werden muss. Sein

Fleisch ist zart und hat eine goldene Farbe (daher der Name *bacalao dorado*), was ihn von den Billigimporten aus skandinavischen Ländern unterscheidet.

Während in vielen Provinzen Spaniens der *bacalao* traditionell hauptsächlich in der fleischlosen Fastenzeit auf den Tisch kommt, wird der Stockfisch im Baskenland und in Katalonien das ganze Jahr über verzehrt. Dort gibt es sogar Spezialitätenrestaurants, die ausschließlich Stockfischgerichte auf der Speisekarte führen. Dass der *bacalao* die richtige Konsistenz hat (d.h. nicht trocken oder gummiartig wird) und nicht zu salzig bzw. zu fad schmeckt, dazu braucht man eine sehr geübte Hand. Am wichtigsten ist die Entsalzung: Je nach Dicke muss der Stockfisch 24–48 Stunden vor der Verwendung gewässert und dabei das (kalte) Wasser mindestens zweimal gewechselt werden. Bei dieser Prozedur quillt das Fleisch des *bacalao* auf und verliert dabei seinen unangenehmen salzigen Geschmack (behält jedoch so viel Restsalz, dass er nicht mehr gewürzt zu werden braucht). Die bekanntesten spanischen Stockfischrezepte sind: *bacalao a la vizcaina, al pil pil* und *al ajoarriero* (Baskenland); *bacalao a la llauna, con samfaina* und *brandada de bacalao* (Katalonien). Wer sie als *tapa* oder als Hauptgericht je probiert hat, wird garantiert begeistert sein und verstehen, weshalb der *bacalao* fünf Jahrhunderte lang seinen festen Platz in der spanischen Küche mit so großem Erfolg behaupten konnte.

Bacalao-*Stand in der Markthalle* **La Boquería** *in Barcelona*

Comunidad Valenciana (Valencia)

FLÄCHE: 23.305 KM²
EINWOHNER: 4.572.000
HAUPTSTADT: VALENCIA
PROVINZEN: ALICANTE,
CASTELLÓN,
VALENCIA

Zu den lieblichsten Regionen Spaniens gehört zweifelsohne die Comunidad Valenciana. Unter einem zarten, azurblauen Himmel bilden das Meer, Fischer- und Bauerndörfer, Orangenhaine, Reisfelder, Mandelplantagen und ein raues Gebirge ein harmonisches Ganzes. Die Hauptanziehungspunkte dieser von Fremdenverkehrsstrategen als *Mediterránea* vermarkteten Region sind zweifellos ihre Küsten: die *Costa del Azahar* („Orangenblütenküste") in der Provinz Castellón und die *Costa Blanca* („weiße Küste" wegen der vielen Mandelbäume im Hinterland), die sich von Gandía bis Torrevieja erstreckt.

An der Costa Blanca

Hafen von Alicante

Es gibt aber viel mehr zu entdecken als nur Sonne und Meer. Das Erbe uralter Zivilisationen ist hier überall präsent: Iberer, Phönizier, Griechen, Römer und Araber haben nicht nur in der Architektur, sondern auch im Aussehen und Charakter der Menschen ihre Spuren hinterlassen. Als geschäftstüchtige Levantiner (wahrscheinlich das Tröpfchen phönizischen und griechischen Blutes) sind die Bewohner

Peñíscola/Provinz Castellón

Morella/Provinz Castellón

dieser Region immer nach außen orientiert gewesen: Zitrusfrüchte, Reis, Wein, Keramik und Porzellan waren und sind heute noch wichtige Exportprodukte.

Der Besucher sollte sich die Zeit nehmen, das frühere Königreich Valencia von Norden bis Süden zu bereisen. Vor allem das Mittelalter mit seinen ständigen Kämpfen zwischen Christen und Mauren begegnet dem Reisenden auf Schritt und Tritt. Befestigte Städtchen wie das imposante Morella, ein architektonisches Juwel am gleichnamigen Bergpass, das von einer 2,5 km langen Befestigungsmauer umgeben ist, oder Peñíscola, das stolz auf einem Felsen erbaut wurde und Sitz der *Antipapas del Cisma* (Gegenpäpste der Kirchenspaltung) Benedikt XIII., genannt *Papa Luna,* und Clemens VIII. war, sowie unzählige christliche Burgen und arabische Kastelle sind die stummen Zeugen einer bewegten Vergangenheit. Im Hinterland befindet sich der Maestrazgo, eine der am wenigsten bekannten Gegenden Spaniens. Dichte Wälder, kristallklare Flüsse, tiefe Schluchten und malerische Städtchen sind bis heute vom Massentourismus verschont geblieben und machen diese Gegend zu einem besonders attraktiven Reiseziel für Individualisten.

Valencia, Hauptstadt der autonomen Region, am Ufer des Flusses Turia gelegen, besticht vor allem durch die vielen gut erhaltenen gotischen Gebäude. Am berühmtesten ist die Festwoche der *Fallas.* Die *Fallas* sind Figurengruppen aus Pappmaché, die sich satirisch mit Politikern und Prominenten auseinandersetzen. Diese arbeitsaufwändigen und kostspieligen Riesenkarikaturen werden 4 Tage nach ihrer Aufstellung in der Nacht vom 19. März öffentlich verbrannt.

Die *valencianos* suchen immer nach einem Grund zum Feiern. Irgendeinen Schutzpatron oder eine Gottesmutter gibt es hier ständig zu ehren. Einzigartig in ihrer Pracht sind jedoch

Kathedrale von Valencia mit dem Turm „El Miguelete"

die *Fiestas de Moros y Cristianos* (Feste der Mauren und Christen) zur Erinnerung an den Sieg über die maurischen Herrscher, die in den verschiedenen Gemeinden der Provinzen Valencia und Alicante ab April vielfach gefeiert werden. Der ahnungslose Besucher, der rein zufällig in dieses bunte Treiben gerät, traut seinen Augen nicht. Er glaubt, wie durch ein Wunder in das Mittelalter versetzt worden zu sein. Grimmige Sarazenen und verschleierte dunkeläugige Schönheiten in Kostümen aus Tausend und einer Nacht auf der Seite der Mauren sowie stolze Ritter in glänzenden Rüstungen und blonde, elegant gekleidete Mädchen auf christlicher Seite geben sich ein Stelldichein bei diesen farbenfrohen und lauten Spektakeln, die alljährlich stattfinden.

Und bei diesen Feierlichkeiten steht (fast) immer die *paella* im Mittelpunkt, die hier beheimatet ist: ein Reisgericht, das viele Ausländer mit der spanischen Küche schlechthin verbinden. Davon gibt es angeblich über 300 verschiedene Zubereitungsarten. Man darf nicht vergessen, dass es in der Gegend um Valencia die größten Reisplantagen Spaniens gibt, aber auch herrliche Gemüsegärten und Obstplantagen. Die erstklassigen und wohlschmeckenden Orangen und Mandarinen sind ihre wichtigsten Exportprodukte. Obwohl der Fischfang in den letzten Jahren wegen des hohen Eigenverbrauchs – teilweise auch auf Grund ökologischer Sünden – stark zurückgegangen ist, wird in der Region hauptsächlich die *gamba roja* (rote Garnele) bevorzugt, die manchmal astronomische Preise erreicht. Gegrillt und mit Knoblauchmayonnaise als Beilage ist sie eine besondere Delikatesse. Ein preiswerteres, jedoch auch leckeres Gericht ist die *fideuà*, eine Art Nudelpaella, die ausschließlich mit Fisch und Krustentieren zubereitet wird. Dazu trinkt man einen trockenen Weißwein und, zum Nachtisch, einen *Fondillon* aus heimischen Anbau. Dieser Likörwein war das Lieblingsgetränk der großen Seefahrer und des Adels im 17. Jahrhundert.

RESTAURANT-TIPPS

Alicante: NOU MANOLIN; Villegas, 3; Tel. 965 20 03 68 ● *Elche:* DATIL DE ORO; Parque Municipal; Tel. 965 45 34 15 ● *El Grao:* TASCA DEL PUERTO; Avda. del Puerto, 13; Tel. 964 28 44 81 ● *Guadalest-Benimatell:* VENTA LA MONTAÑA; Tel: 965 88 51 41 ● *Morella:* CASA ROQUE; Segura Barreda, 8; Tel. 964 16 03 36 ● *Sagunto:* COLL VERD DE CORINTO; Playa de Corinto; Tel. 96 260 91 04 ● *Sagunto-Playa de Corinto:* COLL VERD DE CORINTO; Tel. 96 260 91 04; ● *Santa Pola:* RINCON DE RAFA; Poeta Miguel Hernández, 15; Tel. 96 669 10 02 ● *Valencia:* CA SENTO; Méndez Núñez, 17; Tel. 96 330 17 75

VORSPEISEN

aspencat *(auch* **esgarraet** *genannt)*	mit Öl, Essig und Knoblauch angemachter Salat aus gegrillten, enthäuteten, in Streifen geschnittenen Tomaten, Paprikaschoten und Auberginen, der mit entsalzenen Stockfischstreifen und hart gekochten Eiern dekoriert wird
caragolada	in Weißwein, Paprikapulver, Knoblauch, Pfeffer (und evtl. Gemüse je nach Saison) geschmorte Schnecken
cecina	Dörrfleisch aus Rind oder Stier (ähnlich wie Bündner Fleisch)

coques	pizzaähnliche Hefeteigfladen (mit Gemüse, Tunfisch oder Sardellen belegt)
coques farcides	mit der *fritanga* (Mischung aus Tunfisch, Paprika, Tomaten und Pinienkernen) gefüllte *coques*
ensalada de naranjas	Orangenscheiben mit Öl, Pfeffer, Salz und Zitronensaft angemacht
ensalada valenciana	Salat aus grünem Salat, Tomaten, hart gekochten Eiern, Zwiebeln, Makrelen und Oliven
pericana	Salat aus Paprika und gekochtem Stockfisch

GEMÜSE- UND EINTOPFGERICHTE

borra (borreta)	typischer Gemüseeintopf aus Alcoy
olleta de music (ollita de músico)	Eintopf aus Schweinefleisch, Bratwurst und Kohlblättern
olla segorbina	Eintopf aus Rindfleisch, Blutwurst, durchwachsenem Speck, Schinkenknochen, Kartoffeln, weißen Bohnen und Karden (artischockenartigen Disteln)
recapte	Eintopf aus Hülsenfrüchten, Wurst und Rind- oder Stierfleisch

PAELLAS UND ANDERE REISGERICHTE

arroz a banda	Reisgericht mit Fisch und Meeresfrüchten (Fisch und Meeresfrüchte werden getrennt als zweiter Gang serviert), dazu gibt es *all i oli* (Knoblauchmayonnaise)
arròs amb bledes (arroz con acelgas)	Reisgericht mit Mangold und Schnecken

arròs amb bonitol (arroz con bonito)	Reispfanne mit Tunfisch, Artischockenböden, Frühlingszwiebeln oder Knoblauchsprossen, Tomaten und Safran
arròs amb fesols i naps (arroz con judías y nabos)	Reisgericht mit weißen und grünen Bohnen und weißen Rüben
arròs rossejat (arròs al forn)	mit allen Zutaten des *cocido* (Fleisch, Kichererbsen, Kartoffeln, Lauch usw.) zubereitete Reispfanne, die dann im Ofen überbacken wird
paella de verduras	Reispfanne aus verschiedenen Gemüsesorten (je nach Saison), Knoblauch, Paprikaschoten, Tomaten und Safran
paella marinera	Reispfanne aus Tomaten, Knoblauch, Erbsen, Meeresfrüchten und Safran
paella mixta	Reispfanne mit Hühner- und Schweinefleisch, Muscheln, Garnelen, Kaisergranat (= Scampi), Tintenfisch (evtl. Lotte), grünen Bohnen, Paprikaschoten und Knoblauch
paella valenciana	Reispfanne aus Huhn, Kaninchen (evtl. Schweinerippchen und Schnecken), grünen Bohnen, jungen weißen Bohnen, Artischocken, Knoblauch, Tomaten und Paprikaschoten

FISCHE UND MEERESFRÜCHTE

all i pebre d'anguila	gebratener und geschmorter Aal in einer Sauce aus Zwiebeln, Knoblauch, Paprikapulver, Pinienkernen und Paniermehl

Comunidad Valenciana (Valencia)

cruet de peix	verschiedene rohe marinierte Fische mit Knoblauch, Petersilie, Tomaten, Paprika, Öl und Zitronensaft
espardenya	Aal mit Huhn in einer Sauce aus Knoblauch und Pfeffer
fideuà	Art Nudelpaella mit Meeresfrüchten
langostinos de Vinaroz	sehr feine Riesengarnelen aus Vinaroz/ Castellón (je nach Zubereitungsart: vom Grill, gebraten oder in Cognacsauce)
llandeta al estilo de Denia	Fischsuppe (eher ein Eintopf) aus verschiedenen Weißfischen, Zwiebeln, Knoblauch, Tomaten, Pinienkernen, Paprikapulver und Gewürzkräutern
suc de pescados	verschiedene Weißfische in einer Tomaten-Zwiebel-Knoblauch-Wein- (und evtl. Safran-) Sauce

FLEISCHGERICHTE

hígado encebollado	im Ofen gebackene Lamm- oder Kalbsleber in einer Sauce aus geschmorten Zwiebeln und Essig
lomo de cerdo a la naranja	Schweinelendenbraten in einer Orangen-Wein-Sauce
sangre con cebolla	gebratenes Kalbsblut (wird bereits fertig gekocht verkauft) mit gebratenen Zwiebeln, Knoblauch und getrockneten Pfefferschoten
tombet	Schmorgericht aus Hammel oder Kaninchen mit Knoblauch, Zimt und Lorbeerblatt

DESSERTS

castañas heladas	Eisbonbon in Kastanienform mit Sahnefüllung und Schokoladenüberzug

186

fartons	mit Zuckerglasur überzogene Biskuitteig-stangen (werden zu *horchata* = Erdmandel-milch gereicht)
flaó morellano	feines Gebäck mit einer Füllung aus Quark, geriebenen Mandeln, Ei, Zucker und Zimt
gorrets d'ametlla	hütchenförmiges Gebäck aus Mandeln und Baiser
naranjas con licor	Orangenscheiben mit Likör oder Brandy und Zucker angemacht
orelletes	ohrförmiges Ölgebäck (wie Hasenöhrchen)
pasteles de boniato	mit einer Paste aus Süßkartoffeln, Zucker und Zimt gefüllte Teigtaschen
turrones	typisch spanisches Weihnachtsgebäck aus Jijona/Castellón in verschiedenen Variationen: aus Mandeln und Honig (hart), Mandelmasse (weich), Marzipan, kandierten Früchten usw.

KÄSE

queso de Alicante	handgemachter, frischer Ziegenkäse aus Alcoy (Alicante)
queso Brulló	Schichtkäse aus Schafs- und Ziegenmilch
queso de Cervera	frischer Schafskäse (ähnlich wie der *queso de Burgos*) aus Cervera del Maestre/Castellón
queso de Puzol	kleiner, frischer Schafskäse aus Puzol bei Valencia
queso de Tronchón	etwa 1 kg schwere Käseleibe aus Schafs- oder Schafs- und Ziegenmilch, wird frisch oder halbtrocken verzehrt; der halbtrockene Käse wird oft in Scheiben geschnitten und in Olivenöl gebraten

Mehr als ein Reisgericht

KAUM EIN ANDERES SPANISCHES GERICHT hat es im In- und Ausland zu einem größeren Bekanntheitsgrad gebracht als die *paella*. Dabei sind ihre Ursprünge ziemlich unspektakulär.

Schon das Wort *paella* deutet auf die einfache Herkunft dieses schmackhaften Reisgerichtes hin. *Paella* bedeutet nämlich auf Katalanisch bzw. Valencianisch nichts anderes als „Bratpfanne". Und in einer ganz normalen Bratpfanne wurde die *paella* vor etwa 200 Jahren geboren. Der genaue Geburtsort ist uns unbekannt. Es muss jedoch in der Levante-Gegend gewesen sein, im Reisanbaugebiet um Valencia, dort, wo die Reisbauern früher ihre Hütten hatten.

Darüber, wie die erste *paella* zu Stande kam, gibt es jede Menge Überlieferungen. Eine davon besagt, dass einmal ein großes Fest gefeiert werden sollte. Um die vielen Gäste zu verköstigen, standen jedoch nur ein paar Hühner und Kaninchen zur Verfügung. Zwei Freunde, ein Reis- und ein Gemüsebauer, hatten die rettende Idee. Man könnte zu den in kleine Stücke zerteilten Hühnern und Kaninchen reichlich Gemüse aus der *huerta* (bewässertes Gemüseland) geben: Paprikaschoten, grüne und weiße *garrofer*-Bohnen und junge Artischocken. Damit das Gericht nicht zu fad schmeckte, sollte man vielleicht Tomaten, viel Knoblauch, ein Lorbeerblatt, etwas Thymian und Petersilie hinzufügen und anschließend das Ganze mit dem für die

Gegend typischen Rund-
kornreis strecken, so dass
es für alle reichte.

Gesagt, getan! Aber die
zwei Freunde standen nun
vor einem neuen Problem:
Sie hatten nicht genügend
Kochtöpfe für die Zubereitung des Reisgerichtes. Also
entschieden sie kurzer-
hand: Wir nehmen auch die
Bratpfannen dazu!

Das Fest wurde ein Riesen-
erfolg und alle Gäste waren
sich einig: Der in der Bratpfanne gegarte Reis hatte
am besten geschmeckt. Von
nun an wurde dieses Gericht, im Freien über Holzfeuer gegart,
das Sonntagsessen der Reis- und Gemüsebauern. Und als die
Kinder am Sonntag die Mutter fragten: *„Mare, qué fas per
dinar?"* („Mutter, was kochst du heute zu Mittag?"), gab sie
stets dieselbe Antwort: *„Una paella d'arròs"* („eine Reispfan-
ne"). Mit der Zeit kam das Wort „Reis" abhanden und es hieß
schlicht und einfach: *una paella.*

Die *paella marinera* (nur aus Fisch und Meeresfrüchten)
wurde erst viel später und ebenfalls aus der Not geboren. Als
eine Gruppe von Fischern es Leid war, den nicht verkauften
Fisch immer in derselben Zubereitungsart zu verzehren, erin-
nerte sich jemand an die *paella,* die er einmal bei Verwandten
in einem *huerto* (Gemüsegarten) gegessen hatte. Warum sollte
der Reis nicht auch mit Fisch schmecken? Er hatte Recht: Die
neue Fisch-*paella* schmeckte wirklich köstlich. Sie wurde
paella marinera (bzw. *paella a la marinera*) getauft.

Eines ist jedoch sicher: Die „echte" *paella,* auch *paella valenciana* genannt, wird nur aus Hühner- bzw. Kaninchenteilen
(oder gemischt) und frischem Gemüse zubereitet. Die gemischte *paella* aus Huhn und Meeresfrüchten, die sich großer
Beliebtheit erfreut, ist lediglich die viel später geborene Variante desselben Gerichtes.

Es gibt unzählige Paella-Rezepte innerhalb der drei valencianischen Provinzen. Die Zutaten ändern sich oft je nach Gemeinde geringfügig und jeder Koch hat seine eigene Technik und Zubereitungsart, so dass keine *paella* wie die andere schmeckt. Untenstehend die zwei gebräuchlichsten Grundrezepte:

PAELLA VALENCIANA

ZUTATEN:

1 kg	klein geschnittenes Hühner- und Kaninchenfleisch
1/4 kg	klein gehackte, magere Schweinerippchen
1	rote und
1	grüne Paprikaschote, gewürfelt
300 g	frische (evtl. tief gekühlte), flache grüne Bohnen
300 g	frische (evtl. tief gekühlte) grüne Erbsen
100 g	große weiße Bohnen (aus der Dose)
3	Tomaten (gehäutet, entkernt und gewürfelt)
6	fein gehackte Knoblauchzehen
100 – 200 ml	gutes, kalt gepresstes Olivenöl
500 g	Paella-Rundkornreis
	Salz
	Safran
1 Prise	Paprikapulver
	Hühnerbrühe (die doppelte Menge wie Reis) bzw. Wasser und gute Bouillonwürfel
1	flache Paella- oder normale Bratpfanne von etwa 45 cm Durchmesser)

(für 6 Personen)

ZUBEREITUNG:

Zuerst gibt man das Olivenöl in die Pfanne. Wenn das Öl heiß ist, brät man das Hühner-, Kaninchen und Schweinefleisch gut an. Wenn es goldgelb ist, salzt man die Fleischteile nach Geschmack. Anschließend gibt man die Bohnen, die Erbsen, die Paprikaschoten und die Tomaten dazu und rührt alles gut durch. Danach kommen der Knoblauch, das Paprikapulver und der Safran hinzu. Man lässt alle Zutaten ca. 15 Minuten bei geringer Hitzezufuhr weitergaren.

Danach die Brühe (oder das Wasser) hinzufügen, die Kochhitze wieder aufdrehen und, wenn die Brühe kocht, den Reis hineingeben und mit Salz abschmecken. Den Reis ca. 10 Minuten kochen. Danach weitere 5 Minuten auf kleiner Flamme. Den Reis von der Kochstelle nehmen, mit Pack- oder Zeitungspapier zudecken und ca. 10 Minuten durchziehen lassen.

PAELLA MIXTA

ZUTATEN:

400 g	klein geschnittenes Hähnchenfleisch
200 g	klein gehacktes, mageres Schweinerippchen
1	rote und
1	grüne Paprikaschote, gewürfelt
300 g	frische (evtl. tief gekühlte) grüne Bohnen
300 g	frische (evtl. tief gekühlte) grüne Erbsen
200 g	Venusmuscheln (fakultativ)
400 g	Miesmuscheln
250 g	Garnelen
250 g	Tintenfischringe
6 – 8	Kaisergranate (= Scampi)
3	Tomaten (gehäutet, entkernt und gewürfelt)
6	fein gehackte Knoblauchzehen
200 ml	gutes, kalt gepresstes Olivenöl
500 g	Paella-Rundkornreis Salz, eine Messerspitze Safran und eine Prise Paprikapulver Hühnerbrühe (die doppelte Menge wie Reis) bzw. Wasser und gute Bouillonwürfel
1	flache Paella- oder eine ofenfeste Bratpfanne von etwa 45 cm Durchmesser)

(für 6 Personen)

ZUBEREITUNG:

Muscheln in kaltem Wasser gründlich abbürsten (evtl. Bärte entfernen). Mit den Scampi und Garnelen in der Brühe etwa 5 Minuten dämpfen. Nicht aufgegangene Muscheln wegwerfen. Beiseite legen (Sud nicht wegschütten!).

Das Olivenöl in die Pfanne geben. Wenn das Öl heiß ist, das Hähnchen- und Schweinefleisch gut anbraten. Danach die Tintenfischringe hinzugeben, anschließend die Bohnen, die Erbsen, die Paprikaschoten, den Knoblauch und die Tomaten, nach Belieben salzen und alles gut durchrühren. Dann das Paprikapulver und den Safran hinzugeben. Kochhitze reduzieren und alle Zutaten etwa 15 Minuten schmoren lassen. Danach die Brühe (inklusive Fischsud) hinzufügen. Kochhitze wieder erhöhen. Wenn die Brühe kocht, den Reis hineingeben und – falls notwendig – mit Salz abschmecken. Den Reis etwa 10 Minuten garen. Danach etwa 5 Minuten auf kleiner Flamme weitergaren. In der Zwischenzeit den Backofen auf 230° vorheizen. Den Reis von der Kochstelle nehmen und mit den Meeresfrüchten dekorieren. Backofengrill anmachen, Paella-Pfanne darunter stellen und etwa 5 Minuten überbacken.

Ceuta und Melilla

CEUTA
EINWOHNER: 73.000
HAUPTSTADT: CEUTA
PROVINZ: CEUTA
MELILLA
EINWOHNER: 64.000
HAUPTSTADT: MELILLA
PROVINZ: MELILLA

DIESE ZWEI STADTENKLAVEN IN Nordafrika auf marokkani-
schem Territorium gehören seit dem 15. Jh. zu Spanien und
waren früher Freihäfen, weshalb viele Andalusier mit der Fähre
hierher kamen, um Einkäufe aller Art zu tätigen.

Ceuta, auf einer Landenge gebaut, ist nahezu ganz vom Meer
umgeben. Sehenswerte Bauwerke sind die Kathedrale (15. Jh.),
die Festung auf dem Monte Hacho, die Befestigungmauern
Murallas Reales und *Murallas Merinidas* sowie der Stadtpa-
last (*Palacio Municipal*). Herrlich sind die Aussichtsterrassen
Mirador de Benzu und *Mirador de San Antonio,* die einen
Rundblick auf die gesamte Küste und die Meerenge von Gibraltar bieten. Von einmaliger Schönheit ist der *Parque Marítimo
del Mediterráneo* (Mittelmeer-Park), ein Werk des berühmten
Architekten César Manrique, der mit seinen künstlichen Seen,
Wasserspielen und Grünanlagen wie eine luxuriöse Oase auf
den Betrachter wirkt.

Melilla hat eine interessante Altstadt – im Volksmund *El
Pueblo* genannt –, die auf einem Felsen gebaut wurde und wie
ein Riesenbalkon auf das Kap *Tres Forcas* hinüberschaut.
Innerhalb der Befestigungsmauer *(ciudadela)* kann man die
Kirche *Purísima Concepción* (Unbefleckte Empfängnis), das
Sankt-Jakobs-Tor, das mit dem Wappen Karls V. geschmückt
ist, sowie das Stadtmuseum besichtigen.

Ceuta

Die Küche beider Städte ist stark fischorientiert. Von wenigen Ausnahmen abgesehen (*cous-cous* bzw. besonders scharf gewürzte, gegrillte Fleischgerichte) ist die Zubereitungsart mehr andalusisch als marokkanisch geprägt. Da weder Ceuta noch Melilla eine eigene bodenständige Küche haben, müssen wir auf die Erwähnung der besonders typischen Gerichte verzichten und verweisen den Leser auf die andalusische Küche. Übrigens, die besten Restaurants in beiden Städten sind entweder baskisch oder katalanisch.

Spaniens Weine
&
andere Getränke

Weinland Spanien ... 196

Die spanischen Herkunftsbezeichnungen ... 198

Welcher Wein passt zu welchem Essen? ... 206

Weine und Spirituosen in den autonomen Regionen ... 208

Weinjahrgänge ... 248

Kleines Weinlexikon Deutsch – Spanisch ... 252

Kleines Weinlexikon Spanisch – Deutsch ... 254

Alkoholische und Nichtalkoholische Getränke ... 256

Verlässlichen Quellen zufolge sind die Tartesser (600 v. Chr.) die Urweinbauern Spaniens. Aber es waren die Römer unter der Herrschaft Kaiser Augustus (Ende des 1. Jh. v. Chr.), die den Wein aus der Provinz Hispania im ganzen Römischen Reich populär machten. Allerdings hatten sie vorher ausgesuchte Reben aus Etrurien (heutige Toskana) nach *Baetica* (Andalusien) gebracht, wo sie dank des milden und sonnenreichen Klimas sogar süßer als in der alten Heimat schmeckten.

Der Weinbau entwickelte sich rasch. Bis hin zum kälteren Navarra wurden sämtliche spanischen Provinzen vom Weinfieber gepackt. Da griff Kaiser Domitian drastisch ein, der in diesem beliebten Exportartikel eine zu große Konkurrenz für die einheimischen Weinbauern sah. Per Dekret wurde der Weinanbau in *Hispania* begrenzt und die Mengen kontingentiert. Dieses restriktive Gesetz war fast 200 Jahre in Kraft, bis es Mitte des 3. Jh. von Kaiser Probus abgeschafft wurde. Dabei war zur damaligen Zeit die Kunst des Weinkelterns als eher primitiv zu bezeichnen und das so gelobte römisch-spanische Produkt würden wir heute naserümpfend von uns weisen: Es muss ein widerliches Gesöff aus säuerlichem, mit Harz und Kräutern parfümiertem und mit Honig gesüßtem Wein gewesen sein.

So widersprüchlich es klingen mag, aber die traditionelle Weinherstellung – wie wir sie heute kennen – wurde während der arabischen Herrschaft geboren. Trotz des religionsbedingten Alkoholverbots gehörte der Weinkonsum im maurischen Spanien zum gesellschaftlichen guten Ton. So war eine Familienfeier ohne Weingenuss kaum vorstellbar. Erst der „Fundamentalist" Alhaken (Hakam) II. wagte es, einen kurzen – jedoch erfolglosen – Versuch gegen das allgemeine, sittenwidrige Weintrinken zu unternehmen: Er befahl, sämtliche Weinberge des Landes niederzubrennen oder auszureißen. Er musste jedoch diesen unpopulären Plan als praktisch undurchführbar wieder fallen lassen, worüber sich alle Bewohner des Omajaden-Reiches freuten.

Über die Form der Weinherstellung zu dieser Zeit gibt es keine schriftliche Überlieferung. Über den Weinhandel wissen wir jedoch, dass er – oft nur pro forma, um nach außen hin das Gesicht zu wahren – in jüdischer oder mozarabischer Hand war. Und in der arabisch-andalusischen Dichtung gibt es zahlreiche direkte und indirekte Hinweise auf dieses Getränk. So schrieb König Mutamid, Herrscher von Sevilla zwischen 1062 und 1091, in einem wunderschönen Gedicht: „Und sie vertrieb mir die Zeit, indem sie mir nach und nach den süßen Wein ihrer Augen, den ihres Trinkbechers und den ihres Mundes kredenzte".

Später, im Mittelalter, wurde die Weinkultur von den Mönchen geprägt. Der Zisterzienser- und Kluniazenser-Orden, die als Selbstversorger vom Handel mit den von ihnen erwirtschafteten Produkten abhängig waren, trugen zur Verbreitung sowohl des Weinanbaus als auch der Weinherstellung stark bei. Aber erst im 18. Jh. begann der Weinanbau im großen Stil – vor allem in Andalusien, La Rioja und Katalonien – die ersten Früchte zu tragen, bis die katastrophale Weinlausplage Ende des 19. Jh. den bis dahin errungenen Wohlstand zunichte machte. Es dauerte fast drei Jahrzehnte, bis sich die Winzer von diesem wirtschaftlichen Rückschlag erholten: Erst im Jahre 1920 konnten sie auf ihren Weinbergen wieder die ersten Trauben ernten.

Die Geschichte des modernen Weinanbaus in Spanien begann in den 40er Jahren in Andalusien und La Rioja. Aber erst Ende der 60er Jahre wagten es junge Winzer in Katalonien, La Rioja und Ribera del Duero, neue Rebsorten aus dem Ausland (vorwiegend aus Frankreich) zu importieren und mit den einheimischen Trauben zu mischen. Von diesen Erfahrungen profitierten später andere Weinregionen in Spanien, und das Resultat kann sich heute wahrhaftig sehen lassen.

D IE SPANISCHEN *Denominacio- nes de Origen* (Herkunftsbe- zeichnungen), kurz *D.O.* genannt, gehen auf das spanische Weinge- setz von 1970 und auf die beim Eintritt Spaniens in die EG erlasse- nen Vorschriften zurück (für Weine aus La Rioja gab es aller- dings bereits seit dem Jahr 1930 eine Herkunftsbezeichnung). Die *Denominaciones de Origen* kann man in etwa mit den italienischen „Denominazioni di Origine Con- trollata" und den französischen „Appellations d'Origine Con- trôlées" vergleichen. Innerhalb eines *D.O.*-Gebietes dürfen nur ganz bestimmte Rebsorten kultiviert und zu Wein verarbeitet werden. Oberste Kontrollbehörde ist der *Consejo Regulador* (eine Art Aufsichtsgremium), der darüber wacht, dass der Wein tatsächlich nur aus den Trauben hergestellt wird, die innerhalb eines *D.O.*-Gebietes angebaut werden dürfen. Er kontrolliert den gesamten Herstellungsprozess, überwacht die Gesundheitsmaßnahmen (Hygiene und Sauberkeit) der einzel-

nen *bodegas* (Weinkellerei- en) und setzt sich für die Qualität der Weine ein (einmal im Jahr werden die Weine aussortiert, die den strengen Qualitätsanforde- rungen der Kontrollbehör- de nicht entsprechen). Wenn der Wein eines *D.O.*- Gebietes die Qualitätsprü- fungen besteht, erhält er ein Rückenetikett, das er für ein Jahr führen darf und das ihn als einen *D.O.*- Wein ausweist.

WEINKLASSIFIZIERUNG

In Spanien gelten 4 Qualitätsklassen:

VINO DE MESA (VINO CORRIENTE)
gewöhnlicher Tafelwein

VINO DE LA TIERRA (VINO DEL PAÍS)
Landwein (entspricht dem französischen *Vin de Pays*); dieses Prädikat muss auf dem Etikett geführt werden

DENOMINACIÓN DE ORIGEN (D.O.)
Qualitätswein mit Prädikat; diese Bezeichnung wird auf dem vorderen Etikett geführt, außerdem erhalten alle *D.O.*-Weine ein zusätzliches Rückenetikett als weiteres Qualitätsmerkmal

DENOMINACIÓN DE ORIGEN CALIFICADA (D.O. Ca.)
1991 wurde diese Bezeichnung als höchste Prädikatsstufe geschaffen und bisher nur einmal vergeben; das Weinanbaugebiet La Rioja darf zunächst als einziges dieses Prädikat auf dem Etikett führen

Beim spanischen Wein gibt es vier Qualitätsstufen:

VINO DEL AÑO
Fass- oder Flaschenwein ohne Mindestreifung; es handelt sich meistens um einen einfachen, preiswerten Wein für den täglichen Konsum

CRIANZA
Wein mit Fassausbau, Mindestreifung: 6 Monate

RESERVA
sehr guter Wein mit einer gesetzlich festgelegten Ausbauzeit von mindestens 3 Jahren (variiert je nach Region), nur gute Jahrgänge

GRAN RESERVA
Wein der Spitzenklasse aus den besten Jahrgängen mit mindestens 5 Jahren Reifung, davon 2 Jahre Fassausbau (die Mindestzeit Fass- bzw. Flaschenausbau variiert je nach Region)

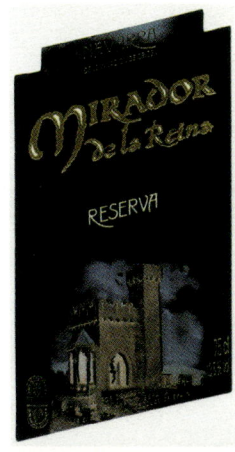

Albariño	trockene Weißweine aus der *Albariño*-Traube (▶ *D.O.*-Weine Galicia)
Alella	hauptsächlich Weißweine aus Alella/ Barcelona (▶ *D.O.*-Weine Cataluña)
Alicante	alkoholreiche Weine aus der gleichnamigen Provinz (▶ *D.O.*-Weine Valencia)
Almansa	körperreiche, trockene Rotweine und Rosés aus Almansa/Albacete (▶ *D.O.*-Weine Castilla-La Mancha)
Alto Turia	trocken-frische Weißweine aus der *D.O.* Valencia
Baja Montaña	fruchtig-trockene Rot- und Roséweine aus Navarra (▶ *D.O.*-Weine Navarra)
Bierzo	ordentliche Rotweine, kleine Weißweinproduktion (▶ Castilla-León)
Binissalem	elegante Rotweine und wenige Weiß- und Roséweine aus dem gleichnamigen Ort auf Mallorca (▶ *D.O.*-Weine Islas Baleares)
Bullas	hauptsächlich junge, interessante Rotweine (▶ *D.O.*-Weine Murcia)
Camp de Tarragona	kräftige Weißweine aus Tarragona (▶ *D.O.*-Weine Cataluña)
Campo de Borja	fruchtig-trockene Rot- und Roséweine aus dem gleichnamigen Gebiet in der Provinz Zaragoza (▶ *D.O.*-Weine Aragón)
Cariñena	aromatische, starke Weine (Rot- und Roséweine) aus Cariñena/Zaragoza (▶ *D.O.*-Weine Aragón)
Cava	offizielle Bezeichnung für Schaumweine mit natürlicher Flaschengärung, die nach dem Champagnerverfahren *(Méthode champenoise)* hergestellt werden; sie stammen hauptsächlich aus dem Penedès-Weinanbaugebiet (▶ *D.O.* Cataluña)

chacolí de Guetaria chacolí de Vizcaya	leichte, säuerliche, junge Weiß- und Rotweine (▶ *D.O.*-Weine País Vasco)
Cigales	ansprechende Rosé- und leichte, reelle Rotweine (▶ *D.O.*-Weine Castilla-León)
Conca de Barberà	frische, leichte, aromatische Weiß- und Roséweine aus der Provinz Tarragona (▶ *D.O.*-Weine Cataluña)
Condado de Huelva	sehr gute Likörweine aus der Provinz Huelva (▶ *D.O.*-Weine Andalucía)
Condado de Tea	trockene Weiß- und Klarettweine (▶ *D.O.*-Weine Galicia)
Costers del Segre	trocken-aromatische Weiß-, interessante Rot- und gute Schaumweine aus der Provinz Lérida (▶ *D.O.*-Weine Cataluña)
El Hierro	junge, frische Weiß-, Rosé und Rotweine (▶ *D.O.*-Weine Islas Canarias)
El Rosal	junge, spritzige Weißweine aus den *Rías Baixas* (▶ *D.O.*-Weine Galicia)

Empordá-Costa Brava	junge Rot- und Roséweine aus dem Norden der Provinz Gerona (▶ *D.O.*-Weine Cataluña)
Falset	runde, ausgewogene Rot- und trockene Weißweine aus Tarragona (▶ *D.O.*-Weine Cataluña)
Felanitx	leichte Roséweine aus dem gleichnamigen Ort auf Mallorca (▶ *D.O.*-Weine Islas Baleares)
Jerez (Sherry)	andalusischer Edelwein, der in Jerez de la Frontera, Puerto de Santa María und San-lúcar de Barrameda (Cádiz) angebaut wird (▶ *D.O.*-Weine Andalucía):
Jerez amontillado	bernsteinfarbene, nussig-trockene Sherryart
Jerez cream	süße Sherryart
Jerez fino	trocken-herber Sherry, strohfarben, mit Mandelaroma
Jerez manzanilla	sehr trockene, hellgelbe Sherryart aus San-lúcar de Barrameda/Cádiz (▶ *D.O.*-Weine Andalucía)
Jumilla	vorwiegend charaktervolle, süffige Rotwei-ne sowie einige Rosé- und Weißweine (▶ *D.O.*-Weine Murcia)
La Mancha	Qualitäts-Weiß- und Rotweine (▶ *D.O.*-Weine Castilla-La Mancha)
La Palma	junge, angenehme Weiß- und Rotweine; geharzte Weißweine und hochelegante Dessertweine aus der *Malvasía*-Traube (▶ *D.O.*-Weine Islas Canarias)
Lanzarote	junge, frisch-fruchtige, elegante Weißweine und süße Dessertweine aus der *Malvasía*- bzw. Muskattraube (▶ *D.O.* Weine Islas Canarias)

Manchuela	trockene, leichte Rot-, Rosé- und Weißweine aus der gleichnamigen Weinregion zwischen Albacete und Cuenca (▶ *D.O.*-Weine Castilla-La Mancha)
Méntrida	süffige, dunkelrote Rot- und angenehmleichte Roséweine aus der Provinz Toledo (▶ *D.O.*-Weine Castilla-La Mancha)
Mondéjar	junge, ansprechende Weißweine und charaktervolle Rotweine (▶ *D.O.*-Weine Castilla-La Mancha)
Monterrei	fruchtig-frische Weiß- und Rotweine mit niedrigem Alkoholgehalt (▶ *D.O.*-Weine Galicia)
Navalcarnero	herbe, junge Rotweine aus der Region Madrid (▶ *D.O.*-Weine Madrid)
Navarra	kräftig-aromatische Rot- und frisch-fruchtige Roséweine (▶ *D.O.*-Weine Navarra)
Penedès	frische, hellgelbe Weißweine, leichte Rosés, einige gute Rotweine und sehr bekannte Schaumweine aus der gleichnamigen Gegend in der Provinz Barcelona (▶ *D.O.*-Weine Cataluña)
Pla de Bages	interessante, moderne Rotweine aus der *Merlot*- und *Cabernet Sauvignon*-Traube und leichte, süffige Weißweine vorwiegend aus der *Picapoll*-Traube (▶ *D.O.*-Weine Cataluña)
Priorato	samtig-weiche, purpurrote Rot-, einige Weiß- und Dessertweine aus Tarragona (▶ *D.O.*-Weine Cataluña)

Rías Baixas	leichte, frische und spritzige Weißweine, wie z.B. der *Albariño*, aus Pontevedra (▶ *D.O.*-Weine Galicia)
Ribeiro	leichte, säuerliche Weiß- und Rotweine aus der Provinz Orense (▶ *D.O.*-Weine Galicia)
Ribera Alta	kräftige, süffige Rot- und junge, frische Roséweine aus Navarra (▶ *D.O.*-Weine Navarra)
Ribera Baja	▶ *Ribera Alta*
Ribera del Duero	exzellente samtig-weiche Rotweine und fruchtige Rosés aus dem Duero-Tal (▶ *D.O.*-Weine Castilla-León)
Ribera del Guadiana	reelle, fruchtig-weiche Rotweine vorwiegend aus der *Tempranillo*-Traube und einige fruchtig-leichte Weißweine (▶ *D.O.*-Weine Extremadura)
Rioja	weltberühmte Weine aus der gleichnamigen Region; liefert blumige, samtig-elegante Rotweine und frische, spritzige junge Rot-, Rosé- und Weißweine (▶ *D.O.*-Weine La Rioja)
Rueda	ausgezeichnete, herb-frische Weißweine aus Valladolid (▶ *D.O.*-Weine Castilla-León)
Sherry	▶ *Jerez*
Tarragona	vorwiegend Dessert- und Likörweine und einige Rosés aus der gleichnamigen Provinz (▶ *D.O.*-Weine Cataluña)
Terra Alta	trockene Rot- und Weiß- sowie Dessertweine aus Tarragona (▶ *D.O.*-Weine Cataluña)
Tierra de Estella	harmonisch-trockene Rotweine und frisch-fruchtige Rosés aus Navarra (▶ *D.O.*-Weine Navarra)

Toro	angenehm-süffige, körperreiche Rotweine aus der Provinz Zamora (▶ *D.O.*-Weine Castilla-León)
Utiel-Requena	füllige Rotweine und leichte, aromareiche Rosés aus der Provinz Valencia (▶ *D.O.*-Weine Valencia)
Valdeorras	säuerliche, leichte Weiß- und fruchtige Rotweine aus Orense (▶ *D.O.*-Weine Galicia)
Valdepeñas	junge, frisch-würzige Weißweine, ansprechend-süffige Rotweine und leichte, erdbeerfarbene Rosés (▶ *D.O.*-Weine Castilla-La Mancha)
Valdizarbe	elegante Rosé- und ansprechende Rotweine aus Navarra (▶ *D.O.*-Weine Navarra)
Valencia	▶ *D.O.*-Weine Valencia
Valle de Güímar	vorwiegend junge, fruchtige Weißweine; einige leichte, süffige Rotweine (▶ *D.O.*-Weine Islas Canarias)
Valle de la Orotava	junge, frisch-fruchtige Weiß- und Rotweine (▶ *D.O.*-Weine Islas Canarias)
Ycoden-Daute-Isora	ausgezeichnete junge, leicht-würzige Weißweine (▶ *D.O.*-Weine Islas Canarias)
Yecla	trockene, körperreiche Rotweine und frisch-fruchtige Rosés aus Yecla/Murcia (▶ *D.O.*-Weine Murcia)

SCHWERE, DUNKELROTE, AROMAREICHE ROTWEINE

Trinktemperatur: 18° (Zimmertemperatur)
Herkunft: Alicante, Almansa, Benissalem, Campo de Borja, Cariñena, Jumilla, Montánchez, Méntrida, Priorato, Ribera Baja Navarra, Rioja Baja, Tierra de Madrid, Toro, Yecla
Passt zu: gut gewürzte bzw. mit pikanter Sauce zubereitete Fischgerichte; rotes Fleisch wie z. B. Rind- oder Stierfleisch; Wildgerichte (Hoch- und Niederwild); weiße, frische Käsesorten (z. B. *Burgos*)

FRUCHTIG-LEICHTE, GLANZHELLE ROTWEINE

Trinktemperatur: 12 – 15°
Herkunft: Condado de Tea, Empordá (Ampurdán), Monterrey, Ribera Alta Navarra, Ribera del Duero, Rioja (Alta, Baja und Alavesa), Tarragona, Valdepeñas
Passt zu: Geflügel; helles Fleisch (Kalb-, Schweinefleisch); Pasta; Reisgerichte mit Fleisch; Niederwild (Hase, Fasan usw.); folgende Käsesorten: *Mahón, Manchego, Roncal* und *Tetilla*

FRISCH-FRUCHTIGE, ERDBEERFARBENE ROSÉ- UND KLARETTWEINE

Trinktemperatur: 10 – 12°
Herkunft: Conca de Barberá, Empordá (Ampurdán) , Ribera Alta und Baja Navarra, Utiel-Requena
Passt zu: Suppen und Eintöpfe; Eierspeisen und Reisgerichte

TROCKENE, GOLDGELBE, SCHWERE WEISSWEINE

Trinktemperatur: 12°

Herkunft: Bajo Aragón, Lanzarote, Huelva, Montánchez, Rueda, Valdepeñas, außerdem: alle Chardonnays

Passt zu: Suppen; Meeresfrüchte; Fischgerichte; *Paellas*

FRUCHTIG-LEICHTE, HELLGELBE BIS GRÜNLICH SCHIMMERNDE WEISSWEINE

Trinktemperatur: 10 – 12°

Herkunft: Alella, Cambados (Albariño), Conca de Barberá, Guetaria (chacolí), Penedès, Ribeiro, Valdepeñas

Passt zu: leichte Aperitifhäppchen; Fisch und Meeresfrüchte; folgende Käsesorten: Cabrales, Idiazábal, Roncal und San Simón

APERITIFWEINE: SHERRY UND SHERRY-ÄHNLICHE, GOLDGELBE WEINE (TROCKEN UND *OLOROSO*) VON INTENSIVEM AROMA

Trinktemperatur: 8 – 10°

Herkunft: Jerez, Huelva, Moriles, Montilla

Passt zu: Meeresfrüchte; Oliven; Schinken; Wurstwaren; *Manchego*-Käse; Gänseleber

CAVA (*BRUT* ODER TROCKEN) CAVA (HALBTROCKEN BIS SÜSS)

Trinktemperatur: 6 – 8°

Herkunft: Penedès, La Rioja

Passt zu: vom Aperitif bis zum Dessert; Desserts und Gebäck; Kuchen und Torten

SAMTIGE, DUNKELROTE, AROMAINTENSIVE SÜSSWEINE

Trinktemperatur: 18° (Zimmertemperatur)

Herkunft: Alicante, Jumilla, Málaga, Monastrell, Priorato, Tarragona

Passt zu: Desserts; Gebäck und alle Kuchenarten; Obst

ES IST FESTZUSTELLEN, dass es in allen spanischen Weinregionen sehr gute Tafelweine (weiß, rosé und rot) ohne Prädikat aus den einheimischen Traubensorten gibt, die – obwohl preiswerter als die Weine mit Herkunftsbezeichnung – ausgezeichnet munden. In kleineren Restaurants werden sie meistens als *vino de la casa* angeboten. In diesem Kapitel werden wir – nach autonomen Regionen gegliedert – lediglich die Weine mit Herkunftsbezeichnung und die Spirituosen- und Likörspezialitäten behandeln.

Auf Grund der ungünstigen klimatischen Verhältnisse hat Kantabrien als einzige autonome Region keine eigene Weinproduktion.

Andalucía (Andalusien)

WEINE

D.O. Condado de Huelva	sherryähnliche, aromatische Weine aus der weißen *Zalema*-Traube aus dem Südwesten der Provinz Huelva; der *Condado Pálido* ist trocken-fruchtig und hat eine hellgelbe Farbe; der *Condado Viejo* ist bernstein- bis mahagonifarben, Geschmacksrichtungen: trocken, halbsüß und süß
D.O. Jerez-Xérès-Sherry y Manzanilla 	weltbekannte Weine aus den Gemeinden Jerez de la Frontera, Sanlúcar de Barrameda und Puerto de Santa María, hauptsächlich aus der *Palomino*-Traube hergestellt; man unterscheidet zwischen: *fino* = von strohgelber Farbe und sehr trocken; *amontillado* = bernsteinfarben, trocken, weich und mit leichtem Haselnussaroma; *oloroso* = altgoldfarben, trocken oder leicht lieblich und füllig; *dulce*, *Pedro Ximénez* und *moscatel* = mahagonifarben, samtig und sehr süß; *cream* = ähnlich wie der *oloroso*, aber eine Nuance süßer
D.O. vino de Málaga	süße Dessertweine aus der Gegend um Málaga, hergestellt aus der *Pedro-Ximénez*-(*Málaga seco* und *semiseco* = trocken und halbtrocken) bzw. der *Muskateller*-Traube (*Málaga dulce* = süß)

Andalucía (Andalusien)

D.O. Montilla / Moriles	hochwertige sherryähnliche Weine aus dem südlichen cordobesischen Hinterland; sie werden vorwiegend aus der *Pedro-Ximénez*-Traube, zum Teil auch aus den Traubensorten *Airén* und *Baladí* gekeltert; der *fino* ist hellgelb, sehr trocken und hat einen leichten Mandelgeschmack; der *amontillado* ist goldgelb bis bernsteinfarben und schmeckt trocken und intensiv nach Haselnuss; der *oloroso* ist samtig-aromatisch und mahagonifarben, der *palo cortado* ist aromamäßig mit dem *amontillado* vergleichbar (in Geschmack und Farbe ähnelt er jedoch dem *oloroso*)

SPIRITUOSEN UND LIKÖRE

aguardiente de caña	Zuckerrohrschnaps
Brandy de Jerez	aus dem Sherrywein hergestellter Weinbrand
cazalla	hochprozentiger Anisschnaps aus Cazalla de la Sierra (Provinz Sevilla)
ginebra	Gin (Wacholderschnaps)
licores de fruta (manzana, melocotón, melón)	Obstliköre (Apfel, Pfirsich, Melone usw.)

Aragón (Aragonien)

WEINE

D.O. Calatayud	südwestlich von Zaragoza mitten im Ebro-Tal gedeihen die roten *Garnacha-* und die weißen *Macabeo*-Trauben, die als Grundlage für die angenehm-trockenen Rot-, Weiß- und Roséweine dienen; sie alle haben im Allgemeinen eine gute Trinkqualität; der fruchtige Rosé wird besonders gelobt
D.O. Campo de Borja	Gebiet mit rauem Klima; einige interessante junge, fruchtige Rot- und Roséweine aus der *Garnacha*-Traube; sie sind kräftig im Geschmack und von sehr dunkler Farbe
D.O. Cariñena	dieses Gebiet liegt auf einem Hochplateau ca. 50 km südwestlich von Zaragoza; es werden hier sehr samtige und fruchtige Rotweine aus der *Cariñena-, Garnacha-* und *Tempranillo*-Traube erzeugt, ausgezeichnete *Reservas* und *Gran Reservas;* wenige Weiß- und Roséweine
D.O. Somontano	nördliche Weinregion am Fuße der Pyrenäen; produziert ausgezeichnete Weine aus den Rebsorten *Garnacha, Juan Ibañez, Mazuela, Moristel, Tempranillo, Cabernet Sauvignon, Merlot* (Rotweine), *Macabeo* (auch *Viura* genannt), *Garnacha blanca, Alcoñón, Chardonnay* und *Chenin* (Weißweine); hervorzuheben sind die Kompositionen aus den *Cabernet Sauvignon-* und *Merlot*-Trauben (Rotweine) sowie die aus den *Chardonnay-* und *Chenin*-Trauben (Weißweine); es sind volle, nuancenreiche Weine, die geschmacklich im Trend liegen

SPIRITUOSEN UND LIKÖRE

orujos y aguardientes caseros	hausgemachte Tresterbrände und Schnäpse

Barón de Lajoyosa

Asturias (Asturien)

ALKOHOLISCHE GETRÄNKE

sidra	für Asturien typischer Apfelwein, der in folgenden Geschmacksrichtungen erhältlich ist: *extra* (halbtrocken), *selecta* (trocken) und *refrescante* (mit viel Kohlensäure)
sidra natural	auf natürliche Weise fermentierter Apfelwein
sidra gasificada *bzw.* **achampañada**	industriell hergestellter, ziemlich süßer, mit Kohlensäure versetzter Apfelwein
vino de mesa	nur sehr wenige junge, säuerliche, alkoholarme Weißweine aus den Trauben *Albarín*, *Carrasquín*, *Mencía* und *Verdejo* für den Eigenbedarf

SPIRITUOSEN

aguardiente de manzana	Apfelbranntwein, Apfelschnaps
aguardiente de sidra	Apfelweinschnaps (meist hausgemacht)

Dıese Region macht ungefähr ein Drittel der gesamten Weinanbaufläche Spaniens aus und ist mit ihren über 600.000 ha Rebstöcken sogar das größte Weinanbaugebiet der Welt. In der Vergangenheit genossen die Weine dieser Region nur wenig Ansehen, da hier mehr Quantität als Qualität produziert wurde. Die hiesigen Weinbauern haben aber viel dazugelernt und zur Zeit geht der Trend mehr und mehr dahin, hochwertige Weine zu keltern, die konkurrenzfähig sind und den hohen Anforderungen von Weinkennern im In- und Ausland gerecht werden.

WEINE

D.O. Almansa	in der Provinz Albacete, an der Grenze zwischen Kastilien-La Mancha und der Levante gelegen, erzeugt diese *D.O.*-Region rubinrote, volle, ausgewogene Rotweine und trockene, frische Rosés aus den Rebsorten *Garnacha, Cencibel (Tempranillo)* und *Monastrell*
D.O. La Mancha	180.000 ha Weinanbaufläche mit geschützter Herkunftsbezeichnung; früher wurden hier vorwiegend trockene Weiß- und Roséweine produziert, jetzt werden auch Qualitätsrotweine aus den Trauben *Cencibel (Tempranillo), Garnacha* und *Moravia* (neuerdings auch aus den ausländischen Sorten *Cabernet Sauvignon* und *Merlot*) und die Weißweine aus den *Airén-, Macabeo-* und *Pardilla*-Trauben erzeugt; in dieser riesigen Weinregion gibt es unzählige Gemeinden, die das *D.O.*-Prädikat führen dürfen; haben Sie bitte Verständnis, dass wir aus Platzgründen nicht alle erwähnen können:
Campo de Criptana (Ciudad Real)	herbe Weißweine und einige junge, angenehme Rotweine

Daimiel (Ciudad Real)	fruchtige, lebendige Weißweine und frische, leichte Rotweine
El Bonillo (Albacete)	elegante *Chardonnay*-Weißweine und blumige, vollmundige *Cabernet-Sauvignon*-Rotweine
La Manchuela (Albacete/ Cuenca)	junge, leichte, spritzige Weißweine und junge, volle Rotweine
La Solana (Ciudad Real)	junge, fruchtige Weißweine und reelle, vollmundige, fassgereifte, rubinrote Rotweine
Manzanares (Ciudad Real)	junge, frische, fruchtige Weißweine; milde, fruchtige, runde Rotweine
Montes de Toledo (Toledo)	interessante, fruchtige *Chardonnay*-Weißweine; feste, angenehme Rotweine mit leichtem Holzgeschmack
Mota del Cuervo (Ciudad Real)	leichte, junge Weißweine; ordentliche, angenehme, junge Rotweine
Quintanar de la Orden (Ciudad Real)	anständige Weißweine; gute, junge, gefällige sowie fruchtige, aromatische Qualitätsrotweine
Tomelloso (Ciudad Real)	wohlschmeckende, fruchtige Rotwein-kompositionen aus den Rebsorten *Cabernet Sauvignon* und *Cencibel;* junge, ansprechende Weiß- und Rotweine
Villarrobledo (Albacete)	trinkreife, junge Weißweine und mild-fruchtige, samtige, purpurrote, fassgereifte Rotwein-Spitzengewächse (darunter einige von Sammlern sehr geschätzte *Reservas*)

D.O. Méntrida	zwischen den Bergketten Gredos und Montes de Toledo nordwestlich von Madrid liegt dieses karge Gebiet mit niedrigen Erträgen alkoholstarker Rot- und Roséweine (meistens aus der *Garnacha*-Traube); die Winzer sind zur Zeit bemüht, zeitgemäßere, leichtere Weine herzustellen, die dem heutigen Geschmack besser entsprechen
D.O. Mondéjar	im Südwesten der Provinz Guadalajara vom Tajo-Tal bis zum Nebenfluss Tajuña erstreckt sich diese Herkunftsbezeichnung, die 20 kleine Gemeinden umfasst; es werden hier ansprechend-süffige Weißweine aus der *Malvar blanca*- (und teilweise auch aus der *Macabeo*- und *Torrontés*-) Traube sowie weiche, charaktervolle Rotweine aus der *Cencibel*-Traube erzeugt
D.O. Valdepeñas	diese Gegend an den Ausläufern der Sierra Morena blickt auf eine lange Winzer-Tradition zurück: schon zu römischen Zeiten wurde hier Wein angebaut; heute werden hier ausgewogene, vollmundige Weißweine aus der *Airén*- und *Macabeo*-Traube, interessante frische Rosés sowie feine, fruchtig-aromatische Rotweine aus der *Cencibel*-Traube

SPIRITUOSEN UND LIKÖRE

aguardiente de Morillejo	Schnaps aus der gleichnamigen Ortschaft in der Provinz Guadalajara, der auch als Grundlage zur Herstellung verschiedener Liköre dient
anisado de Quintanar	Anisschnaps aus Quintanar (Provinz Toledo)
brandy	der nach Meinung vieler Experten beste Weinbrand Spaniens – der Brandy *Peinado* – wird in Tomelloso erzeugt (bis zu 100-jährige *Reservas*)
churú	Likör aus Tresterbranntwein und Schlehen oder Granatäpfeln aus Guadalajara
crema de alajú	Gewürzkuchenlikör (aus Mandeln, Feigen und Honig) aus Cuenca
crema de Resolí	aromatischer Likör (mit Weinbrand, Zimt, Orange, Vanille und Kaffee als Bestandteile)
hidromiel ("vino de miel")	nach uraltem Rezept hergestellter Honigwein aus der Provinz Guadalajara
orujo	Tresterschnaps, der in fast jeder Weingegend sowohl von großen als auch von kleinen Weinbauern zum Verkauf und für den Eigenbedarf gebrannt wird
ponche	Weinbrandlikör mit Orangenaroma aus Cuenca
sidra manchega	natürlicher Apfelwein aus der Provinz Albacete
vino espumoso	trockene und halbtrockene Schaumweine aus Manzanares und Tomelloso (Provinz Ciudad Real)

Castilla-León (Kastilien-León)

IM LANGEN BECKEN des Duero-Flusses, der in seinem Verlauf von 770 km acht altkastilische Provinzen durchfließt, wurde seit jeher Wein angebaut. Fünf offiziell anerkannte Herkunftsbezeichnungen sind hier beheimatet:

WEINE

D.O. Bierzo	westlich von León, an der Grenze zu Galicien, in einer von den Bergketten Montés de León und Cordillera Cantábrica eingeschlossenen Ebene, befindet sich diese kleine Herkunftsbezeichnung; sie liefert charaktervolle Qualitäts-Rotweine (aus den Rebsorten *Garnacha tintorera* und *Mencía*)
D.O. Cigales	nördlich von Valladolid umfasst diese *D.O.*-Gegend (die kleinste in Kastilien-León) die ganze gleichnamige Provinz entlang dem Fluss Pisuerga bis hin zur Gemeinde Dueñas in der Provinz Palencia; es werden hier vorwiegend gute, frische, leichte Rosés aus den Trauben *Garnacha tinta* bzw. *Tinta del País* (eine dem *Tempranillo* ähnliche Sorte) gekeltert
D.O. Ribera del Duero	diese Herkunftsbezeichnung aus dem Duero-Tal, zu beiden Seiten des Flusses gelegen, umfasst einige Gemeinden aus den Provinzen Burgos, Segovia, Soria und Valladolid, die zum Teil ausgezeichnete, sogar legendäre Rotweine (*Crianzas*, *Reservas* und *Gran Reservas*) aus den einheimischen Traubensorten *Tinta del País* (ähnlich wie *Tempranillo*), *Garnacha Tinta* sowie aus den französischen *Cabernet Sauvignon*, *Malbec* und *Merlot* liefern; die meisten Rot-

SPANIENS WEINE & ANDERE GETRÄNKE

217

weine werden jedoch jung kredenzt; einige ansprechende, frische Rosés, auch *Claros* genannt; die wichtigsten Weingemeinden dieser *D.O.* sind:

Aranda del Duero liegt am Nordufer des Duero südlich von Burgos in der gleichnamigen Provinz; es werden hier sehr ansprechende, frische, junge Rot- und Roséweine erzeugt; einige gute *Crianzas*

(Campo de) Peñafiel im Herzen von Ribera del Duero am Fuße der Burgstadt Peñafiel (Provinz Valladolid) werden diese dunkelroten, würzigen, samtigen Rotweine produziert; hochwertige, elegante, vollmundige, vorwiegend aus den *Cabernet Sauvignon*- und *Merlot*-Trauben gewonnene *Crianzas* und *Reservas* von delikatem Aroma

Pesquera ebenfalls in der Provinz Valladolid werden hier international bekannte Rotweine von beeindruckender Eleganz, vollem Geschmack und dunkelroter Farbe (*Crianza, Reserva* und *Gran Reserva*) erzeugt

Valbuena del Duero Wallfahrtsort für Weinkenner; die roten *Vega Sicilia*-Weine, die teuersten Spaniens, genießen einen legendären Ruf im In- und

Ausland; für einige Raritäten werden auf Auktionen zum Teil horrende Preise bezahlt; diese edlen Tropfen von selterner Vollkommenheit aus den Trauben *Tinta del País, Cabernet Sauvignon, Malbec* und *Merlot* reifen in Eichenfässern und sind als *Crianza* (mindestens 3-jährig), *Reserva* (mindestens 5-jährig und *Gran Reserva* (mindestens 10-jährig) der oft unerschwingliche Traum eines jeden Weinliebhabers

D.O. Rueda

südlich der Provinz Valladolid liegt die Ebene, die wegen ihrer weiten Kornfelder in Spanien als *Tierra del Pan* (wörtlich „Land des Brotes") bekannt ist; die Gemeinden dieser *D.O.* (u.a. Medina del Campo, Roa,

Rueda und Tordesillas) produzieren bemerkenswerte, leichte Weißweine von angenehmer Säure aus der Rebsorte *Verdejo* sowie in kleinerem Umfang aus den *Sauvignon blanc-, Palomino-* und *Viura*-Trauben; man unterscheidet zwischen den Prädikaten *Rueda* (mindestens 25 % *Verdejo*-Anteil) und *Rueda Superior* (mindestens 85 % *Verdejo*-Anteil); im Fass gealterte, edle Dessert- (*vino de licor pálido* und *dorado* = heller bzw. goldener Likörwein) sowie gute Schaumweine

D.O. Toro

südöstlich von Zamora bis zur nahe gelegenen Provinz Valladolid erstreckt sich dieses Weinanbaugebiet, das die Ufer- und Tallandschaften der Flüsse Duero, Guareña und Talanda sowie die so genannte *Tierra del vino* (wörtlich „Weinland") umfasst; diese Herkunftsbezeichnung umfasst primär schwere, kräftige Rotweine aus den Rebsorten *Garnacha* und *Tinta de Toro,* die jung oder als reif-fruchtige, charaktervolle *Crianza*-Weine in den Handel kommen; einige angenehm zu trinkende Rosés aus der *Garnacha*-Traube und wenige, sehr trockene Weißweine aus der *Malvasia*-Traube (mitunter mit ein wenig *Verdejo*)

LIKÖRE UND SPIRITUOSEN

aguardiente de orujo	Tresterschnaps (Valladolid, Zamora)
anís dulce = *süß* y **anís seco** = *trocken*	Anislikör und -schnaps (Segovia)
licor de almendra amarga	Bittermandellikör (Valladolid)
licor de café con orujo	Kaffeelikör aus Tresterschnaps (Valladolid)
licor de fruta (cerezas, fresas)	Obstlikör (Kirschen, Erdbeeren, Trauben) aus Valladolid
licor de hierbas	Kräuterlikör auf der Basis von Tresterschnaps (Zamora)

WEINE

D.O. Alella	Weingegend in der Nähe von Barcelona; es werden hier klare, frische, fruchtige, trockene und halbtrockene Weißweine, vor allem aus den Traubensorten *Xarel-lo, Garnacha Blanca* und *Macabeo* hergestellt; darunter einige hochelegante Kompositionen aus der *Xarel-lo-* (auch *Pansa Blanca* genannt) und der *Chardonnay*-Traube; kleine Mengen guter *Crianza*-Rotweine aus der Traube *Ull de Llebre*
D.O. Conca de Barberá	diese Weingegend befindet sich nördlich der Provinz Tarragona und an der Grenze zu Lérida; die leichten, fruchtigen Weißweine stammen aus den Traubensorten *Macabeo* und *Parellada* und die angenehm-frischen, leichten Rot- und Roséweine aus den *Garnacha-, Trepat-* und *Tempranillo*-Reben
D.O. Costers del Segre: Artesa, Les Garrigues, Raimat, Vall de Riu Corb	an den Ufern des Segre-Flusses, in der Provinz Lérida, befinden sich die vier Untergebiete, die in der Herkunftsbezeichnung *Costers del Segre* integriert sind; besonders hervorzuheben sind die exzellenten *Raimat*-Weine (feine Weißweine von delikatem Bukett; elegante, ausgewogene Rotweine sowie hochwertige, nuancenreiche Schaumweine)
D.O. Empordá – Costa Brava	nördlichstes Weinanbaugebiet Kataloniens am Fuße der Pyrenäen, an der französisch-spanischen Grenze; die Produktion umfasst vorwiegend frische, junge Roséweine aus der *Garnacha*-Traube und wenige, aber

	sehr gute fruchtige, leichte Rotweine, die jung getrunken werden sollten
D.O. Penedès	südlich von Barcelona gelegen ist sie die bedeutendste Weinregion Kataloniens; sie umfasst die Unterregionen:
Alt Penedès	an den Ausläufern des Küstengebirges (Cordillera Litoral Mediterránea) über- wiegt die Rebsorte *Parellada*, die stroh- gelbe, leicht grün- liche Weißweine von angenehmer Säure liefert, die eine gewis- se Ähnlichkeit mit den besten Rhein-/ Moselweinen haben 
Baix Penedès	ganz nah an der Küste dieser Gegend von Sitges bis Altafulla (schon in der Provinz Tarragona); die Rebsorten *Malvasía* und *Xarel-lo* werden hier zu trockenen, robus- ten Rotweinen verarbeitet; die sehr guten *Muskateller*-Dessertweine erfreuen sich eines guten Rufes
Penedès Medio o Central	primär werden hier junge, frische, lieblich- trockene Weißweine aus den Traubensorten *Macabeo*, *Parellada* und *Xarel-lo* erzeugt, aber die sehr guten fruchtig-aromatischen *Chardonnays* holen langsam auf; gute, angenehm zu trin- kende Rosés aus den Traubensorten *Garnacha* bzw. *Merlot* und ausgezeichnete samtig-runde Rot- weine aus den *Merlot-*, *Cabernet Sauvignon-* 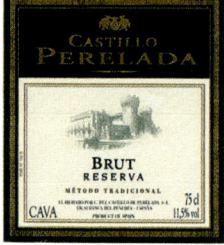

und *Pinot noir*-Reben (rein aus diesen Trauben oder in Kompositionen mit einheimischen Rebsorten); in Sant Sadurní d'Anoia befinden sich die „Kathedralen des *Cava*" (legendäre Weinkellereien, die den spanischen Schaumwein nach der traditionellen französischen Champagner-Herstellungsmethode mit natürlicher Flaschengärung, der sog. *Méthode champenoise*, erzeugen)

Anoia	zwischen Martorell und Montserrat, an Penedès Medio grenzend, liegt dieses kleine Weinanbaugebiet, das leichte rote und weiße Tafelweine produziert
D.O. Pla de Bages	aufstrebende, junge *D.O.* in der Gemeinde Bages nordwestlich von Barcelona; hier werden elegante, samtige Rotweine vorwiegend aus der *Cabernet Sauvignon*-Traube sowie einige gute *Merlots* erzeugt; gelbgrüne fruchtige Weißweine aus den Traubensorten *Prensal* und *Macabeo* und wenige, aber interessante *Chardonnays*
D.O. Priorato	im Inneren der Provinz Tarragona befindet sich dieses kleine, karge Weingebiet; früher sind hier nur Messweine, *Rancios* (in Eichenfässern langsam gealterte, starke, aromatische Dessertweine) oder sehr hochgradige, uninteressante rote Tafelweine gekeltert worden; aber die Lage ändert sich langsam und neben den o. g. Erzeugnissen werden jetzt schon von weit blickenden Winzern sehr kleine Mengen eleganter und qualitativ hochwertiger Weine aus der Sorte *Cabernet Sauvignon* oder aus Kompositionen zwischen der roten *Mazuela* und der *Garnacha*-Traube produziert; diese

	körperreichen, purpurroten, samtigen Weine sind unter Weinliebhabern sehr geschätzt; sehr kleine Mengen Weißwein
D.O. Tarragona	umfasst den größten Teil der nördlichen Hälfte der Provinz Tarragona; man unterscheidet zwischen drei verschiedenen Richtungen innerhalb der Herkunftsbezeichnung:
Tarragona "clásico"	feuerroter, alter, süßer oder süßlicher Dessertwein aus keiner bestimmten Weingegend in Tarragona; zur Herstellung verwendet man die besten Trauben aller Provenienzen in Tarragona
Tarragona Campo	angenehme, ein wenig säuerliche Weißweine aus den Trauben *Garnacha Blanca, Macabeo, Parellada* und *Xarel-lo;* leichte Rot- und Roséweine aus den Rebsorten *Garnacha* und *Ull de Llebre (Tempranillo)*
Falset	Untergebiet, südlich der Stadt Tarragona, das ausgewogene, runde Rotweine aus den Trauben *Mazuela* und *Garnacha* liefert
Terra Alta	am westlichen Rand der Provinz Tarragona, zwischen dem Ebro-Fluss und der Grenze zu Zaragoza und Teruel, befindet sich dieses bergige Gebiet; hier findet der Weinanbau gezwungenermaßen auf Terrassen statt; die *Garnacha-* und *Mazuela-*Trauben liefern den Grundstoff für die sehr hochgradigen Rot- und Roséweine, während die Rebsorten *Garnacha Blanca* und *Macabeo* zu

Weißweinen verarbeitet werden; durch den hohen natürlichen Alkoholgehalt dieser Weine werden sie hauptsächlich zur Herstellung von Dessertweinen *(Rancio)* verwendet

SPIRITUOSEN UND LIKÖRE

anís (dulce y seco)	Anislikör und -schnaps
aromas (hierbas) de Montserrat	nach altem Rezept hergestellter Likör aus dem Benediktinerkloster Montserrat und Umgebung
brandy del Penedès	Weinbrand aus der Penedès-Gegend
Calisay	einer der ältesten Magenliköre Kataloniens, der aus der *calisaya* (eine Art Chinarinde) destilliert wird
estomacal	Magenbitter aus Kräuterauszügen
licor de crema catalana	Eierlikör auf der Basis von katalanischer Vanillecreme
licores de frutas (manzana, melocotón, melón, pera, etc.)	Liköre, die aus Obst und Obstextrakten hergestellt werden
Marc de Cava	feiner Tresterbranntwein aus den zur Herstellung von *Cava* verwendeten Rebsorten
ratafia catalana	Likör aus Tresterbranntwein, jungen Walnüssen und Kräutern

Extremadura

WEINE

D.O. Ribera del Guadiana: Cañamera, Montánchez (Cáceres), Ribera Alta, Ribera Baja, Tierra de Barros, Montanegra (Badajoz)	ein Teil dieser Herkunftsbezeichnung liegt im Südosten der Provinz Cáceres (im Tajo-Tal), der größte Teil befindet sich jedoch in der Provinz Badajoz (im Guadiana-Tal); die Weine dieser Region werden hauptsächlich aus den Trauben *Alarije, Borba, Cayetana Blanca, Malvar* und *Verdejo* (Weißweine) sowie *Garnacha Tinta* und *Tinto Fino* (Rotweine) erzeugt; die jungen Weißweine sind meistens leicht und von angenehmer Säure; neuerdings werden einige *Chardonnays* angebaut, die sehr traditionell ausfallen; die rubinroten Rotweine sind voll, süffig und von fruchtigem Aroma

SPIRITUOSEN UND LIKÖRE

aguardiente de frambuesa	Himbeergeist aus dem Jerte-Tal (Provinz Cáceres)	
aguardiente de moras	Brombeergeist aus dem Jerte-Tal	
kirsch	Kirschwasser aus dem Jerte-Tal	
licor de bellota	Eichellikör (aus Cáceres und Badajoz)	
licor de madroño	Likör aus den Früchten des Erdbeerbaums	

WEINE

D.O. Monterrei	diese Herkunftsbezeichnung liegt im Südosten Galiciens, im Tal des Támega-Flusses (Provinz Orense); hier werden die Rebsorten *Doña Blanca*, *Verdello* (Lokalbezeichnung für *Godello*), *Treixadura*, und *Palomino* (Weißweine) sowie *Gran negro*, *Garnacha Tintorera*, *Mencía* und *Merenzano* (Rotweine) angebaut; die Weißweine sind leicht und frisch, die Rotweine fruchtig-leicht

D.O. Rías Baixas – Albariño	die Weine mit diesem Prädikat dürfen nur aus der *Albariño*-Traube produziert und unter keinen Umständen mit anderen Traubensorten verschnitten werden
D.O. Rías Baixas	aus der *Albariño*-Traube werden in dieser südwestlichen Herkunftsbezeichnung köstlich-frische Weißweine mit viel Charakter gewonnen, die eine gewisse Ähnlichkeit mit den deutschen und elsässischen Riesling-Weinen haben; andere hier angebaute Traubensorten sind die *Loureira blanca* (auch *Marqués* genannt), die *Treixadura* und die *Caiño blanco* (zur Herstellung von Weißweinen) und *Caiño tinto, Sousón, Espadeiro* und *Loureira tinta* (Rotweine); der Rotwein *Tinto Rías Baixas* muss mindestens 3 Monate in Eichenfässern reifen, bevor er abgefüllt wird; zu der *D.O. Rías Baixas* gehören u.a. die vier Unterregionen:

SPANIENS WEINE & ANDERE GETRÄNKE

Condado de Tea entlang dem rechten Miño-Ufer, unweit von Tui, in der Provinz Pontevedra liegt diese Unterzone, die für ihre guten, rubinroten, bordeauxähnlich-vollen Rotweine bekannt ist; die reellen Weißweine sind frisch-fruchtig und haben einen leicht bitteren, nicht unangenehmen Geschmack

El Rosal Untergebiet am rechten Ufer des Miño-Flusses unweit der Mündung, das leicht perlende, angenehm zu trinkende, fruchtige Weißweine gelbgrünlicher Farbe und anständige, hellrote, leichte Rotweine produziert

Soutomaior umgibt das kleine Städtchen Sotomayor (auf Galicisch Soutomaior) an der Vigo-Bucht (nahe bei Redondela) und ist die natürliche geografische Verlängerung der Weinregion Valle del Salnés; frische, spritzige Weißweine, kaum Rotweine

Valle del Salnés auf der gleichnamigen Halbinsel zwischen den Arosa- und Pontevedra-Rías befindet sich diese Unterregion der *D.O.*, Wiege des *Albariño*-Weines, mit dem kleinen Fischerdorf Cambados als selbsternannte Hauptstadt; die köstlichsten, reinsten und elegantesten *Albariños* werden in dieser Weinegend gekeltert, es werden aber auch gute, frisch-fruchtige Weißweinverschnitte aus 70 % *Albariño* und 30 % *Treixadura* erzeugt; keine nennenswerten Rotweine

D.O. Ribeira Sacra: **Quiroga, Amandi, Chantada, Ribera del Miño, Ribera del Sil**	südlich der Provinz Lugo und nördlich der Provinz Orense, entlang den Ufern der Flüsse Sil und Miño, liegt diese Herkunftsbezeichnung; hier werden vorwiegend frische, interessante, spritzige *Albariño*-Weißweine und junge, süffige, granatrote Rotweine mit einem leichten Himbeeraroma aus den *Mencía*-Traube erzeugt; die Weine sind außerhalb dieser *D.O.*-Region kaum bekannt
D.O. Ribeiro	im Westen der Provinz Orense, in den Tälern der Flüsse Miño, Arnoia und Avia ist die Herkunftsbezeichnung *Ribeiro* zu Hause; die Weine dieser *D.O.* sind sehr ansprechende, spritzige Weißweine (aus den Trauben *Treixadura*, *Loureira* und *Torrentés*) und frische, fruchtige Rotweine (aus den *Brancellao*- und *Caiño*-Reben); sowohl die Rot- als auch die Weißweine sind sehr leicht und von angenehmer Säure, nicht sehr lange haltbar und vertragen Reisen und Temperaturschwankungen nicht (daher als Mitbringsel nicht empfehlenswert)

D.O. Valdeorras	im südöstlichsten Teil Galiciens, an den Ufern der Flüsse Sil und Jares, in der Gemeinde Valdeorras (Provinz Orense), werden vor allem leichte, fruchtig-würzige Weißweine von eleganter Säure aus der *Godello*-Traube gekeltert; einige purpurrote, süffige Rotweine aus der Rebsorte *Tinta Mencía;* da diese *D.O.* nur geringe Mengen von Jungweinen erzeugt, sind diese außerhalb Galiciens kaum bekannt

SPIRITUOSEN

(aguardiente de) orujo	Tresterbranntwein und -schnaps; er wird sowohl industriell (hat eine eigene Herkunftsbezeichnung) als auch privat hergestellt; in jeder *D.O.*-Gemeinde gibt es daher unzählige Sorten, deren Alkoholgehalt zwischen 38 und 48 Prozent schwankt; der *Orujo* liefert den Grundstoff für die *Queimada* (Feuertrunk), das galicische Nationalgetränk, das bei keiner *mariscada* oder sonstigen geselligen Zusammenkunft zur besseren Verdauung fehlen darf; die *Queimada* ist eine Art hausgemachter heißer Punsch mit Zitronenschale und Zucker (manchmal auch Kaffeebohnen und Orangenlikör) als weitere Zutaten; der Tresterschnaps wird flambiert und in kleinen Schalen serviert
aguardiente der hierbas	Kräuterschnaps auf *Orujo*-Basis
licor de hierbas y orujo	süßer Kräuterlikör, ebenfalls auf *Orujo*-Basis
orujo envejecido	dieser Schnaps muss mindestens 2 Jahre in Eichenfässern reifen, bevor er abgefüllt werden kann

WEINE

D.O. Binissalem	im geografischen Zentrum der Insel Mallorca befindet sich die Ortschaft Binissalem, wovon der Name dieser kleinen Herkunftsbezeichnung abgeleitet ist; die Weine werden hauptsächlich aus den einheimischen Trauben *Manto Negro* und *Callet* (Rotweine) sowie *Moll* – auch *Prensal Blanc* genannt – (Weißweine) gekeltert; während die frischen und spritzigen Weiß- und Roséweine hauptsächlich jung getrunken werden, werden die überraschend guten, runden und eleganten Rotweine meist als *Crianzas* und *Reservas* kredenzt
D.O. Pla i Llevant	neueste Herkunftsbezeichnung, die fast den ganzen Osten Mallorcas umfasst; sie hat sich auf hochwertige Weine spezialisiert, die Rotweine sind aus den Rebsorten *Tempranillo, Cabernet Sauvignon* und *Premsal*, die Weißweine aus *Chardonnay, Macabeo* und *Parellada*

LIKÖRE UND SPIRITUOSEN

Frígola	Kräuterlikör aus Anisschnaps und Thymian aus Ibiza
Hierbas de Mallorca (dulces y secas)	verdauungsanregender Kräuterlikör aus Anisschnaps oder -likör und Gewürzkräutern (süß oder trocken) aus Mallorca
Hierbas ibicencas	Variante des o.g. Likörs aus Ibiza
Palo	aus Anisschnaps oder -likör, Kräutern und Orangenschalen hergestellter Likör aus Mallorca und Ibiza

Es gibt vier Kanarische Inseln, die Weine mit Herkunftsbezeichnung produzieren: El Hierro, Lanzarote, La Palma und Teneriffa. Die Erträge fallen dementsprechend gering aus, aber das geflügelte Wort „klein, aber fein" hat hier seine volle Gültigkeit.

WEINE

D.O. Abona	diese Herkunftsbezeichnung mit ihren Gemeinden Adeje, Arona, Villaflor, San Miguel, Granadilla de Abona, Arico und Fasnia befindet sich im Süden Teneriffas, direkt am Abhang des Vulkans Teide, zwischen 400 und 1.700 m Höhe über dem Meeresspiegel, wobei die besseren Weine zwischen 600 und 1.700 m Höhe auf aschigschwarzem Boden gedeihen; die für diese Gemeinde typischen Weine sind der gelbgrüne, leicht-fruchtige, ausgewogene Weißwein aus der Traube *Listán Blanca* und einige frische, leichte Rosés und Rotweine aus den Rebsorten *Listán Negra* und *Negramoll;* die Dessertweine aus *Malvasía-* und *Muskateller*-Trauben sind von delikater Süße
D.O. El Hierro	über die ganze Insel erstreckt sich die *D.O. El Hierro;* die Reben wachsen zwischen 200 und 700 m Höhe auf sandigem bzw. vulkanisch-porösem Schieferboden und kommen ohne Bewässerung aus; in den Gemeinden El Golfo, El Pinar und Valverde werden vorwiegend aus den weißen Trauben *Listán Blanca, Pedro Ximénez* und *Vijariego* trocken-blumige, körperreiche ausgewogene Weißweine von goldgelber Farbe erzeugt; die Rebsorten *Listán Negra (Negramuelle)* und *Mulata (Megramoll)* liefern den Grundstoff für die wenigen frisch-

fruchtigen Rosés und die purpurroten, charaktervollen Rotweine

D.O. Lanzarote	auf schwarzer Vulkanasche, in tiefen Grublöchern, wachsen die Weinstöcke auf dieser Insel; die geläufigsten Rebsorten in den drei Untergebieten Fuencaliente – Las Manchas, Hoyo del Mazo – Las Breñas und Vinos de Tea sind *Diego* und die *Listán Blanca*, woraus die jungen, trockenen und halbtrockenen Weißweine gekeltert wer-

	den; die *Malvasía*-Traube wird ausschließlich zu eleganten, trockenen und halbtrockenen Weißweinen verarbeitet (letztere sowie die *Muskateller*-Traube werden auch zur Herstellung angenehm-süßer Dessertweine verwendet)
D.O. La Palma	obwohl auf dieser Insel die Bananenplantagen allgegenwärtig sind, gedeihen auf dem fruchtbaren vulkanischen Boden auch alle für diesen Archipel typischen Rebsorten, vor allem die *Listán Blanca* (zur Erzeugung junger, frischer, moderner Weißweine) und

die *Malvasía* (Grundstoff für die hochele-
ganten Dessertweine: *Malvasía seco –*
trocken – und *Malvasía clásico,* auch *dulce*
– süß – genannt); wenige leichte Rosés und
starke, aromatische Rotweine aus den
Listán Negra- und *Negramoll*-Trauben;
diese Herkunftsbezeichnung besteht aus
folgenden Untergebieten: Fuencaliente –
Las Manchas (im Süd-/Südwesten der
Insel), Hoyo del Mazo – Las Breñas (am
äußersten Osten der Insel) und Vinos de
Tea (im Nordosten der Insel)

D.O. Tacoronte Acentejo

auf Teneriffa, am nördlichsten Hang der
zentralen Bergkette, befindet sich diese
Weinzone (Gemeinden Tacoronte, Santa
Ursula, Tegueste, La Matanza de Acentejo,
La Victoria, El Sauzal, La Laguna und
Santa Cruz); hier wachsen die Rebstöcke
auf Terrassen zwischen 300 und 750 m
Höhe (einige wenige sogar höher) und werden von gegabelten, hölzernen Stützen
(horquetas) gehalten, damit der Boden
nach der Lese frei für eine andere Nutzung
(z. B. für den Kartoffelanbau) bleibt; die
wichtigsten Rebsorten sind *Listán Blanca*
und *Listán Negra;* erstaunlicherweise werden hier mehr Rot- als Weißweine gekeltert, die jung getrunken werden und einen
fruchtig-aromatischen, sehr persönlichen
Charakter haben

D.O. Valle de Güímar

eine Verlängerung der Provinz Abona im
Osten Teneriffas (Gemeinden Güímar,
Arajo und Candelaria); zwischen 600 und
1.600 m Höhe wachsen die besten Trauben
dieser Herkunftsbezeichnung, woraus
hauptsächlich feine, blumig-fruchtige
Weißweine (aus den *Gual-, Listán Blanca-,
Malvasía-* und *Verdello*-Trauben) produ-

	ziert werden; wenige körperreiche, rubinrote, würzige Rotweine aus der Rebsorte *Listán Negra*
D.O. Valle de la Orotava	im Norden Teneriffas, in den Gemeinden Orotava, Los Realejos und Puerto de la Cruz sind die Weine dieser Herkunftsbezeichnung zu Hause; in 400 bis 800 m Höhe, im Orotava-Tal, gedeihen die Trauben-Sorten *Listán Blanca* (Weißweine) und *Listán Negra* und *Negramoll* (Rotweine), die zu den besten Weinen dieser *D.O.* verarbeitet werden
D.O. Ycoden-Daute-Isora	ebenfalls auf Teneriffa, im nordwestlichen Teil der Insel, werden die einheimischen Rebsorten *Listán Blanca* und *Listán Negra* angebaut; die erste liefert moderne, mundige Weißweine (trocken, halbtrocken und süß), aromatisch und voll im Geschmack (einige davon reifen sogar weiter im Fass); die rubinroten Rotweine sind reell und ausdrucksvoll; kleine Produktion von süßen Dessertweinen aus den *Malvasía-* und *Muskateller*-Trauben

LIKÖRE UND SPIRITUOSEN

aguardiente de El Paso	Tresterschnaps aus El Paso (La Palma)
Cobana	Bananenlikör (auf Rumbasis) aus Gran Canaria
Gomerón	hausgemachter Likör aus La Gomera auf der Basis von Rum bzw. Tresterschnaps (je nach Gegend) und Palmenhonig
licor de café	Kaffeelikör (Gran Canaria)
ron de la aldea	hausgemachter Rum aus La Palma
ron miel	Rum-Honiglikör aus Gran Canaria

Die spanische Weinregion par excellence, die auf eine 1000-jährige Weinherstellungstradition zurückblicken kann. Sie ist nicht identisch mit der autonomen Region La Rioja, da dieses Weinanbaugebiet sich auch über Teile der Provinzen Alava, Navarra und Burgos erstreckt. Als Belohnung für die jahrelangen Bemühungen um höhere Qualitätserzeugnisse, die ständigen Kontrollen unterworfen sind, darf diese Herkunftsbezeichnung als einzige Weinregion Spaniens das Prädikat *Denominación de Origen calificada* (qualifizierte Herkunftsbezeichnung) führen und auf den Flaschenetiketten anbringen.

WEINE

D.O. Ca. La Rioja die Weine dieser Herkunftsbezeichnung werden hauptsächlich aus folgenden Rebsorten gekeltert: *Tempranillo* (dient als Basis für den Verschnitt und gibt den Weinen ihren besonderen Charakter), *Graciano* (ohne diese Traube gäbe es keine typischen Rioja-Weine, denn sie verleiht ihnen das Bukett), *Mazuelo* (gibt dem Wein eine kräftigere Farbe) und *Garnacha* (die am meisten verwendete Traube in der Rioja Baja); die *Viura*-Traube sorgt für frisch-fruchtige Weißweine von angenehmer Säure, die meistens jung getrunken werden; diese Herkunftsbezeichnung ist in drei Weinregionen unterteilt:

Rioja Alta das wichtigste Weinanbaugebiet (umfasst 77 Gemeinden) erstreckt sich zwischen Miranda del Ebro (Burgos) und dem Iregua-Tal bei Logroño; die wichtigsten Kellereien der *D.O.* sind hier zu Hause, die leichte, elegante Rotweine und Rosés aus der *Tempranillo*-Traube erzeugen (manche werden in Eichenfässern zu *Crianzas* und *Reservas* weiterreifen); frisch-fruchtige Weißweine aus der Rebsorte *Viura*

Rioja Baja   dieses Gebiet liegt südöstlich von La Rioja Alta, entlang beider Ufer des Ebro (hierzu gehören auch 8 Gemeinden der Provinz Navarra); zwischen Villamediana de Iregua und Alfaro gedeiht in diesem besonderen, fast mittelmeerischen Mikroklima die *Garnacha*-Traube am besten; die Rotweine haben hier mehr Körper und Alkoholgehalt, sind ansprechend und haben nur wenig Säure, einige davon werden mit der *Tempranillo*-Rebsorte verschnitten und reifen in Eichenfässern zu interessanten *Crianzas* und zu anmutigen, aromatischen *Reservas* heran; nur 10 % der Produktion besteht aus Weißweinen, die – wie hier üblich – aus der *Viura*-Traube gewonnen werden

Rioja Alavesa   in diesem kleinen Gebiet auf baskischem Territorium, zwischen Haro und Logroño, nördlich des Ebro-Flusses und mit dem Kantabrischen Gebirge als natürlicher Schutzmauer, werden hochwertige Rotweine aus der *Tempranillo*-Traube erzeugt, und zwar sowohl Jungweine als auch *Crianzas* von hervorragender Qualität; in Kompositionen mit den Rebsorten *Mazuelo* und *Tempranillo* sind diese großartigen Rot-

La Rioja

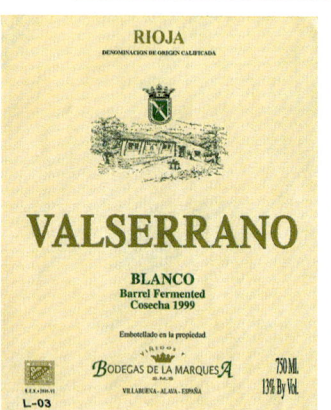

weine durch ihr ausgeprägtes Bukett und ihre besondere Eleganz gekennzeichnet; sie erreichen teilweise eine kaum zu überbietende Perfektion und können sich daher mit den besten Bordeaux-Weinen durchaus messen; ausgezeichnete leichte, junge und goldgelbe, fruchtige *Crianza*-Weißweine aus der *Viura-* sowie frische, ansprechende erdbeerfarbene Rosés aus der *Garnacha*-Traube

SPIRITUOSEN UND LIKÖRE

aguardiente	Tresterbranntwein
anís (dulce y seco)	Anislikör- bzw. -schnaps
licores de frutas	Obstliköre (Apfel, Birne, Pfirsich usw.) auf der Basis von Trester- oder Anisschnaps
pacharán	Schlehenlikör auf der Basis von Anisschnaps

Madrid

WEINE

D.O. Vinos de Madrid

diese kleine Herkunftsbezeichnung umfasst 3 Untergebiete mit insgesamt 54 Gemeinden südöstlich und südwestlich von Madrid; an den Hängen der Sierra de Guadarrama und de Gredos, in Tälern und auf kleinen Plateaus (zwischen den Flüssen Jarama, Tajuña und Tajo) wachsen hier die Rebsorten *Garnacha Tinta* und *Tinto Fino* (*Tempranillo* oder *Cencibel*) bzw. *Albillo, Malvar* und *Airén,* die als Grundlage für die jungen Rot- und Rosés bzw. Weißweine dienen:

Arganda

im Südosten Madrids erzeugt diese Weingegend hellgelbe, weichfruchtige Weißweine aus der Rebsorte *Albillo,* interessante Rosés und anständige, ausgewogene Rotweine (alle *Tempranillo*)

Madrid

Navalcarnero	südwestlich von Madrid liefert diese Unterzone dunkelrote, kräftige, süffige, junge Rotweine, einige fassgereifte *Crianzas* und fruchtig-füllige Rosés aus den *Garnacha-* und *Tempranillo*-Trauben
San Martín de Valdeiglesias	im äußersten Südwesten der *D.O.* sind die jungen Rot- und Roséweine dieser Gegend (aus der *Garnacha*-Traube) von attraktiver Farbe, körperreich und fruchtig-vollmundig; die Weißweine werden aus der *Albillo*-Rebsorte gewonnen (wobei die Schale mitfermentiert wird) und haben einen interessanten, fruchtig-trockenen Geschmack

SPIRITUOSEN UND LIKÖRE

anís (dulce y seco)	bekannter Anislikör und -schnaps aus Chinchón bei Madrid
licor de madroño	Likör aus den Früchten des Erdbeerbaums
licor de moras	Brombeerlikör
mistela	süßer, würziger Desserttrunk (mit Alkohol versetzter Most) aus der *Muskateller*-Traubensorte *Moscatel de grano fino*
orujo	Tresterschnaps
orujo con miel	Likör auf der Basis von Treterschnaps und Honig

Murcia

M URCIA WAR seit jeher für seine guten, jedoch ziemlich alkoholstarken Weine bekannt. Inzwischen wurden aber leichtere, gehaltvolle Weine nach den neuesten Technologien entwickelt, was dieser Weinregion drei offizielle Herkunftsbezeichnungen eingebracht hat:

WEINE

D.O. Bullas — im Südwesten der Provinz – westlich des Segura-Flusses und an den Hängen der Subbética-Bergkette – befindet sich diese Weinregion, die aus folgenden Gemeinden besteht: Bullas, Cehegín, Teile von Moratalla, Teile von Caravaca, Mula und Ricote sowie Unterbezirke von Lorca; hier werden vor allem junge, trinkreife Rotweine und fruchtig-feurige Rosés aus der Traube *Monastrell* erzeugt; es werden z. Zt. Versuche unternommen, fassgereifte Weine aus der *Tempranillo- (Cencibel)*-Traube zu produzieren

D.O. Jumilla — zwischen La Mancha und dem Mittelmeer erstreckt sich diese Herkunftsbezeichnung, die sowohl die Gemeinde Jumilla in der Provinz Murcia als auch die kleinen Gemeinden Ontur, Tobarra, Albatana, Hellín Montealegre und Fuenteálamo (im Südosten der Provinz Albacete) umfasst; in dieser sonnenreichen (im Winter aber extrem kalten) Gegend werden vor allem junge, herzhafte Rotweine aus der *Monastrell*-Rebsorte für den alltäglichen Gebrauch gekeltert; eigentümlicherweise werden hier die weißen Trauben *Airén* und *Macabeo* zur Erzeugung von

	Roséweinen verwendet; sehr gute, alte, fassgereifte Dessertweine (trocken oder süß)
D.O. Yecla	diese *D.O.*-Region befindet sich am nördlichsten Zipfel der Region Murcia, zwischen Jumilla und Alicante, und ist klimatisch genauso extrem (sehr kalte Winter und heiße Sommer) wie Jumilla; in Yecla werden hauptsächlich junge, dunkelrote, charaktervolle, aromareiche Rotweine aus der *Monastrell*-Traube produziert; frischfruchtige, angenehme Rosés und Weißweine (unter Verwendung der weißen Rebsorten *Macabeo*, *Airén* und in kleinen Mengen auch *Chardonnay*)

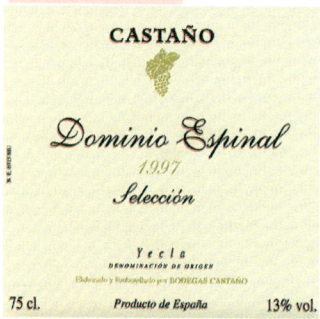

SPIRITUOSEN UND LIKÖRE

cantueso	Kräuterlikör aus dem *Cantueso*-Kraut (Stochaslavendel)
Licor 43	bekannter Likör, der nach einem alten, geheim gehaltenen Rezept aus 43 verschiedenen Zutaten (Kräutern, Zitrusfrüchten, Obstextrakten) in Cartagena hergestellt wird
licor de canela	Zimtlikör
licores de frutas	Obstliköre (Apfel, Haselnuss, Melone, Pfirsich, Zitrone usw.)

Navarra

WEINE

D.O. Navarra früher war diese kleine Weinregion im Norden Spaniens lediglich für ihre jungen, frisch-fruchtigen Rosés aus der *Garnacha*-Traube bekannt; in den letzten Jahren wurden in dieser Herkunftsbezeichnung mehr und mehr hochwertige, reinsortige, elegante Rotweine aus den Traubensorten *Cabernet Sauvignon, Merlot, Graciano* und *Tempranillo* gekeltert, die meistens in Eichenfässern reifen;

wenige – jedoch charaktervolle – Weißweine aus der *Chardonnay*- und der *Viura*-Traube; sämtliche Wein produzierenden Gemeinden Ribera Alta, Ribera Baja, Valdizarbe, Baja Montaña und Tierra Estella befinden sich südlich der Hauptstadt Pamplona; sie erzeugen allesamt Weine, die dieselben Charakter- und Qualitätsmerkmale aufweisen, so dass sie keiner besonderen Erwähnung bedürfen

SPIRITUOSEN UND LIKÖRE

aguardiente (licor) de hierbas	Kräuterschnaps bzw. -likör auf der Basis von Anisbrand
anís (dulce y seco)	Anislikör und -schnaps (süß oder trocken)
pacharán	Schlehenlikör auf der Basis von Anisschnaps

Paìs Vasco (Baskenland)

WEGEN DER BESONDEREN klimatischen Bedingungen sind die Weine dieser Region besonders alkoholarm (sie erreichen 9,5 % – 10,5 % Alkoholgehalt). Das soll aber nicht heißen, dass sie nicht gut schmecken. Im Gegenteil: sie sind frisch-säuerlich und passen – immer gut gekühlt – besonders gut zu Fisch und Meeresfrüchten. Man sollte sie aber nur am Ursprungsort genießen, da sie längere Reisen kaum vertragen.

WEINE

D.O. Chacolí (Txacolí) de Bizkaia	nur 85 ha groß, deckt diese Herkunftsbezeichnung den Großteil der Provinz Biscaya ab; die Hauptproduktionsgebiete sind die Baquio-Gegend im Norden und die Umgebung von Balsameda im Westen; es werden hier hauptsächlich frische, süffige, leicht perlende, grünlich schimmernde Weißweine aus den einheimischen Traubensorten *Folle Blanche* und *Hondarrabi Zuri* und sehr wenige Rot- und Roséweine aus der Rebsorte *Hondarrabi Beltza* erzeugt
D.O. Chacolí de Guetaria	direkt am Meer, ca. 30 km östlich von San Sebastián, befindet sich diese noch kleinere *D.O.*-Region (60 ha Rebfläche); sie besteht aus den Gemeinden Aia, Getaria und Zarauz, die ähnliche – jedoch vielleicht eine Spur aromatischere – Weine wie ihre Nachbarn in der Biskaya erzeugen
D.O. Rioja Alavesa	obwohl zu der Herkunftsbezeichnung *D.O. Rioja* gehörend, befindet sich diese Weinregion im Baskenland; diese exzellenten Rot- und Roséweine sind oft von einer unübertroffenen Qualität, was ihren z. T. hohen Preis rechtfertigt (▶ *Rioja-Weine*)

SPIRITUOSEN

orujo de Chacolí (Txacoli)	hochprozentiger Tresterschnaps

Valencia

Ｄ IESE AUTONOME REGION war früher nur für ihre Likörweine bekannt. Die Tischweine wurden von den Bodegas als Billigweine literweise verkauft. Sie waren meistens entweder zu stark oder zu süß und deshalb für Weinkenner uninteressant. Langsam ändert sich jedoch die Lage: Die Kellereien beginnen, ihre Anlagen zu modernisieren und in neue Technologien zu investieren. Dieses Umdenken gibt Grund zu berechtigten Hoffnungen für die Zukunft.

WEINE

D.O. Alicante	zu beiden Seiten des Vinalopó-Flusses befindet sich diese Herkunftsbezeichnung; in diesem regenarmen Landstrich gedeihen besonders gut die Rebsorten *Monastrell* und *Garnacha Tintoreta* (im Süden), die mit wenig Wasser auskommen können; die rubinroten Rotweine, die daraus gewonnen werden, sind robust und alkoholreich und geben den Grundstoff für den *Fondillon*-Wein, einen alten, in Eichenfässern gereiften, höchst aromatischen Likörwein; einige Weißweine aus den *Chardonnay*- und *Riesling*-Trauben werden noch in kleinen Mengen angebaut; nördlich davon, bei Denia, werden ausgezeichnete *Muskateller*-Dessertweine gekeltert
D.O. Utiel-Requena	diese Herkunftsbezeichnung zwischen den Flüssen Turia und Cabriel ist der eigentliche Aufsteiger unter den drei *D.O.*-Gebieten der autonomen Region Valencia; 90 % der Anbaufläche entfallen auf die Rebsorte *Bobal*, woraus – allein

oder im Verschnitt mit der *Garnacha*-Traube – ausgezeichnete, sanfte Rotweine und hervorragende, fruchtig-trockene Rosés gekeltert werden

D.O. Valencia diese Herkunftsbezeichnung umfasst vier Untergebiete: Alto Turia (nordwestlich) mit

der Rebsorte *Merseguera* (gute, trockene, mittelschwere Weißweine); Clariano (südlich) mit den Rebsorten *Merseguera, Tinta Monastrell* und *Garnacha* (hier werden anständige trockene Weiß- und einige liebliche Rotweine erzeugt); Valentino (nördlich und westlich der Stadt Valencia) mit den *Malvasía-* und *Pedro Ximenez*-Trauben (die Weißweine sind hier trocken, aber fruchtig) und Moscatel (welches das Untergebiet Valentino teilweise überlappt) mit der *Muskateller*-Sorte

SPIRITUOSEN UND LIKÖRE

anís (dulce y seco)	Anislikör und -schnaps (süß oder trocken)
licor de almendra	Mandellikör
licor de avellana	Haselnusslikör
licor (de flor) de azahar	Orangenblütenlikör
licores de frutas (limón, mandarina, melón, etc.)	Obstliköre (Zitrone, Mandarine, Melone usw.)
licor de hierbas de Elche	Kräuterlikör aus Elche (Provinz Alicante)
tequila	Kaktusschnaps (Provinz Castellón)
vinos de licor	süße, teilweise fassgereifte Dessertweine aus der Muskattraube

(E = exzellent; SG = sehr gut; G = gut)

	1990	1991	1992
ABONA	—	—	—
ALLELLA	SG	E	G
ALICANTE	SG	G	G
ALMANSA	G	G	SG
AMPURDAN-COSTA BRAVA	G	SG	G
BIERZO	SG	SG	SG
BINISSALEM	—	G	G
BULLAS	—	—	—
CALATAYUD	SG	G	G
CAMPO DE BORJA	G	SG	SG
CARIÑENA	SG	SG	SG
CHACOLI DE GUETARIA	G	G	G
CHACOLI DE VIZCAYA	—	—	—
CIGALES	—	G	G
CONCA DE BARBERA	G	G	SG
CONDADO DE HUELVA	G	G	G
COSTERS DEL SEGRE	G	SG	SG
EL HIERRO	—	—	—
JUMILLA	G	SG	G
LA MANCHA	G	G	SG
LANZAROTE	—	—	—
LA PALMA	—	—	—
MENTRIDA	G	G	G
MONDEJAR	—	—	—
MONTERREI	—	—	—
MONTILLA-MORILES	SG	E	SG

	1993	1994	1995	1996	1997	1998	1999
	—	—	—	—	—	G	—
	E	SG	SG	SG	E	E	SG
	G	G	G	G	G	SG	SG
	SG	SG	SG	G	G	G	SG
	SG	G	SG	SG	M	E	SG
	Ma	SG	G	SG	G	G	G
	G	E	—	G	SG	E	SG
	—	SG	SG	SG	SG	E	SG
	SG	SG	G	SG	M	G	G
	G	G	G	G	G	G	G
	SG	G	SG	SG	M	E	G
	G	G	G	G	G	G	G
	—	—	G	—	G	G	—
	G	G	G	G	G	—	SG
	—	G	SG	SG	G	SG	G
	SG	M	G	G	G	G	SG
	SG	G	E	E	SG	SG	SG
	—	—	G	—	—	G	SG
	SG	G	G	SG	G	E	SG
	E	SG	G	SG	SG	E	SG
	—	SG	SG	SG	—	—	E
	—	SG	SG	G	—	—	—
	G	G	G	G	G	G	G
	—	—	—	G	G	—	G
	—	—	—	G	G	E	—
	G	SG	—	G	SG	E	E

	1990	1991	1992	
NAVARRA	SG	G	G	
PENEDES	G	SG	G	
PLA DE BAGES	—	—	—	
PRIORATO	G	G	SG	
RIAS BAIXAS	E	G	G	
RIBEIRA SACRA	—	—	—	
RIBEIRO	SG	G	G	
RIBERA DEL DUERO	E	SG	G	
RIBERA DEL GUADIANA	—	—	—	
RIOJA	G	SG	G	
RUEDA	G	G	G	
SOMONTANO	SG	SG	SG	
TACORONTE-ACENTEJO	—	—	—	
TARRAGONA	G	G	G	
TERRA ALTA	SG	SG	SG	
TORO	SG	E	G	
UTIEL-REQUENA	M	G	SG	
VALDEORRAS	G	SG	G	
VALDEPENAS	E	SG	G	
VALENCIA	M	G	G	
VALLE DE GÜIMAR	—	—	—	
VALLE DE LA OROTAVA	—	—	—	
VINOS DE MADRID	—	G	G	
YCODEN-DAUTE-ISORA	—	—	—	
YECLA	G	G	G	
CAVA	—	—	—	

(E = exzellent; SG = sehr gut; G = gut)

	1993	1994	1995	1996	1997	1998	1999
	SG	SG	E	SG	G	SG	SG
	SG	G	G	SG	SG	SG	SG
	—	—	—	SG	SG	E	--
	E	SG	E	SG	G	E	SG
	G	G	SG	SG	SG	G	--
	—	—	—	—	SG	SG	SG
	M	SG	SG	—	—	—	--
	M	SG	E	E	G	SG	E
	—	—	—	—	—	—	SG
	G	E	E	SG	G	SG	G
	G	G	G	SG	SG	SG	SG
	E	E	E	SG	G	E	SG
	G	G	SG	G	SG	SG	G
	G	G	SG	SG	SG	SG	SG
	—	SG	SG	E	SG	E	SG
	SG	E	SG	—	—	SG	E
	E	SG	G	SG	G	SG	SG
	M	SG	G	G	E	G	SG
	E	G	SG	SG	G	SG	G
	SG	SG	G	SG	G	SG	SG
	—	—	G	G	SG	SG	G
	—	—	G	SG	SG	G	G
	G	SG	G	G	G	SG	SG
	—	G	G	—	G	G	SG
	G	G	SG	SG	G	SG	SG
	—	G	G	SG	G	—	SG

abgefüllt embotellado
adstringierend astringente
Alkoholgehalt grado *m*,
    graduación *f* alcohólica
alkoholreich caliente
ansprechend franco
aromatisch aromático
ausdruckslos flaco
ausdrucksvoll distinguido
ausgeglichen equilibrado
ausgereift maduro

bernsteinfarben ambarino
bitter amargo
Bukett buqué *m*
bukettreich, blumig
    con buqué
Duft perfume *m*
edel de raza (vino *m* de
    raza)
Eichenfass barrica *f* de
    roble
elegant elegante,
    distinguido
erdig terreno (sabor *m* a
    terreno)
Erzeuger productor *m*
Farbe color *m*
Fass tonel *m*
fein fino

fest forrado
Flasche botella *f*
Flaschenöffner abridor *m*
frisch fresco
fruchtig frutado, afrutado
Gärung fermentación *f*
gealtert envejecido
gehaltvoll caliente
Genossenschaftskellerei
    cooperativa *f* vinícola
Gerbstoff tanino *m*
gerbstoffreich, adstringie-
    rend astringente
Geschmack gusto *m*,
    sabor *m*
glänzend, glanzhell
    brillante
großzügig generoso
grün (= säurereich) verde
harmonisch armonioso
hart duro
herb seco
herzhaft caliente
intensiv amplio
Jahrgang añada *f*
jung joven
Kellerei bodega *f*
Kellermeister sumiller *m*
klar, glanzhell límpido
korkig (con) sabor *m* a
    tapón *m*, sabor a corcho *m*
Korken tapón m, corcho *m*
Korkenzieher sacacor-
    chos *m*
Körper (vino *m* de)
    cuerpo *m*
köstlich, zart delicado
kräftig, mächtig viril,
    poderoso

lebhaft, lebendig   vivo
leicht   ligero
lieblich   dulce
likörartig, edelsüß   licoroso
likörartig, samtig   mórbido
mager   flaco
mild   mórbido
nervig   nervioso
ölig   graso, mórbido
Önologe   enólogo *m*
ordentlich   honesto
rau   áspero

Rebe   vid *f*
Reifeprozess   envejeci-
   miento *m*
rund   redondo
resinado   harzig
samtig   aterciopelado
Säure   acidez *f*
säuerlich   ácido
schal   flaco
Schimmelgeschmack
   sabor *m* a moho *m*,
   sabor *m* mohoso
schmeichelnd, lieblich
   suave
schroff   áspero
seidig   aterciopelado
spritzig   burbujeante
streng   áspero
Struktur   estructura *f*

süffig   fresco, de agradable
   paladar *m*
süß   dulce
Traube   uva *f*
trocken   seco
voll   lleno
vollendet, vollkommen
   completo
weich   mórbido
Weinbauer   viticultor *m*
Weinberg   viña *f*, viñedo *m*
Weingut   propiedad *f*
   (vitícola)
Weinkeller   bodega *f*
Weinkundler   enólogo *m*
Weinlese   vendimia *f*
Weinprobe   cata *f* de vinos,
   degustación *f* de vinos
Weinstock   vid *f*
Winzer   viticultor *m*
würzig   fragante
zart   tierno
Zusammenschluss von
   Weinerzeugern
   consorcio *m* vitícola

Kleines Weinlexikon Spanisch – Deutsch

abocado lieblich, leicht süß

abridor *m* Flaschenöffner

acidez *f* Säure, Säuregehalt

ácido säuerlich

afrutado fruchtig

alegre ausgewogen, angenehm

amargo bitter

ambarino bernsteinfarben

amplio intensiv, gehaltvoll

añada *f* Jahrgang

armonioso harmonisch

aromático aromatisch

áspero rau, schroff, streng

astringente gerbstoffreich, adstringierend

aterciopelado samtig, samtweich (auf der Zunge)

barrica *f* **de roble** Eichenfass

bodega *f* Kellerei, Weinkeller

botella *f* Flasche

buqué *m* Bukett, Blume

brillante glänzend, glanzhell

burbujeante spritzig

caliente herzhaft, gehaltvoll, alkoholreich

cata *f* **de vinos** Weinprobe

color m Farbe

completo vollkommen, vollendet

consorcio *m* **vitícola** Zusammenschluss von Weinerzeugern

cooperativa *f* **vinícola** Genossenschaftskellerei

corcho *m* Korken

cuerpo *m* Körper

decolorado farblos

degustación *f* **de vinos** Weinprobe

delicado zart, köstlich

descarriado ohne Körper (müder, flacher Wein)

distinguido ausdrucksvoll, elegant

dulce süß, lieblich

duro hart

elegante fein, elegant

embotellado abgefüllt

enólogo *m* Önologe, Weinkundler

envejecido gealtert

envejecimiento *m* Reifeprozess

equilibrado ausgeglichen, ausgewogen

estructura *f* Struktur

fermentación *f* Gärung

fino fein, zart

flaco ausdruckslos, mager, schal

forrado fest, kräftig

fragante würzig, fruchtig

franco (~ de paladar) ansprechend

fresco süffig, frisch

frutado (= afrutado) fruchtig

generoso kraftvoll, großzügig

graduación f **alcohólica** Alkoholgehalt

graso ölig (glyzerinreich)

gusto m Geschmack

honesto ordentlich, gefällig

joven jung

licoroso likörartig, edelsüß

ligero leicht

límpido klar, glanzhell

lleno voll

maduro ausgereift

mohoso nach Schimmel schmeckend

mórbido samtig, gaumenfreundlich, weich

nervioso nervig

neto sauber, reell

oleoso schmierig (kranker Wein)

paladar m **(de agradable ~)** Gaumen (süffig)

peleón billig, ordinär

perfume m Duft

pesado ausdruckslos, schwer

poderoso kräftig, mächtig

productor m Erzeuger

propiedad f **(vitícola)** Weingut

raza f **(vino de ~)** edler Wein

redondo rund

resinado harzig

sabor m Geschmack

sacacorchos m Korkenzieher

seco trocken, herb

semidulce halbsüß

semiseco halbtrocken

suave lieblich, schmeichelnd

sumiller m Kellermeister

tanino m Gerbstoff

tapón m **(sabor a ~)** korkig, mit Korkgeschmack

terreno m **(sabor a ~)** erdig

tierno weich, zart

tonel m Fass

uva f Traube

vendimia f Weinlese

verde grün, säurereich

vid f Weinstock, Rebe

viña f Weinberg

viñedo m Weinberg

viril kräftig, mächtig

viticultor m Weinbauer

vivo lebhaft, lebendig

agua *f* Wasser ~ **de Vichy** Mineralwasser mit natürlicher Kohlensäure aus Caldas de Malavella (Katalonien) ~ **mineral con gas** Mineralwasser mit Kohlensäure ~ **mineral sin gas** Mineralwasser ohne Kohlensäure, stilles Wasser

aguardiente *m* Branntwein, Schnaps

aguardiente *m* **de hierbas** Kräuterschnaps

(aguardiente *m* **de) orujo** Tresterbranntwein

anís *m* Anislikör

andaluza *f* Mixgetränk aus trockenem Sherry, Orangensaft und zerstoßenem Eis

anisado *m* Anisschnaps

aperitivo *m* Aperitif

batido *m* Milchmixgetränk, Milch-Shake

bebida *f* Getränk ~ **alcohólica** alkoholisches Getränk ~ **analcohólica (no alcohólica)** alkoholfreies (nichtalkoholisches) Getränk ~ **sin alcohol** alkoholfreies Getränk

bíter *m* Bitter (Aperitif)

blanco y negro *m* Eiskaffee

bombón *m* Espresso mit gezuckerter Kondensmilch

brandy *m* Weinbrand

brut sehr trocken (Sekt, Champagner) ~ **de brut** extra trocken (Sekt, Champagner) ~ **nature** sehr trockener Sekt (ohne Zuckerzusatz)

café *m* Kaffee ~ **con hielo** heißer, gezuckerter Espresso, der über Eiswürfel in ein Glas gegossen wird ~ **con leche**

Milchkaffee ~ **cortado** Espresso mit einem Schuss Milch ~ **descafeinado** koffeinfreier Kaffee ~ **exprés** (~ **solo**) Espresso ~ **instantáneo** (~ **soluble**) Instantkaffee, Pulverkaffee

calimocho *m* Wein mit Cola

Calisay *m* berühmter katalanischer Kräuterlikör

Cantues(s)o *m* Kräuterlikör aus der *Cantue(s)so*-Pflanze, wird vor allem an der Levante-Küste getrunken

caña *f* kleines Glas gezapftes Bier

cap (cup) *m* Rotweinbowle mit Rum oder Brandy, Orangen-saft, Orangen-, Pfirsich- und Apfelstücken

caperucita *f* sehr kalter Sekt mit Johannisbeersaft oder -likör

carajillo *m* schwarzer Kaffee mit einem Schuss Brandy oder Anisschnaps

Cava *f* offizielle Herkunftsbezeichnung für bestimmte Schaumweinsorten, die nach der französischen Champagner-Methode (Flaschengärung) erzeugt werden; hauptsächlich aus *Penedès*-Weinen hergestellt ~ **brut** sehr trockene *Cava*-Sorte ~ **brut nature** naturbelassene, extra-trockene *Cava*-Sorte (ohne jeglichen Zuckerzusatz) ~ **seco** trockene *Cava*-Sorte ~ **semiseco** halbtrockene *Cava*-Sorte ~ **dulce** süße *Cava*-Sorte

cazalla *f* Anisschnaps aus Cazalla de la Sierra (Provinz Sevilla)

cerveza *f* Bier ~ **de barril** Bier vom Fass ~ **negra** dunkles Bier ~ **(a) presión** Bier vom Fass ~ **rubia** helles Bier

champán *m*, **champaña** *m* französi-scher Champagner (auch umgangs-sprachlich für *Cava*)

Chinchón *m* Anislikör und -schnaps (aus Chinchón bei Madrid)

chato *m* kleines, niedriges Weinglas (*auch:* kleines Gläschen Wein)

chiquito *m* (Baskenland) ▶ *chato*

chocolate *m* Schokolade, Trinkschokolade

chupito *m* ▶ *chato*

clara *f* Bier mit Limonade (Radler, Alsterwasser)

clarete *m* dunkler, kräftiger Roséwein

cóctel (combinado) *m* Cocktail

coñac *m* französischer Cognac, volkstümlich: Brandy

cortado *m* Espresso mit einem Schuss Milch

cream *m* süße Sherryart

crema *f* süßer Likör ~ **de avellanas** Haselnusslikör ~ **de cacao** Kakaolikör

cremat *m* heiße Punschbowle aus Rum, Orangen- und Zitronenschalen, Nelke, Zimt, Vanillestange und anderen Gewürzen, wird mit flambiertem Branntwein verfeinert; das Rezept stammt aus Kuba und wurde von den heimgekehrten katalanischen Auswanderern (vor allem Seeleute von der Costa Brava) nach Spanien mitgebracht

Cuarenta y tres *m* goldgelber Kräuterlikör aus Murcia

cuba libre (*umgangsprachlich:* **cubata**) *m* Coca-Cola mit Rum (evtl. auch mit Gin)

cuerva *f* hochprozentige *sangría*-Variante mit vielerlei Früchten, die in einem speziellen tiefen, schüsselartigen Tongefäß *(cuervera)* zubereitet und aus kleinen Tonkrügen getrunken wird (● Castilla-La Mancha)

digestivo *m* Verdauungslikör oder -schnaps

estomacal *m* Magenbitter, -likör

gaseosa (*volkstümlich auch* **casera**) *f* klare (Zitronen-)Limonade mit Kohlensäure

ginebra *f* Gin

granizado *m* Eisgetränk (mit Frucht- oder Kaffeegeschmack)

horchata *f* **de almendras** Mandelmilchgetränk ~ **de chufa** Erdmandelmilchgetränk (stammt ursprünglich aus Alboraya/Valencia und wird im Sommer vor allem an der katalanischen und Levante-Küste getrunken)

infusión *f* Kräutertee ~ **de manzanilla** Kamillentee ~ **de menta (poleo)** Pfefferminztee ~ **de tila** Lindenblütentee

jarra *f* Krug, Karaffe

jugo *m* (▶ *zumo*) Saft ~ **de tomate** Tomatensaft

kirsch m   Kirschwasser

leche f   Milch   ~ **condensada** Kondensmilch   ~ **descre-mada, ~ desnatada** entrahmte Milch   ~ **entera** Voll-milch   ~ **manchada** heiße Milch mit wenig Kaffee („bekleckerte Milch")   ~ **semidescremada** fettarme Milch

licor m   Likör   ~ **de bellota** Eichellikör aus der Extrema-dura   ~ **de cantues(s)o** Kräuterlikör aus der *Cantues(s)o*-Blume = „Stochaslavendel" aus Alicante und Murcia   ~ **de frutas (manzana, melocotón, pera, etc.)** Obstlikör (Apfel-, Pfirsich-, Birnenlikör usw.)   ~ **de hierbas** Kräu-terlikör

limonada f   Zitronenlimo(nade), -erfrischungsgetränk

media botella f   eine halbe Flasche

mistela f   mit Alkohol versetzter Most

moscatel m   Muskatellerwein

mosto m   Traubenmost

naranjada f   Orangenlimo(nade)

nido m **de águilas**   Bier mit Sekt (fifty-fifty)

pacharán m   Schlehenlikör aus Navarra

palo m   süßer Likör aus Johannisbrot von den Balearen

piña colada f   Getränk aus Rum und Ananassaft

ponche m   Punsch (auch: süßer Likör aus Weinbrand, Oran-genextrakt und Kräutern), Bowle

ponche m **de verano**   kalter Punsch (Bowle) aus Weißwein, Vodka, grünem Tee, Zitronenscheiben und Eiswürfeln

queimada f   heiße Punschbowle aus flambiertem Trester-schnaps *(orujo)*, eine hochprozentige Spezialität aus Galicien

refresco m   Erfrischungsgetränk

resolí *m* aromatischer Likör aus Cuenca (● Castilla-La Mancha)

ron *m* Rum

rosado *m* Roséwein

rubia de verano *f* ▶ *clara*

sandy *m* Bier mit Cola

San Francisco *m* alkoholfreies Fruchtsaftmixgetränk aus Äpfeln, Orangen, Zitronen, Pfirsichen, Ananas und Minze

sangría *f* Rotweinbowle mit Brandy, Orangensaft, Früchten und einem Schuss Sekt

sidra *f* Apfelwein (asturische Spezialität)

soda *f* Sodawasser

sol y sombra *m* Getränk aus Weinbrand und Anisschnaps oder -likör

suizo *m* heiße Trinkschokolade mit Sahnehäubchen

té *m* Tee ~ **con leche** Tee mit Milch ~ **con limón** Tee mit Zitrone

tila *f* Lindenblütentee

tinto *m* Rotwein ~ **de verano** Rotwein mit Zitronenlimonade, Zitronenscheiben und Eiswürfeln

tónica *f* Tonikwasser

toro sentado *m* Mixgetränk aus trockenem und Medium Sherry, Tomatensaft und Eiswürfeln

vaso *m* Glas ~ **de agua, ~ de vino** Glas Wasser, Glas Wein (auch: Wasserglas, Weinglas)

vermut *m* Wermut

vino *m* Wein ~ **de aguja** leicht perlender, junger Wein ~ **de añada** Jahrgangswein ~ **añejo** alter, abgelagerter Wein ~ **blanco** Weißwein ~ **con sifón** saure Wein-

schorle ~ **de doble pasta** sehr dunkler, starker Rotwein aus Alicante bzw. Valencia (hauptsächlich zum Färben hellerer und schwächerer Weine) ~ **del país (de la región, de la tierra)** Landwein ~ **de mesa** Tischwein, Tafelwein ~ **de misa** Messwein ~ **dulce** Süßwein ~ **espumoso** Schaumwein (▶ *Cava*) ~ **joven** junger Wein ~ **moscatel** Muskatellerwein ~ **rancio** alter, aromatischer, fassgereifter Weißwein ~ **rosado** Rosé(wein) ~ **seco** trockener Wein ~ **semidulce,** ~ **semiseco** halbsüßer Wein, halbtrockener Wein

zumo *m* Saft ~ **de fruta** Obstsaft, Fruchtsaft ~ **de manzana** Apfelsaft ~ **de naranja** Orangensaft ~ **de pomelo** Grapefruitsaft ~ **de tomate** Tomatensaft

Kulinarisches
Lexikon

Spanisch – Deutsch ... 264

Deutsch – Spanisch ... 315

A

abadejo *m* kabeljauähnlicher Atlantikfisch, der oft zu *bacalao* verarbeitet wird

abrelatas *m* Dosenöffner

abridor *m* Flaschenöffner

aceite *m* Öl   ~ **de colza** Rapsöl   ~ **de girasol** Sonnenblu-

menöl   ~ **de oliva** Olivenöl   ~ **de oliva virgen** kaltgepresstes Olivenöl ~ **de soja** Sojaöl   ~ **vegetal** Pflanzenöl **aceituna** *f* Olive   **aceitunas** *f pl* **negras** schwarze Oliven   ~ **rellenas** gefüllte Oliven   ~ **rellenas de anchoas** mit Anchovis gefüllte Oliven   ~ **verdes** grüne Oliven

acelga *f* Mangold   **acelgas** *f pl* **a la crema** Mangold in Rahmbéchamel   ~ **con pasas y piñones** Mangold mit Rosinen und Pinienkernen (● Baleares)

acidez *f* Säuregehalt

ácido *m* sauer

aderezar zubereiten, würzen, anmachen (Salat)   **aderezo** *m* Würze, Dressing

adobado gebeizt   **adobo** *m* Beize

agridulce süß-sauer

agrio sauer   **agrios** *m pl* Zitrusfrüchte

aguacate *m* Avocado   ~ **a la vinagreta** Avocado mit Vinaigrette-Sauce

aguja *f* Vorderrippenstück   ~ **de ternera a la jardinera** Kalbfleischragout mit Gemüse

ahumado geräuchert   **ahumados** *m pl* Geräuchertes

ajete *m* junger Knoblauch, Knoblauchspross

ajiaceite / ajoaceite *m* mayonnaiseähnliche Sauce aus zer-drücktem Knoblauch und Öl

(al) ajillo mit Knoblauch gebraten

ajo *m* Knoblauch   ~ **blanco** kalte Suppe aus Knoblauch, Mandeln, Brot und Wasser mit Trauben oder Melone (● Andalucía)   ~ **blanco extremeño** Brot-Knoblauchsuppe (● Extremadura)   ~ **"colorao"** Art Püree aus Kartoffeln, Tomaten, Zwiebeln, Knoblauch und kleinen getrockneten

Tomatenpaprika (● Andalucía)   ~ **colorado al estilo de la huerta murcian**a Stockfisch mit Kartoffeln, Tomaten, Knoblauch und Paprikaschoten (● Murcia)

ajoarriero *m* geschmorter Stockfisch mit Zwiebeln, Knoblauch und Paprikaschoten (● Aragón, País Vasco, Navarra)

ajo tierno *m* junger Knoblauch

ajonjolí *m* Sesam

ala *f* Flügel

alajú *m* typische Süßigkeit aus Cuenca bestehend aus Mandeln, Nüssen, Honig, Paniermehl und Gewürzen (● Castilla-La Mancha)

albahaca *f* Basilikum

albardado bardiert (mit einer Speckscheibe belegt bzw. umwickelt)

albaricoque *m* Aprikose

albóndigas *f pl* Klößchen (meistens aus Hackfleisch)   ~ **a la bilbaína** Hackfleischklößchen in weißer Sauce (● País Vasco)   ~ **a la catalana** Hackfleischklößchen mit Knoblauch, Petersilie und Pinienkernen (● Cataluña)

~ **a la guipuzcoana** Hackfleischklößchen mit Lauch, Zwiebeln und Möhren in Weinsauce (● País Vasco)

albondiguillas *f pl* kleine Klößchen

alcachofa *f* Artischocke   **alcachofas** *f pl* **estofadas** Artischocken mit Tomaten, Zwiebeln und Knoblauch gedünstet   ~ **al natural** Artischocken natur (gekocht oder aus der Dose)   ~ **a la plancha** auf einer Metallplatte gegrillte Artischocken   ~ **rebozadas** panierte und dann frittierte Artischocken   ~ **rellenas** gefüllte Artischocken   **salteadas con jamón** gedünstete und anschließend in Öl sautierte Artischocken mit Schinken und Knoblauchwürfeln   ~ **a la vinagreta** Artischocken mit Vinaigrette-Sauce

alcaparra *f* Kaper

alcuzcuz / cuscús *m* maurisches Gericht aus Maisgrieß, Kichererbsen, Gemüse und Hammelfleisch (● Andalucía)

alfajor *m* Gewürzkuchen (● Andalucía)

alga *f* Alge   **algas marinas** *f pl* Meeralgen, Seetang

A

alimentos *m pl* Nahrungsmittel ~ **congelados** Tiefkühlkost ~ **dietéticos** Reformkost, Diätkost

aliñado angemacht (Salat), gewürzt

aliño *m* Würze, Dressing

alioli / allioli / all-i-oli (KATALAN.) *m* mayonnaiseartige Sauce aus zerdrücktem Knoblauch und Öl (auch – jedoch falsch – für Knoblauchmayonnaise) (● Cataluña, Baleares, Levante)

all cremat (KATALAN.) *m* Gericht aus Fisch und Kartoffeln, in einer Brühe mit scharf angebratenem Knoblauch gedünstet (● Cataluña) **a l'all cremat** mit scharf angebratenem Knoblauch zubereitet

all-i-pebre (KATALAN.) *m* Sauce aus Öl, Knoblauch, Safran, Pinienkernen und Paprikapulver (● Valencia) ~ **de anguilas** Aalstücke in einer Sauce aus Öl, Knoblauch, Safran, Pinienkernen und Paprika (● Valencia)

almeja *f* Venusmuschel ~ **a la marinera** gedünstete Venusmuscheln in Zwiebel-Knob-lauch-Wein-Sauce (● Galicia) ~ **a la sevillana** gedünstete Venus-muscheln in einer Sauce aus Zwiebeln, Tomaten und Knob-lauch (● Andalucía)

almendrada *f* Mandelsauce **almendrados** *m pl* Mandelge-bäck

almendra *f* Mandel **almendras** *f pl* **amargas** Bittermandeln ~ **dulces** süße Mandeln ~ **garapiñadas** gebrannte Mandeln ~ **saladas** Salzmandeln ~ **tostadas** geröstete Mandeln

almíbar *m* Sirup **en almíbar** in Sirup

almidón *m* Stärkemehl

almorzar zu Mittag essen **almuerzo** *m* Mittagessen; zweites, kräftiges Frühstück (Brotzeit)

altramuz *m* Lupine

alubia *f* (weiße) Bohne **alubias** *f pl* **blancas** weiße Bohnen ~ **pintas** Feuerbohnen ~ **rojas** rote Bohnen, Kidney-Bohnen ~ **tiernas** grüne Bohnen

amargo bitter

ancas *f pl* **de rana** Froschschenkel

anchoa *f* Anchovi, Sardelle
~ **a la cazuela** in Öl mit
Zwiebeln gebratene Sar-
dellenfilets (● Cantabria)
~ **de l'Escala** sehr feine Sardellenart aus l'Escala (● Cataluña)
~ **fritas** in Öl gebratene Sardellen ~ **en aceite** Sardellen
in Öl (aus der Dose)

andrajos *m pl* Gericht aus Stockfisch und Muscheln in einer
feurigen Paprikasauce (● Andalucía)

anguila *f* Aal ~ **ahumada** Räucheraal ~ **a l'all-i-pebre**
Aal in einer Sauce aus Öl, Knoblauch, Safran, Pinienkernen
und Paprikapulver (● Valencia) ~ **a la donostiarra** Aal in
Weinsauce mit getrockneten Tomatenpaprikas und
Pinienkernen (● País Vasco) ~ **con habichuelas** Aal mit
weißen Bohnen (● Aragón)

angulas *f pl* Glasaale (winzige, ganz junge Aale) ~ **al ajillo**
Glasaale mit Knoblauch in Öl gebraten (● Galicia) ~ **a la**
bilbaína Glasaale mit Knoblauch in Öl gebraten (● País
Vasco) ~ **a la cazuela** in einem kleinen Tontopf mit
Knoblauch und kleinen, scharfen Pfefferschoten gebratene
Glasaale (● País Vasco)

anís *m* Anis

añojo *m* einjähriges Rind oder Lamm

apetito *m* Appetit **apetitoso** appetitlich

apio *m* **(en rama)** (Stangen-)Sellerie ~ **nabo (rábano)**
Knollensellerie

arándano *m* Heidelbeere, Blaubeere ~ **rojo** Preiselbeere

arenque *m* Hering ~ **ahumado** geräucherter Hering
~ **salado** Salzhering

aroma *m* Aroma **aromático** aromatisch

arroz *m* Reis ~ **a la alicantina** Reis mit Gemüse und Fisch
(● Valencia) ~ **a banda** Fisch und Meeresfrüchte mit
Reis, der in der Fischbrühe gekocht wird; als Beilage wird
Knoblauchmayonnaise gereicht (● Valencia) ~ **al caldero**
Reistopf mit Fischen der Region (● Murcia) ~ **a la catalana**
Reis mit Huhn, Tintenfischen, Venusmuscheln und Erbsen
(● Cataluña) ~ **a la cubana** Reis mit Tomatensauce und
Spiegelei (oft mit gebratener Banane) ~ **a la huertana**
Reis mit Huhn oder Kaninchen, grünen Bohnen, Artischocken,

A

Erbsen und Tomaten (● Murcia)   ~ **a la marinera** Reis mit verschiedenen Fischen und Meeresfrüchten in Safran-Tomaten-Zwiebel-Knoblauch-Sauce   ~ **a la milanesa** Reis mit Schinken (evtl. Hühnerklein), Erbsen und Reibkäse   ~ **a la murciana** Reis mit Schweinerippe, Tomaten, Paprikaschoten und Knoblauch (● Murcia)   ~ **a la riojana** Reis mit Paprikawurst, Schinkenspeck und Tomatensauce

(● La Rioja)   ~ **a la valenciana** Reis mit Fleisch, Geflügel und Gemüse (● Valencia)   ~ **a la zamorana** Reis mit Schweinsfüßchen und -ohren, Paprikawurst und durchwachsenem Speck oder Bacon (● Castilla-León)   ~ **con costra** ("al forn") Reis mit Schweinefleisch, Huhn, Kaninchen, Wurst, Tomaten, Kichererbsen (*cocido*-Reste) im Ofen überbacken (● Valencia)   ~ **con leche** Milchreis   ~ **de mariscos** Reis mit Meeresfrüchten   ~ **de verduras (vegetal)** Reis mit Gemüse   ~ **de vigilia** Reis mit Mies- oder Venusmuscheln in Wein gekocht (mit Knoblauchmayonnaise serviert)   ~ **integral** ungeschälter Naturreis   ~ **negro** (**arròs negre**) Reisgericht, das durch viele scharf angebratene Zwiebeln und die Tinte des Tintenfisches seine schwarze Färbung erhält (● Cataluña)

arveja / arvejilla *f* in Asturias und País Vasco: grüne Erbsen

asadillo *m* (**de pimientos**) gegrillte (manchmal gebratene) rote Paprikaschoten mit Knoblauch (● Castilla-La Mancha)

asado *m* gebraten; Braten   ~ **de buey** Rinderbraten   ~ **de cerdo** Schweinebraten   ~ **de cordero** Lammbraten   ~ **en horno de leña** im Holzofen gebraten   ~ **de ternera** Kalbsbraten

asador *m* Bratspieß; Bratrost; Spezialitätenrestaurant, das vorwiegend im Holzofen gebratenes Fleisch anbietet

asadura *f* Innereien (Herz, Leber, Lunge)   ~ **de cordero** Lamminnereien

aspic *m* Aspik

a l'ast (KATALAN.) am (vom) Spieß

atún *m* Tunfisch   ~ **a la bilbaína** marinierter Tunfisch mit Essig-Wein-Sauce (País Vasco)   ~ **encebollado** Tunfisch mit vielen gebratenen Zwiebeln (● Andalucía)   ~ **fresco a la plancha** frischer gegrillter Tunfisch   ~ **a la guipuzcoana** Tunfisch in Tomatenpaprika-Zwiebel-Wein-Sauce (● País Vasco)

autoservicio *m* Selbstbedienung

avellana *f* Haselnuss

avena *f* Hafer

aves *f pl* Geflügel   ~ **y caza** Wild und Geflügel   ~ **silvestres** Wildgeflügel

azafrán *m* Safran   **sopa** *f* **de** ~ Safransuppe

azahar *m* Orangenblüte

azúcar *m* (auch *f*) Zucker   ~ **candi** Kandiszucker   ~ **de caña** Rohrzucker   ~ **glas** Puderzucker   ~ **molido** Streuzucker   ~ **moreno** brauner Zucker   ~ **en terrones** Würfelzucker

azucarado gezuckert

B

bacaladilla *f* Blauer Wittling (Fisch)

bacalao *m* Stockfisch   ~ **al ajoarriero** Stockfisch mit Zwiebeln, Knoblauch, kleinen getrockneten Tomatenpaprikas und Petersilie (● País Vasco)   ~ **almendrado** Stockfisch in  Mandelsauce (● Cantabria)   ~ **a la bilbaína** Stockfisch mit Zwiebeln, Schinken und Tomatenpaprika (● País Vasco)   ~ **a la catalana** Stockfisch in Tomaten-Wein-Sauce mit Mandeln und/oder Pinienkernen (● Cataluña)   ~ **encebollado** Stockfisch mit vielen Zwiebeln gegart (● Castilla-León)   ~ **fresco** Kabeljau   ~ **a la llauna** Stockfisch, der zuerst angebraten, dann in einer Sauce aus Wein und Knoblauch im Ofen fertig gegart wird (● Cataluña)   ~ **a la manchega** Stockfisch mit Kartoffeln,

Tomaten, Zwiebeln, Knoblauch und Paprikaschoten
(● Castilla-La Mancha)   ~ **a la navarra** Stockfisch mit
Tomaten-Zwiebel-Wein-Sauce (● Navarra)   ~ **con pasas y
piñones (a la catalana)** Stockfisch mit Rosinen und
Pinienkernen (● Cataluña)   ~ **al pil-pil** in Öl und Knoblauch langsam gegarter Stockfisch, wobei der Topf ständig
gerüttelt wird (● País Vasco)   ~ **a la riojana** Stockfisch mit
Zwiebeln, Tomaten und roten Paprikaschoten (● La Rioja)
~ **a la vasca** Stockfisch mit Venusmuscheln in Zwiebel-
Knoblauch-Sauce (● País Vasco)   ~ **a la vizcaína** Stockfisch
in einer Sauce aus Lauchzwiebeln, Knoblauch, Wein und
kleinen getrockneten Tomatenpaprikas (● País Vasco)

bacón / beicon *m* Frühstücksspeck

bajo en calorías kalorienarm

banderillas *f pl* saure Spießchen (Cornichons, Oliven,
Perlzwiebeln)

(al) baño *m* **María** (im) Wasserbad

barbacoa *f* Holzkohlengrill (*auch:* Grillfest)

barquillo *m* Waffelröllchen

barquita *f* Mürbteigschiffchen   (längliches   Pastetchen)
barquitas *f pl* **de atún** mit Tunfisch gefüllte Mürbe-
teigschiffchen

barra *f* Theke, Bar

barra *f* **de pan** Brotstange

batata *f* Süßkartoffel, Batate

baya *f* Beere

becada *f* Schnepfe (Wild)

bechamel *f* Béchamelsauce

berenjena *f* Aubergine

berza *f* Kohl

bistec (filete) *m* Steak

berenjenas a la romana

bistec *m* **tártaro** Tatarbeefsteak (rohes, geschabtes oder
gehacktes Rindfleisch mit Zwiebeln, Ei und Gewürzen)

bizcocho *m* Biskuitkuchen   **bizcochos** *m pl* Biskuitgebäck
~ **borrachos** in Wein oder Likör getränktes Biskuitgebäck

blando weich, gar

blanquear blanchieren

blanqueta *f* Frikassée   ~ **de ternera** Kalbsfrikassée

B

bocadillo *m* belegtes Brötchen   ~ **de jamón** mit Schinken belegtes Brötchen   ~ **de queso** mit Käse belegtes Brötchen   ~ **de salchichón** mit Hartwurst (Art Salami) belegtes Brötchen   ~ **de tortilla** mit Omelette belegtes Brötchen

bocado *m* Bissen, Happen

bocata *m* umgangssprachlich   für belegtes Brötchen (▶ *bocadillo*)

boga *f* Gelbstriemen (Mittelmeerfisch)

bogavante *m* Hummer

bolas *f pl* **de patatas** Kartoffelbällchen

boleto (comestible) / boletus edulis *m* Steinpilz

bollo *m* Gebäckstück; Milchbrötchen   ~ **de aceite** Ölgebäck

bombón *m* Praline   ~ **helado** Eiskonfekt

boniato *m* Süßkartoffel, Batate

bonito *m* (weißer) Tunfisch, Bonito   ~ **a la riojana** Tunfisch mit Tomaten und roten Paprikaschoten (● La Rioja)   ~ **a la sidra** Tunfisch mit Apfelwein (● Asturias)   ~ **en ensalada** Tunfischsalat mit harten Eiern, Zwiebeln und Essiggurken (● País Vasco)   ~ **en escabeche** marinierter Tunfisch

boquerón *m* Sardelle   **boquerones** *m pl* **fritos** gebratene Sardellen   ~ **en vinagre** in Essig, Öl und Knoblauch eingelegte Sardellen

borrachitos ("borrachos") *m pl* mit Rum oder Likör getränktes Gebäck   ~ **sevillanos** mit Sherry getränktes Gebäck (● Andalucía)

borrachuelos *m pl* mit Wein und Brandy getränkte, in der Pfanne ausgebackene Weißbrotscheiben

borraja *f* Borretsch

brandada *f* **de bacalao** Stockfisch-Kartoffel-Püree (● Cataluña)

a la brasa vom Rost

braseado im eigenen Saft geschmort

brazo *m* **de gitano** gefüllte Biskuitrolle   ~ **de crema** mit Vanillepudding gefüllte Biskuitrolle   ~ **de nata** mit Sahne gefüllte Biskuitrolle

brécol / brócoli / brúculi *m* Brokkoli

breva *f* große, schwarze Frühfeige

brioche *m* Brioche (feines Hefebrötchen)

broche *f* Spieß   **a la** ~ vom Spieß, am Spieß

brocheta *f* Spieß ~ **de pescado** Fisch am Spieß ~ **de pollo** Hühnchenspieß ~ **de riñones** Nierenspieß

budín *m* Puddingart (vorwiegend aus Fisch oder Gemüse)

buey *m* Ochse ~ **de mar** Taschenkrebs

bufé / buffet *m* Buffet ~ **de desayuno** Frühstücksbuffet

~ **de ensaladas** Salatbuffet ~ **frío** kaltes Buffet ~ **libre** Selbstbedienungs- buffet

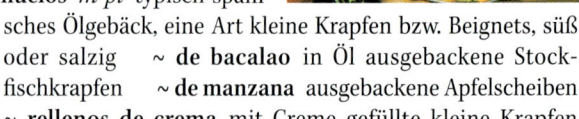

bull *m* Wurstspezialität aus Speck, Schweineblut, Brot und Gewürzen (● Cataluña)

bullabesa *f* Bouillabaisse (Fischsuppe)

buñuelos *m pl* typisch spanisches Ölgebäck, eine Art kleine Krapfen bzw. Beignets, süß oder salzig ~ **de bacalao** in Öl ausgebackene Stock- fischkrapfen ~ **de manzana** ausgebackene Apfelscheiben ~ **rellenos de crema** mit Creme gefüllte kleine Krapfen ~ **de viento** Art Windbeutel

burrida *f* **de ratjada** (KATALAN.) gekochter Rochen mit Mandeln (● Baleares)

butifarra *f* katalanische Bratwurst ~ **blanca** feine, weiße gekochte Wurst ~ **negra** Blutwurst ~ **de perol** Art dicke Bratwurst aus gekochtem Schweinefleisch

C

caballa *f* Makrele ~ **en escabeche** marinierte Makrele

cabello de ángel *m* Art Kürbiskonfitüre (zur Füllung von Gebäck)

cabeza *f* Kopf ~ **de cordero al horno** im Ofen gebratener Lammkopf ~ **de jabalí** (Wild-) Schweinesülze ~ **de ternera** Kalbskopf

cabracho *m* roter Drachenkopf (Fisch)

Cabrales *m* asturischer Blauschim- melkäse

cabrito *m* Zicklein, Ziegenlamm ~ **asado** Zickleinbraten

cacahuetes *m pl* Erdnüsse

cacao *m* Kakao(pulver)

cachelos *m pl* gekochte Kartoffeln (● Galicia)

calabacín *m* Zucchini   **calabacines** *m pl* **rellenos** gefüllte Zucchini

calabaza *f* Kürbis

calamar *m* Tintenfisch   **calamares** *m pl* **a la romana** in Ausbackteig getunkte und frittierte Tintenfischringe ~ **en su tinta** Tintenfische im Tintensud (● País Vasco) ~ **rellenos a la catalana** Tintenfische mit Fleischfüllung (● Cataluña)

calçotada (KATALAN.) *f* Frühlingszwiebelessen (traditionell in Valls, in der Provinz Tarragona): Die Zwiebeln werden über einem offenen Rebholzfeuer gegrillt und mit verschiedenen Saucen angerichtet (● Cataluña)   **calçots** (KATALAN.) *m pl* eine bestimmte Sorte von Frühlingszwiebeln

caldeirada *f* Fischeintopf (● Galicia)   ~ **gallega** verschiedene Fische und Meeresfrüchte mit Kartoffeln, in (Meer-)Wasser gekocht (● Galicia)

calderada *f* Fischeintopf   ~ **de pescado** Fischtopf (● Baleares)

caldereta *f* Eintopfgericht aus Fisch oder Fleisch   ~ **de cordero** geschmortes Lammfleisch mit Zwiebeln, Knoblauch, Tomaten und Paprikaschoten (● Castilla-La Mancha / Extremadura)   ~ **de langosta** geschmorte Languste mit Zwiebeln, Tomaten, Knoblauch und Paprikaschoten (● Baleares) ~ **de pastor** ▶ *caldereta extremeña,* das Fleisch wird jedoch nicht gebraten, sondern in Brühe und Wein gedünstet   ~ **de pescado** Fischeintopf   ~ **extremeña** Zicklein-oder Milchlammfleisch in Leber-Knoblauch-Sauce (● Extremadura)

caldero *m* Reisgericht mit Fisch (● Murcia)

caldo *m* Brühe, Bouillon   ~ **corto** Fischfond   ~ **al jerez** Fleischbrühe mit Sherry   ~ **de carne** Fleischbrühe, Bouillon ~ **de gallina** Hühnerbrühe   ~ **de perro gaditano** Fischsuppe mit Orangensaft (● Andalucía)   ~ **de pescado** Fischbrühe, Fischsuppe   ~ **de verduras** Gemüsesuppe ~ **gallego** Eintopf mit Kartoffeln, weißen Bohnen, Steckrübenblättern, Fleisch und Wurst (● Galicia)

caliente warm, heiß

C

callos *m pl* Kutteln, Kaldaunen   **~ a la andaluza** Kutteln mit Tomaten, Knoblauch, Zwiebeln, Kichererbsen und Schinken (● Andalucía)   **~ a la catalana (tripas)** geschmorte Kutteln in Tomaten-Zwiebel-Knoblauch-Wein-Sauce (● Cataluña)   **~ a la madrileña** Kutteln mit Kalbsfüßen, Paprikawurst und Schinkenwürfeln in würzig-scharfer Sauce (● Madrid)

camarón *m* Sandgarnele (Krabbenart)

canapés *m pl* Kanapee (kleine, pikant belegte Weißbrotscheiben)

canela *f* Zimt   **~ en rama** Zimtstange

canelones *m pl* Cannelloni (gefüllte Nudelrollen, mit Béchamelsauce und geriebenem Käse überbacken)   **~ a la catalana (canelones "Rossini")** Cannelloni mit einer Füllung aus Geflügelleber, Kalb- und Geflügelfleisch (● Cataluña)   **~ de espinacas** mit Spinat gefüllte Cannelloni (● Cataluña)

cangrejo *m* Krebs   **~ de mar** Meereskrebs   **~ de río** Flusskrebs   **cangrejos** *m pl* **al natural** gekochte Krebse   **~ (de río) a la burgalesa** Flusskrebse in scharfer Wein-Knoblauch-Tomaten-Kräuter-Sauce (● Castilla-León)

cantarelas / cantarellas *f pl* Pfifferlinge

cantimpalos *m pl* Art ▶ *chorizo* (Paprikawurst) aus der gleichnamigen Gemeinde der Provinz Segovia (● Castilla-León)

canutillo *m* (Blätterteig-)Röllchen mit süßer oder salziger Füllung

cañadilla / cañaílla *f* typisch andalusische (essbare) Meeresschnecke

capón *m* Kapaun   **~ relleno a la catalana** mit Schweinefleisch, Backpflaumen, Rosinen und Pinienkernen gefüllter Kapaun (Weihnachtsgericht in Katalonien)

caqui *m* Kakifrucht

carabinero *m* rote Riesengarnele

carajitos *m pl* **del profesor** Haselnussmakronen (● Asturias, Cantabria)

caracol *m* Schnecke   **caracoles** *m pl* **a la borgoñesa** Burgunderschnecken (mit Kräuterbutter)   **~ a la catalana** Schnecken mit Öl, Knoblauch und Kräutern

( Cataluña)   ~ **a la llauna** mit Knoblauch und Öl im Ofen gegarte Schnecken (● Cataluña)   ~ **a la madrileña** Schnecken mit Schinken, Zwiebeln, Tomaten und Wein (● Madrid)   ~ **a la riojana** Schnecken mit Schinken und roten Paprikaschoten (● La Rioja)   ~ **a la vasca** Schnecken in scharfer Sauce aus Zwiebeln, Knoblauch und Paprikawurst (● País Vasco)   ~ **estilo vasco** Schnecken mit Schinken in pikanter Sauce (● País Vasco)

caramelo *m* Bonbon, Karamell

cardo *m* Karde, Distelart (es werden nur die Stiele verwendet)   **cardos** *m pl* **a la navarra** Karden in Rahmsauce mit Schinkenstückchen (● Navarra)

carlota *f* Möhrenart

carne *f* Fleisch   ~ **asada** Braten   ~ **a la brasa** Fleisch vom Rost   ~ **a la jardinera** Schmorfleisch mit Gartengemüse   ~ **a la parrilla** gegrilltes Fleisch   ~ **a la plancha** auf heißer Metallplatte gegrilltes Fleisch   ~ **de buey** Ochsenfleisch, Rindfleisch   ~ **de cerdo** Schweinefleisch   ~ **de cordero** Lammfleisch   ~ **de membrillo** Quittenbrot   ~ **de ternera** Kalbfleisch   ~ **de vaca** Rindfleisch   ~ **guisada** Schmorfleisch   ~ **mechada a la andaluza** mit Mandeln und Oliven gespickter Schmorbraten in einer Sauce aus Tomaten, Zwiebeln und Wein (● Andalucía)   ~ **picada** Hackfleisch

carnero *m* Hammel

carpa *f* Karpfen

carpaccio *m* dünne Scheiben von rohem Fleisch oder Fisch (Tunfisch, Stockfisch, Lachs)

carrillo *m* **de cerdo** Schweinebacke   ~ **asado** gebratene Schweinebacke

carro *m* **de ensaladas** Salatauswahl vom Wagen   **carro de pastelería** Kuchensortiment vom Wagen

carta *f* Speisekarte   ~ **del día** Tageskarte   ~ **de vinos** Weinkarte

cáscara *f* harte Schale (von Nüssen, Eiern usw.)

casero hausgemacht; gutbürgerlich

castaña *f* Kastanie, Marone   **castañas** *m pl* **asadas** heiße Maronen   ~ **pilongas** Dörrkastanien

caviar *m* Kaviar

caza *f* Wild, Wildbret ~ **de pelo** Haarwild ~ **de pluma** Federwild ~ **mayor** Hochwild ~ **menor** Niederwild

(a la) cazadora auf Jägerart (mit Pilzen und Wein zubereitet)

cazuela *f* flacher Schmortopf (oft aus Ton) **a la ~** im flachen Schmor- oder Tontopf zubereitet

cebolla *f* Zwiebel ~ **tiernas** Frühlingszwiebeln **cebolleta (cebollita)** *f* kleine, junge Zwiebel, Frühlingszwiebel

cebollino *m* Schnittlauch

cebón *m* Mastrind oder -schwein

cecina *f* luftgetrocknetes Fleisch, Dörrfleisch

cena *m* Abendessen

centeno *m* Roggen

centollo *m* Meerspinne, Seespinne ~ **cocido** gekochte Meerspinne ~ **al horno** im Ofen zubereitete Meerspinne

cerdo *m* Schwein, Schweinefleisch

cereales *m pl* Getreide; Frühstücks-flocken

cereza *f* Kirsche

chacinas *f pl* Wurstwaren (● Andalucía)

chalota / chalote *f* Schalotte

champiñón *m* Champignon **champiñones** *m pl* **al ajillo** gebratene Champignons mit Knoblauch und Petersilie ~ **a la crema** Champignons in Sahnesauce ~ **al jerez** Champignons in Sherrysauce ~ **rellenos** gefüllte Champignons

chanfaina *f* Ragout aus Lamm- oder Kalbsinnereien (Leber, Lunge, Herz usw.)

changurro / txangurro *m* baskische Bezeichnung für Meerspinne (▶ *centollo*)

chanquete *m* winzige, in Öl frittierte Sardellen- oder Ährenfischart (● Andalucía)

charlota *f* Charlotte (kuchenförmiges Dessert aus Löffelbiskuits, Vanillecreme und kandierten Früchten)

cherna *m* Wrackbarsch, dem Zackenbarsch ähnlicher Fisch (eingesalzen und getrocknet wird er zu einer Art ▶ *bacalao*)

cherne *m* saftiger, weißfleischiger, auf den Kanarischen Inseln sehr beliebter Fisch

chicharrón *m* Speckgrieben

chilindrón *m* Sauce aus Tomaten, Zwiebeln und Paprikaschoten

chipirón *m* sehr kleiner Tintenfisch **chipirones** *m pl* **salteados** mit Knoblauch und Petersilie in Öl gebratene Tintenfische **~ en su tinta** Tintenfische im eigenen Saft, d. h. in der Tinte (● País Vasco) **~ fritos** frittierte (oder gebackene) Tintenfische

chirla *f* kleine Venusmuschel

chistorra *f* typische dünne Paprikawurst aus Navarra, die meist gebraten gegessen wird

choco *m* lokale Bezeichnung für Tintenfisch (● Andalucía, Islas Canarias)

chocolate *m* Schokolade (*auch:* dickflüssige Trinkschokolade) **~ amargo** bittere Schokolade, Herrenschokolade **~ blanco** weiße Schokolade

chopito *m* winziger junger Tintenfisch **chopitos** *m pl* **fritos** winzige, in Mehl gewälzte und gebackene Tintenfische

chorizo *m* Paprikawurst, -salami

choto *m* Zicklein

chucrút *m* Sauerkraut

chufa *f* Erdmandel

chuleta *f* Kotelett **~ de cerdo** Schweinekotelett **~ de cordero** Lammkotelett **~ de ternera** Kalbskotelett

chuletita *f* kleines Kotelett **chuletitas** *f pl* **de cordero** kleine Lammkoteletts **~ de lechal** Milchlammkoteletts

chuletón *m* großes Kalbs- oder Rinderkotelett **~ de buey** großes Rinderkotelett **~ de ternera** großes Kalbskotelett

churrasco *m* Lendenschnitte oder Zwischenrippenstück vom Jungrind, gegrillt oder vom Rost (● Argentinien)

churro *m* in Öl ausgebackene Teigkringel (Spritzgebäck)

ciervo *m* Hirsch

cigala *f* Kaisergranat **cigalas** *f pl* **cocidas** gekochte Kaisergranaten **~ con ajo y perejil** gebratene Kaisergranaten mit Knoblauch und Petersilie

cilantro / culantro *m* Koriander

ciruela *f* Pflaume   ~ **claudia** Reineclaude   ~ **pasa** Backpflaume

cítricos *m pl* Zitrusfrüchte

civet *m* Wildragout   ~ **de ciervo** Hirschragout   ~ **de jabalí**
Wildschweinragout   ~ **de liebre** Hasenpfeffer   ~ **de
venado** Hirschragout

clara de huevo *f* Eiweiß

clavo *m* Gewürznelke

clementina *f* Clementine (Mandarinensorte)

club ranero *m* ▶ *bacalao*-Gericht, das mit 2 verschiedenen
Saucen (▶ *vizcaína* und ▶ *pil-pil*) angerichtet wird (● País
Vasco)

coca *f* süßer Hefeteigfladen mit Früchten bzw. Pinienkernen
zu Ostern oder Johannistag (● Cataluña, Valencia);
pizzaähnlicher Hefeteigfladen mit verschiedenen Belägen
(Gemüse, Fisch und Gemüse usw.) (● Valencia, Baleares)
~ **de chicharrones** flacher Kuchen mit Speckgrieben
~ **mallorquina** Art Gemüsepizza

cochifrito *m* Gericht aus Lamm- oder Zickleinfleisch (im
Tontopf zubereitet)

cochinillo *m* Spanferkel   ~ **asado** Spanferkelbraten

cocido *m* Eintopfgericht auf der Basis von verschiedenen Sorten
Fleisch, Gemüse und Hülsenfrüchten (meist Kichererbsen)
~ **andaluz (a la andaluza)** Eintopf aus Kichererbsen, grünen
Bohnen, Fleisch, Kartoffeln, Tomaten   ~ **madrileño** Kichererbsen, Fleisch, Wurst, Schinken, Huhn, Kohl, Rüben, Speck,
in zwei oder drei Gängen serviert (Nudelsuppe, Gemüse und
Fleisch)

cocina *f* Küche   ~ **casera** Hausmannskost   ~ **de mercado** marktorientierte Küche

coco *m* Kokosnuss   ~ **rallado** Kokosraspel

cocochas *f pl* Fischbäckchen (meistens aus Seehecht)

cóctel *m* Cocktail   ~ **de frutas** Früchte-Cocktail   ~ **de gambas** Krabbencocktail   ~ **de mariscos** Meeresfrüchte-Cocktail

codillo *m* (Schweins-)Haxe

codornices *f pl* Wachteln   ~ **en escabeche** marinierte Wachteln   ~ **rellenas** gefüllte Wachteln

cogollo *m* (Salat-)Herz   **cogollos** *m* *pl* **de lechugas** Salatherzen   ~ **de Tudela con anchoas** junge Salatherzen aus Tudela (Navarra) mit Sardellen

col *f* Kohl   ~ **blanca** Weißkohl   ~ **fermentada** ("chucrút") Sauerkraut   ~ **lombarda** Rotkohl   **coles** *f pl* **de Bruselas** Rosenkohl

cola *f* Schwanz   **colas** *f pl* **de gamba** Garnelenschwänze   ~ **de langosta** Langustenschwänze   ~ **de rape** Schwanzstück vom Seeteufel

coliflor *f* Blumenkohl   ~ **gratinada** mit Béchamelsauce und Käse überbackener Blumenkohl

colza *f* Raps

comestible *m* essbar   **comestibles** *m pl* Nahrungsmittel

comida *f* Essen; Mittagessen   **comidas** *f pl* **caseras** gutbürgerliches Essen, Hausmannskost   ~ **para llevar** Gerichte zum Mitnehmen

comino *m* (Kreuz-)Kümmel

compota *f* Kompott   ~ **de manzana** Apfelkompott

condimentar würzen   **condimento** *m* Würze, Gewürz

conejo *m* Kaninchen   ~ **al ajillo** mit Öl und Knoblauch gebratenes Kaninchen   ~ **a la ampurdanesa** geschmortes Kaninchen in Schokoladen-Wein-Kräuter-Sauce (● Cataluña)

~ **a la catalana** Kaninchen in Tomaten-Zwiebel-Knoblauch-Sherry-Paprika-Sauce (● Cataluña)   ~ **a la cazadora** Kaninchen in Wein-Tomaten-Knoblauch-Sauce mit Champignons   ~ **a la chilindrón** Kaninchen in Tomaten-Schinken-

Paprika-Sauce (● Aragón)　**~ con alioli** gebratenes oder gegrilltes Kaninchen mit dicker Knoblauchsauce bzw. -mayonnaise (▶ *alioli*)　**~ con caracoles** geschmortes Kaninchen mit Schnecken und Kräutern (● Cataluña)　**~ con pisto** Kaninchen mit einer Art Ratatouille (● Castilla-La Mancha)　**~ de bosque (de monte)** Wildkaninchen　**~ estofado** geschmortes Kaninchen in Tomaten-Wein-Sauce

confitado eingelegt, eingemacht (im eigenen Saft)

confitura *f* Konfitüre

congelado *m* tiefgefroren　**congelados** *m pl* Tiefkühlkost

congrio *m* Seeaal, Meeresaal

conserva *f* Konserve

conservantes *m pl* Konservierungsstoffe

consomé *m* klare Brühe, Kraftbrühe, Bouillon　**~ al jerez** Kraftbrühe mit Sherry　**~ con yema** Kraftbrühe mit Eidotter

consumición *m* Verzehr, Zeche

copos *m pl* **de avena** Haferflocken

coquinas *f pl* eine Muschelart

corazón *m* Herz　**corazones** *m pl* **de alcachofas** Artischockenherzen

cordero *m* Lamm, Lammfleisch　**~ al ajillo** Lammragout in Wein-Knoblauch-Sauce　**~ a la chilindrón** mit Tomaten, roten Paprikaschoten und Wein geschmortes Lamm (● Aragón)　**~ asado** Lammbraten　**~ asado a la manchega** Lammbraten mit Weinsauce und gebratenen grünen Paprikaschoten (● Castilla-La Mancha)　**~ en caldereta** im Tontopf geschmortes Lammfleisch mit Zwiebeln, Knoblauch, Wein und Gewürzkräutern (● Castilla-La Mancha)　**~ guisado** Lammragout　**~ lechal** Milchlamm　**~ lechal a la segoviana** Milchlamm, nur mit Öl und Wasser im Ofen gebraten (● Castilla-León)

corteza *f* Rinde　**~ de limón** Zitronenschale　**~ de pan** Brotrinde　**cortezas** *f pl* **de cerdo** frittierte oder geröstete Schinken- oder Speckschwarten (zum Aperitif)

corzo *m* Reh　**~ asado** Rehbraten

costilla *f* Rippe, Rippchen　**costillar** *m* Rippenstück

costra *f* Kruste

crema *f* Creme(speise); Cremesuppe; Sahne　**cremoso** cremig　**a la ~** in Rahmsauce　**~ catalana** Cremespeise mit Kara-

mellkruste (● Cataluña)   ~ **de**
ave Geflügelcremesuppe   ~ **de**
champiñones Champignon-
cremesuppe   ~ **de espárragos**
Spargelcremesuppe   ~ **de langosta** Langustencremesuppe
~ **de leche** Sahne   ~ **inglesa** Vanillesauce   ~ **pastelera**
Vanillecreme (zum Füllen von Kuchen und Gebäckstücken)

crêpe *f* dünner Eierpfannkuchen

criadillas *fpl* Schlachttierhoden   ~ **de cordero** Lammhoden
~ **de ternero** Kalbshoden   ~ **de tierra** besondere Trüffelart
(● Extremadura)   ~ **de toro con ajo y perejil** gebratene
Stierhoden mit Knoblauch und Petersilie

crocante *m* Krokant

crois(s)ant *m* Hörnchen, Croissant   ~ **de chocolate** mit
Schokolade gefülltes Hörnchen

croqueta *f* Krokette   **croquetas** *fpl* **de bacalao** Stockfisch-
kroketten   ~ **de gambas** Krabbenkroketten   ~ **de jamón**
Schinkenkroketten   ~ **de marisco** Meeresfrüchtekroketten
~ **de patata** Kartoffelkroketten   ~ **de pollo** Geflügel-
kroketten

crustáceo *m* Krustentier

cuajada *f* eine Art Dickmilch

cubierto *m* Besteck; Gedeck

cubitos *m pl* **de caldo** Brühwürfel, Suppenwürfel   ~ **de hielo**
Eiswürfel

cuchara *f* (Ess-)Löffel **cucharada** *f* Esslöffel voll   **cucharilla,
cucharita** *f* Kaffeelöffel, Teelöffel   **cucharón** *m* Kochlöffel,
Schöpflöffel

cuchillo *m* Messer

curado luftgetrocknet; gereift (z. B. Schinken, Käse)

D

dátil *m* Dattel   **dátiles** *m pl* **de mar** Meerdatteln (eine
Muschelart)   ~ **con beicon** mit Speck *(bacon)* umwickelte
und frittierte Datteln

degustación *f* Kostprobe (Essen)   **degustar** probieren, kosten

delicia *f* bestes Stück vom Fisch oder Fleisch   ~ **de pescado**
feine Fischfilets   **delicioso** köstlich

dentón *m* Zahnbrasse   ~ **a la sal** in dicker Salzkruste gegarte
Zahnbrasse

desayunar frühstücken   **desayuno** *m* Frühstück

deshuesado entbeint (Fleisch, Geflügel); entsteint (Obst)

diente *m* **de ajo** Knoblauchzehe   ~ **de león** Löwenzahn

dieta *f* Diät

a discreción so viel man will, nach Belieben

dorada *f* Goldbrasse   ~ **a la sal** Goldbrasse in einer dicken Salzkruste gegart

dorado gebräunt, goldgelb (an)gebraten

dulce süß; Süßigkeit   ~ **de membrillo** Quittenbrot   **dulces** *m pl* Süßigkeiten (Gebäck, Kuchen, Petit Fours)

duro hart, zäh

E

edulcorante *m* Süßstoff

embutido *m* Aufschnitt, Wurstwaren **embutidos** *m pl* **variados** Aufschnitt- platte

empanada *f* gefüllte Blät- terteig- oder Mürbeteig- pastete   ~ **gallega** mit

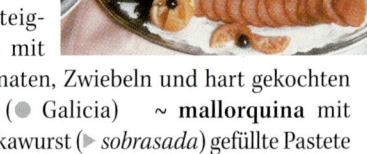

Fleisch oder Fisch, Tomaten, Zwiebeln und hart gekochten Eiern gefüllte Pastete (● Galicia)   ~ **mallorquina** mit Lammfleisch und Paprikawurst (▶ *sobrasada*) gefüllte Pastete (● Mallorca)

empanadilla *f* kleine gefüllte Teigtasche   ~ **de atún** kleine Teigtasche mit Tunfischfüllung   ~ **de carne** kleine Teigtasche mit Fleischfüllung

empanado paniert

empedrado (KATALAN. **empedrat**) *m* Salat aus Stockfisch, weißen Bohnen, Reis, Tomaten, Zwiebeln und Oliven (● Cataluña)

emperador *m* Schwertfisch

empiñonada *f* / **empiñonado** *m* kleines Marzipanküchlein mit Pinienkernen

encargo *m* Bestellung, Auftrag   **por** ~ auf Bestellung

encebollado *m* ein mit vielen Zwiebeln zubereitetes Gericht

encurtidos *m pl* Mixed Pickles (in Essig eingelegtes Gemüse)

endibias *f pl* Chicorée

eneldo *m* Dill

ensaimada *f* Blätterteigschnecke ~ **mallorquina** mit Schweineschmalz gebackene Blätterteigschnecke (mit Kürbiskonfitürefüllung) (● Baleares)

ensalada *f* Salat ~ **catalana** grüner Salat mit Tomaten, Zwiebeln, Wurst, Schinken, Oliven, Tunfisch und hart gekochten Eiern (● Cataluña) ~ **de arroz** Reissalat ~ **de endibias**

Chicoréesalat ~ **de lechuga** grüner Salat, Kopfsalat ~ **de macarrones** Nudelsalat ~ **de mariscos** Salat aus Meeresfrüchten ~ **de pulpo** Tintenfischsalat mit Tomaten, Zwiebeln und Paprikawürfeln in Vinaigrette-Dressing ~ **de tomate** Tomatensalat ~ **del tiempo** Salat der Saison ~ **mixta** gemischter Salat ~ **variada** gemischter Salat ~ **verde** grüner Salat

ensaladilla *f* **rusa** „Russischer Salat" (Kartoffeln, Karotten, Erbsen, hart gekochtes Ei, Tunfisch und Mayonnaise)

entradas / **entrantes** *f pl* Vorspeisen

entremeses *m pl* Vorspeisen ~ **variados** verschiedene Vorspeisen

erizo de mar *m* Seeigel

escabechado / **en escabeche** mariniert, gebeizt

escabeche de bonito ▶ *bonito en escabeche*

escalfado pochiert (z. B. Eier)

escalivada *f* (KATALAN.) im Ofen gebratenes, enthäutetes und mit Öl und Essig angemachtes Gemüse: Auberginen, Zwiebeln und rote Paprikaschoten (● Cataluña)

escalonia *f* Schalotte

escalope *m* / **escalopa** *f* Schnitzel ~ **a la milanesa** Wiener Schnitzel ~ **de cerdo** Schweineschnitzel ~ **de ternera** Kalbsschnitzel ~ **empanado/-a** paniertes Schnitzel

escarola *f* Endivie

escórpora *f* Drachenkopf (Fisch)

escudella *f* **i carn d'olla** (KATALAN.) ▶ *cocido*-artiger Eintopf aus Fleisch, verschiedenen Wurstsorten, Kichererbsen, Kartoffeln, Speck, Gemüse und einem dicken Fleischkloß (▶ *pilota*). Als erster Gang wird eine aus der Brühe gekochte Nudelsuppe *(escudella)* serviert (● Cataluña)

E

espaguetis *m pl* Spaghetti

espalda *f* Schulter   ~ **de cordero** Lammschulter

espárrago *m* Spargel   **espárragos** *m pl* **trigueros** wilder Spargel, grüner Spargel

especialidad *f* Spezialität   ~ **de la casa** Spezialität des Hauses

especias *f pl* Gewürze

espeto / espetón *m* Bratspieß, Sardinenspieß (● Andalucía)
   ~ **de sardinas** Sardinenspieß über Holzfeuer gegrillt

espina *f* Fischgräte; Dorn

espinaca *f* Spinat   **espinacas** *f pl* **a la catalana** Spinat mit Rosinen und Pinienkernen   ~ **a la crema** Spinat mit Béchamelsauce und evtl. Käse überbacken

espuma *f* Schaum , Mousse (Fisch, Obst)

esqueixada *f* (KATALAN.) Salat aus Stockfisch, Tomaten, Zwiebeln, Paprikaschoten und Oliven (● Cataluña)

estofado geschmort   **estofado**
m Schmorgericht, Schmorbraten, Ragout   ~ **de cordero**
Lammragout   ~ **de buey a la catalana** in einer aufwändigen
Sauce aus gehacktem Gemüse, Wein und Fleischbrühe im

Tontopf geschmortes Rindfleisch mit Kartoffeln und Perlzwiebeln (● Cataluña)   ~ **de rabo de toro** geschmorter Stierschwanz (● Andalucía)   ~ **de ternera** geschmortes Kalbfleisch

estragón *m* Estragon

F

fabada *f* **asturiana** Eintopf aus weißen
Bohnen, Paprikawurst, Blutwurst und
durchwachsenem Speck (● Asturias)

fabes *f pl* (*Einzahl* faba) zarte, große
weiße Bohnen für die ▶ *fabada*
(● Asturias)   ~ **con almejas** weiße
Bohnen mit Venusmuscheln
(● Asturias)

faisán *m* Fasan   ~ **al horno** im Ofen
gebratener Fasan

farcellets (KATALAN.) *m pl* kleine Rouladen   ~ **de col** kleine Kohlrouladen mit Hackfleischfüllung (● Cataluña)

farsa *f* Füllung (Küchensprache)

fiambres *m pl* Aufschnitt; kalter Braten

fibra *f* Ballaststoffe

fideos *m pl* Fadennudeln, klein geschnittene Spaghetti   ~ **a la cazuela** Nudeln mit Fleisch oder Wurst in Tomaten-Zwiebel-Sauce, im Tontopf zubereitet und serviert (● Cataluña) ~ **a la marinera** Nudeln mit Meeresfrüchten und Tomatensauce (● Cataluña)   ~ **negros** Nudelgericht, das durch scharf angebratene Zwiebeln und Tintenfischsud (Tinte) seine schwarze Färbung erhält (● Cataluña)

fideuà *f* Nudel-Paella mit Fisch und Meeresfrüchten (● Valencia)

filete *m* Fleischschnitzel, -scheibe, Filet (Fisch)   ~ **a la pimienta** Pfeffersteak   ~ **de buey** Rindfleischschnitzel, Steak   ~ **de cerdo** Schweineschnitzel   ~ **de hígado** Leberscheibe   ~ **de lenguado** Seezungenfilet   ~ **de pescado** Fischfilet   ~ **de ternera** Kalbfleischschnitzel, -Steak   ~ **de ternera a la plancha** auf einer Metallplatte gegrilltes Kalbfleischsteak   ~ **empanado** paniertes dünnes Schnitzel

filloa *f* sehr dünne, süße frittierte Pfannkuchen mit verschiedenen Füllungen oder einfach mit Zucker bestäubt (● Galicia)

fino dünn geschnitten, fein

finas *f pl* **hierbas** feine frische Kräuter (Petersilie, Schnittlauch, Dill usw.)

flambeado flambiert

flan *m* im Wasserbad gebackener (Eier-)Pudding   ~ **casero** hausgemachter Eierpudding   ~ **de chocolate** Schokoladenpudding   ~ **de vainilla** Vanillepudding

flaó *m* Art Käsekuchen (● Baleares)

fogón *m* Küchenherd

foie gras / foigrás *m* Leberpastete   ~ **de oca** Gänseleberpastete   ~ **de pato** Entenleberpastete   ~ **trufado** getrüffelte Leberpastete

fondos *m pl* **de alcachofa** Artischockenböden

frambuesa *f* Himbeere

fresa *f* Erdbeere   **fresas** *f pl* **de bosque** Walderdbeeren, wilde Erdbeeren   ~ **con nata** Erdbeeren mit Sahne

fresco frisch, kühl

fresón *m* große Erdbeere   **fresones** *m pl* **al vino** Erdbeeren mit Wein und Zucker

fricandó *m* Kalbfleischragout mit heller Pilz-Sauce (● Cataluña)

fríjoles *m pl* Bohnen

frío kalt

fritanga *f* Frittiertes *(umgangssprachlich)*   ~ **alicantina** Tunfisch mit Tomaten, Zwiebeln, Auberginen, Kürbis und Paprikaschoten (● Valencia)

frito frittiert, in Öl ausgebacken   **fritura** *f* Frittüre, in Öl ausgebackene Speisen   ~ **malagueña** verschiedene Fische und Meeresfrüchte, in Öl ausgebacken (● Andalucía)   ~ **de pescado** in Öl ausgebackene Fische

fruta *f* Frucht, Obst   ~ **en almíbar** Obst in Sirup (meist aus der Dose)   ~ **fresca** frisches Obst   ~ **de la pasión** Passionsfrucht   ~ **del tiempo** Obst der Saison   **frutas** *f pl* **de Aragón** kandierte Früchte mit Schokoladenüberzug (● Aragón)   ~ **escarchadas** kandierte Früchte   ~ **gratinadas** gratinierte Früchte   ~ **silvestres** Waldfrüchte   ~ **tropicales** tropische Früchte

frutos *m pl* **de mar** Meeresfrüchte   **frutos** *m pl* **secos** Trockenfrüchte (Mandeln, Nüsse usw.)

fuet *m* schmale Hartwurst (● Cataluña)

G

gachas *f pl* dicker Brei aus Mehl und Wasser (süß oder salzig)   ~ **malagueñas** Kartoffelpfannkuchen (● Andalucía)

galantina *f* **de ave** Geflügelpastete

galera *f* flache, dem Kaisergranat ähnliche Scampi-Art (● Andalucía)

galleta *f* Keks

gallina *f* Huhn   ~ **en pepitoria** Huhn in einer Sauce aus
   Zwiebeln, Knoblauch, Safran, Sherry, Mandeln und Wein
   (● Castilla-León)

gallo *m* Hahn; Schollenart

galtes *m pl* **de porc** (KATALAN.) Schweinebacken

gamba *f* Crevette,   Garnelenart
   gambas *f pl* **al ajillo** Crevetten mit Knoblauch und trockenen Pfefferschoten gebraten
   ~ **a la plancha** gegrillte Crevetten   ~ **en gabardina** in Ausbackteig getunkte und in Öl
   frittierte   Crevettenschwänze

   ~ **rebozadas** panierte Crevetten

ganso *m* Gans   ~ **asado** Gänsebraten

garbanzo *m* Kichererbse   **garbanzos** *m pl* **estofados** Kichererbsen mit Paprikawurst, Zwiebeln, Tomaten und Knoblauch
   geschmort   ~ **de vigilia** Kichererbsen mit Spinat und hart
   gekochten Eiern (● Cataluña)

gazpacho *m* **andaluz** kalte Suppe aus
   pürierten rohen Tomaten, Paprikaschoten, Gurken, Öl, Essig, Brotkrume,
   Wasser und evtl. Zwiebeln (● Andalucía)
   ~ **blanco** ▸ *ajo blanco*

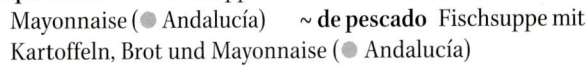

gazpachos *m* *pl* **manchegos** Schmor-
   gericht aus Wild und Geflügel (Hase,
   Kaninchen, Rebhühner) und einer Art
   Matzen (ungesäuertes jüdisches Brot)

gazpachuelo *m* kalte Suppe aus Brot und
   Mayonnaise (● Andalucía)   ~ **de pescado** Fischsuppe mit
   Kartoffeln, Brot und Mayonnaise (● Andalucía)

gelatina *f* Gelatine, Gelee

gofio *f* aus geröstetem Mais- oder Weizenmehl und Wasser (evtl.
   Milch) hergestellte, polentaähnliche Masse als Beilage oder
   Brotersatz (● Islas Canarias)

granada *f* Granatapfel

grano *m* Korn; Kern   ~ **de café** Kaffeebohne   ~ **de pimienta** Pfefferkorn   ~ **de uva** Weinbeere (Traube)

Kulinarisches Lexikon Spanisch–Deutsch

---

grasa *f* Fett   ~ **animal** tierisches Fett   ~ **vegetal** Pflanzenfett

al gratén / gratinado gratiniert, überbacken

greixera *f* **d'ous** (KATALAN.) Mischgemüse mit hart gekochten Eiern (● Baleares)

greixonera *f* (KATALAN.) süßer Auflauf mit *ensaimadas* (siehe dort), Milch und Eiern (● Baleares)   ~ **de porc** (KATALAN.) Auflauf aus Schweinsfüßchen, Speck und Eiern (● Baleares)

grelos *m pl* zarte Blätter von jungen weißen Rüben (● Galicia)

grosellas *f pl* **rojas** rote Johannisbeeren   ~ **negras** schwarze Johannisbeeren

guarnición *f* Beilage

guinda *f* Sauerkirsche; kandierte Belegkirsche   **guindas** *f pl* **confitadas** kandierte Kirschen

guindilla *f* kleine scharfe Pfefferschote

guisado geschmort   **guisado** *m* Schmorgericht, Ragout   ~ **de carne** Fleischragout

guisante *m* Erbse   **guisantes** *m pl* **a la catalana** Erbsen mit Hühnerklein (● Cataluña)   ~ **(salteados) con jamón** in Öl oder Butter geschwenkte Erbsen mit Schinkenstückchen

guiso *m* Schmorgericht, Ragout

al gusto nach Belieben

H

habas *f pl* dicke Bohnen, Saubohnen   ~ **a la catalana** Saubohnen mit Speck, Blutwurst, Tomaten, Zwiebeln und Minze (● Cataluña)   ~ **salteadas con jamón** gekochte Saubohnen mit Schinken, Knoblauch und Olivenöl in der Pfanne geschwenkt

habichuelas *f pl* weiße Bohnen

hamburguesa *f* Hamburger, Frikadelle

helado gefroren   **helado** *m* Speiseeis, Eiscreme   ~ **de chocolate** Schokoladeneis   ~ **de fresa** Erdbeereis   ~ **de nata** Sahneeis   ~ **de vainilla** Vanilleeis

hervido gekocht   **hervido** *m* Kartoffeln und Gemüse (z.B. grüne Bohnen) zusammen gekocht

hielo *m* Kühleis

hierba *f* **del canónigo** Feldsalat

hierbabuena *f* Minze

hierbas *f pl* Kräuter ~ **aromáticas** Gewürzkräuter (Thymian, Rosmarin usw.)

higadillos *m pl* Geflügelleber

hígado *m* Leber ~ **de cerdo** Schweineleber ~ **de cordero** Lammleber ~ **de oca** Gänseleber ~ **de pato** Entenleber ~ **de ternera** Kalbsleber ~ **encebollado** gebratene Kalbs- oder Lammleber mit vielen Zwiebeln (● Valencia)

higo *m* Feige ~ **chumbo** Kaktusfeige ~ **seco** getrocknete Feige

hinojo *m* Fenchel

hoja *f* **de laurel** Lorbeerblatt

hojaldre *m* Blätterteig

hongos *m pl* Pilze

hornazo *m pl* Brot- oder Blätterteigpastete, meist mit Paprikawurstfüllung (● Castilla-León, Extremadura)

horno *m* Backofen **al horno** im Ofen gebraten oder gebacken ~ **de leña** im Holzofen gebraten oder gebacken

hortalizas *f pl* Gartengemüse

hueso *m* Knochen; Stein (vom Obst) ~ **con (de) tuétano** Markknochen

huesos *m pl* **de santo** gefüllte Marzipanröllchen (● Andalucía)

huevas *f pl* Rogen ~ **de atún** Tunfischrogen

huevo *m* **hilado** fadenförmige Eigelbmasse zum Verzieren von Süßspeisen, Kanapees oder kalten Platten

huevos *m pl* Eier ~ **a la flamenca** Eier auf Tomaten-, Paprikawurst- und Schinkenscheiben, grünen Bohnen, Erbsen, Spargel und roten Paprikaschoten, im Ofen gestockt (● Andalucía) ~ **al nido** gestockte Eier im Brot- oder Kartoffelnest ~ **de codorniz** Wachteleier ~ **escalfados** verlorene Eier, pochierte Eier ~ **fritos** Spiegeleier ~ **mimosa** mit Tunfisch und Mayonnaise gefüllt, hart gekochte Eihälften, die mit geriebenem Eigelb dekoriert werden ~ **pasados por agua** weich gekochte Eier ~ **rellenos** gefüllte, hart gekochte Eierhälften ~ **revueltos** Rühreier

ingredientes *m pl* Zutaten

insípido fad(e)

J

jabalí *m* Wildschwein ~ **asado** Wildschweinbraten ~ **a la cazadora** Wildschweinragout mit Pilzen in Weinsauce ~ **estofado** Wildschweinragout mit Zwiebeln, Kräutern und Gewürzen

jalea *f* Gelée ~ **real** Gelée royale

jamón *m* Schinken ~ **cocido** gekochter Schinken ~ **con melón** roher Schinken mit Melone ~ **de bellota (de Jabugo)** luftgetrockneter Edelschinken aus dem Fleisch von mit Eicheln gefütterten Schweinen ~ **de pato** Entenschinken ~ **de Teruel** luftgetrockneter Qualitäts-Bergschinken aus der gleichnamigen Provinz in Aragonien ~ **en dulce** gekochter Schinken mit karamellisierter Oberfläche ~ **ibérico** bzw. **(de) pata negra** ▶ *de bellota* ~ **serrano** allgemeine Bezeichnung für luftgetrockneten rohen Schinken mit Prädikat ~ **(de) York** gekochter Schinken

jamoncito *m* **de pollo** Hähnchenunterschenkel

japuta *f* Bläuel (ein heilbuttähnlicher Mittelmeerfisch)

jarabe *m* Sirup

a la jardinera Gärtnerinart (mit verschiedenen Gemüsen)

jarrete *m* Haxe ~ **de cordero** Lammhaxe ~ **de ternera** Kalbshaxe

jibión *m* lokale Bezeichnung für Tintenfisch (● Cantabria, País Vasco)

jenjibre *m* Ingwer

judía *f* Bohne **judías** *fpl* **blancas** weiße Bohnen ~ **coloradas (encarnadas)** rote Bohnen ~ **con butifarra** weiße Bohnen mit Bratwurst (● Cataluña) ~ **pintas** gefleckte Bohnen ~ **tiernas (verdes)** grüne Bohnen ~ **verdes con jamón** in der Pfanne geschwenkte grüne Bohnen mit Schinkenstückchen

judiones *m* *pl* große weiße Bohnenart ~ **de la Granja** butterzarte, große weiße Bohnen aus La Granja de San Ildefonso (● Segovia / Castilla-León)

jugo *m* Saft, Fleisch- bzw. Bratensaft, Jus **en su ~** im eigenen Saft **jugoso** saftig

juliana *f* in feine Streifen geschnittenes Gemüse

jurel *m* Stöcker, Makrelenart **~ en escabeche** marinierter Stöcker

K

kiwi *m* Kiwi

kokotxas (BASK. für **cocochas**) *f pl* Fischbäckchen, meistens aus Seehecht (● País Vasco) **~ de merluza** Seehechtbäckchen **~ al pil-pil** in Öl und Knoblauch gedünstete Seehechtbäckchen (● País Vasco) **~ en salsa verde** Seehechtbäckchen in grüner Knoblauch-Kräuter-Sauce

koskera *f* baskische Bezeichnung für Tontopf **a la ~** Zubereitung im Tontopf (mit Knoblauch, Petersilie und Paniermehl) (● País Vasco)

L

lacón *m* mild gesalzener, leicht geräucherter oder luftgetrockneter Vorderschinken bzw. Schweinehaxe (● Galicia) **~ con cachelos** Haxe mit gekochten Kartoffeln **~ con grelos** Haxe mit jungen Rübenblättern, Kartoffeln und Paprikawurst (● Galicia)

lamprea *f* Lamprete, Neunauge (Fluss- und Meerfisch) **~ a la marinera** Lamprete in Zwiebel-Wein-Sauce (● Galicia) **~ a la sidra** Lamprete in Nuss-Apfelwein-Sauce (● Galicia)

langosta *f* Languste **~ a la americana** gekochte Langustenstücke in einer Sauce aus Tomaten, Zwiebeln, Knoblauch, Wein und Kognak **~ al romesco** Languste in scharfer Tomaten-Mandel-Sauce (● Cataluña) **~ con mayonesa** gekochte Languste mit Mayonnaise **~ con pollo (pollo con ~)** Langusten- und Hähnchenstücke in einer Sauce aus Knoblauch, Tomaten, Petersilie, Bitterschokolade und gerösteten Mandeln (● Cataluña) **~ gratinada** mit Béchamelsauce und Käse überbackene Languste

langostino *m* große Garnelenart **langostinos** *m pl* **a la marinera** Garnelen in einer Sauce aus Zwiebeln, Knoblauch, Tomaten und Wein **~ con (salsa) mayonesa** gekochte Garnelen mit Mayonnaise

lata *f* Konservendose

laurel *m* Lorbeer

lechal *m* Milchtier (Kalb, Lamm)

lechazo *m* Milchlamm

leche *f* Milch   ~ **frita** puddingartige Milchzubereitung, die in Stücke geschnitten und in heißem Öl frittiert wird (● Castilla-La Mancha)

lechón *m* Spanferkel   ~ **asado** Spanferkelbraten

lechuga *f* grüner Salat   ~ **iceberg** Eisbergsalat   ~ **larga** bzw. **romana** römischer Salat

lechugino *m* typische Brotsorte in Valladolid (● Castilla-León)

legumbres *f pl* Hülsenfrüchte

lengua *f* Zunge   ~ **de vaca** Rinderzunge   ~ **de ternera** Kalbszunge   ~ **en pepitoria** Kalbszunge in Wein-Mandel-Sauce (● Andalucía)   ~ **estofada** mit Zwiebeln oder Champignons in Wein geschmorte Kalbszunge

lenguado *m* Seezunge   ~ **a la molinera** ("meunière") in Butter gebratene Seezunge ("Müllerin")   ~ **a la sidra** (evtl. mit Muscheln und Garnelen) in Apfelwein gegarte Seezunge (● Asturias)   ~ **a la vasca** Seezunge mit Kartoffeln, Erbsen, Champignons und Tomaten (● País Vasco)

lentejas *f pl* Linsen   ~ **estofadas** Linseneintopf mit Gemüse, Speck oder Schinken und Kartoffeln

levadura *f* Hefe   ~ **en polvo** Backpulver

liebre *f* Hase   ~ **a la cazadora** Hase in Rotweinsauce mit Tomaten und Zwiebeln   ~ **al vino tinto** Hase in Rotweinsauce (● La Rioja)   ~ **estofada** geschmorter Hase

ligero leicht, light

lima *f* Limette

limón *m* Zitrone

lionesa *f* mit Creme oder Sahne gefüllter kleiner Windbeutel

líquido *m* flüssig; Flüssigkeit

lista *f* **de precios** Preisliste

lleno voll

lombarda *f* Rotkohl, Blaukraut

L

lomo *m* (Schweine-)Lende　～ **asado** Lendenbraten　～ **de cerdo** Schweinelende　～ **de cerdo relleno** gefüllte Schweinelende　～ **embuchado** luftgetrocknete Schweinelende　～ **de merluza** Rückenstück des Seehechtes

loncha *f* dünne Scheibe, Lage (z. B. Schinken)

longaniza *f* Hartwurstart

lubina *f* Wolfsbarsch　～ **a la sal** in dicker Salzkruste gegarter Wolfsbarsch (● País Vasco, Valencia, Murcia)　～ **al cava** Wolfsbarsch in Sektsauce (● Cataluña)　～ **al hinojo** gegrillter oder in der Alufolie gegarter Wolfsbarsch mit Fenchelkraut (● Cataluña)

lucio *m* Hecht

M

macarrones *m pl* Makkaroni, Nudeln　～ **a la catalana** Makkaroni mit Tomaten, Zwiebeln und Hackfleisch (● Cataluña)　～ **a la cazuela** mit einer Sauce aus Zwiebeln, Knoblauch und Tomaten, im Tontopf zubereitete Makkaroni (● Cataluña)　～ **con chorizo** Makkaroni mit Tomatensauce und Paprikawurst (● Castilla-León, La Rioja, Castilla-La Mancha)　～ **gratinados** Makkaroni mit Tomaten, Béchamelsauce und Käse gratiniert (● Cataluña)

macedonia *f* **de frutas** Obstsalat

maduro reif

ma(g)dalena *f* kleine runde Biskuitküchlein (Frühstücksgebäck)

magras *f pl* **con tomate** gebratenes Schweinegeschnetzeltes in Tomatensauce (● Castilla-La Mancha)

magret (de pato) *m* Entenbrustfilet

magro *m* **de cerdo** mageres Schweinefleisch (Schnitzelstück)

mahonesa / mayonesa *f* Mayonnaise

maíz *m* Mais

mandarina *f* Mandarine

mango *m* Mango

manitas *f pl* **de cerdo** (**manos** *f pl* **de cerdo**) Schweinefüßchen　～ **a la catalana** gekochte Schweinefüßchen in Wein-Schokoladen-Sauce mit Knoblauch, Mandeln und Gewürzen (● Cataluña)　～ **de cordero** Lammfüßchen

manos *f pl* **de ternera** Kalbsfüße

manteca *f* Schmalz   ~ **de cerdo** Schweineschmalz

mantecados *m pl* feines Schmalzgebäck (meist zu Weihnachten)   ~ **de almendra** feines Schmalz-Mandelgebäck

mantel *m* Tischtuch, Tischdecke

mantequilla *f* Butter   ~ **caliente o derretida** zerlassene Butter   ~ **salada** leicht gesalzene Butter

manzana *f* Apfel   **manzanas** *f pl* **asadas o al horno** Bratäpfel   ~ **rellenas** gefüllte Bratäpfel

mar y montaña *m* wörtlich „Meer und Gebirge": Gericht aus Fleisch und Meeresfrüchten, z. B. Kaninchen oder Hähnchen mit Krabben oder mit Languste (● Cataluña)

maracuyá / maracuya *f* Passionsfrucht

margarina *f* Margarine

marinada *f* Marinade   **marinado** mariniert

a la marinera nach Seemannsart (mit Weißwein, Zwiebeln, Tomaten, Kräutern und Gewürzen zubereitet)

mariscada *f* Meeresfrüchteplatte (roh oder gekocht)

mariscos *m   pl* Meeresfrüchte, Krustentiere

marmitako *m* (BASK.) Gericht aus frischem Tunfisch, Kartoffeln, Tomaten, Zwiebeln, Knoblauch und Gewürzen, im Topf *(marmita)* geschmort (● País Vasco)

marrajo *m* große Barschart, dessen Fleisch ähnlich wie Schwertfisch aussieht und schmeckt

marrón glacé *f* kandierte Kastanie

materia *f* **grasa** Fettgehalt

mazapán *m* Marzipan

mazorca *f* **(de maíz)** (Mais-)Kolben

mechado gespickt

medallón *m* Fisch- oder Fleischmedaillon   ~ **de rape** Seeteufelmedaillon   ~ **de ternera** Kalbsmedaillon

medias lunas / medias noches *f pl* kleines Brioche, ovales Brötchen aus Milchhefeteig

medio hecho medium oder rosa gebraten (Steak)

mejillones *m pl* Miesmuscheln (oder Pfahlmuscheln)   ~ **al vapor** gedünstete (gedämpfte) Miesmuscheln   ~ **a la**

M

marinera Miesmuscheln in einer Sauce aus Zwiebeln, Knoblauch, Kräutern und Wein

mel i mató (KATALAN.) *m* Frischkäse mit Honig (● Cataluña)

melisa *f* Melisse

melocotón *m* Pfirsich ~ **en almíbar** (Dosen-)Pfirsich in Sirup

melón *m* Melone ~ **con jamón** Melone mit rohem Schinken

membrillo *m* Quitte

menestra *f* gemischtes Gemüse (saisonbedingt) oder Gemüseeintopf ~ **de verduras a la navarra** gemischtes Gemüse (Erbsen, Artischocken, Spargel, grüne Bohnen) mit Paprikawurst und Schinken (● Navarra)

menta *f* Minze

menú *m* Menü ~ **(de) degusta-ción** Menü bestehend aus mehreren kleinen Gängen ~ **del día** Tagesmenü, Tageskarte ~ **gastronómico** Feinschmeckermenü ~ **turístico** Touristenmenü zum festen Preis

menudillos / menudos *m pl* **de ave** Geflügelinnereien ~ **de cordero** Lamminnereien

merengue *m* Baiser

merienda *f* Vesper; Nachmittagsimbiss

merluza *f* Seehecht ~ **a la bilbaína** Seehechtscheiben mit Knoblauch, Petersilie, Erbsen im Ofen gebraten (● País Vasco) ~ **a la gallega** gedünstete Seehechtfilets mit Kartoffeln, Knoblauch, Zwiebeln und Paprika (● Galicia) ~ **a la marinera** Seehechtscheiben in Tomaten-Knoblauch-Kräuter-Weinsauce ~ **a la plancha** Seehecht vom Rost (gegrillt) ~ **a la romana** in Ausbackteig getunkte, frittierte Seehechtscheiben ~ **a la sidra** Seehecht in Apfelwein-Sauce (● Asturias) ~ **a la vizcaína** Seehechtscheiben in Paprika-Wein-Zwiebel-Knoblauch-Sauce (● País Vasco) ~ **de palangre** Angel-Seehecht ~ **en salsa amarilla** Seehecht in Safransauce (● Valencia) ~ **en salsa verde** Seehecht in grüner Knoblauch-Kräuter-Sauce (● País Vasco) ~ **frita** gebackener Seehecht

mermelada *f* Marmelade

mero *m* Zackenbarsch   ~ **a la plancha** auf heißer Metallplatte gegrillter Zackenbarsch   ~ **a la sal** in dicker Salzkruste gegarter Zackenbarsch   ~ **a la vasca** Zackenbarsch
in Wein-Zwiebel-Knoblauch-Sauce (● País Vasco)

miel *f* Honig   ~ **de azahar** Orangenblütenhonig

miga (de pan) *f* Brotkrume   **migas** *f pl* **de pan** (**migajas**)
Brotkrümel

migas *f pl* kleine, in Öl und Knoblauch geröstete Brotwürfel
(manchmal auch Brotkrümel) mit Schinken oder Wurst-
stücken   ~ **a la aragonesa** mit
Schinken, Speck und Trauben
geröstete Brotkrümel (● Aragón)
~ **con chocolate** ("ruleras") mit
Kakao getränkte, gebratene
Brotwürfel (● Castilla-La
Mancha)   ~ **con uvas** in Öl
und Knoblauch gebratene

Brotwürfel mit Trauben (● Aragón)   ~ **de pastor** mit Speck
geröstete Brotwürfel (● Extremadura)   ~ **manchegas**
geröstete Brotwürfel mit Schinken- und Speckwürfeln und
Knoblauch (● Castilla-La Mancha)

milhojas *m* Blätterteigschnitten mit Baiserfüllung   ~ **de
crema** mit Pudding gefüllte Blätterteigschnitten

míscaro *m* Austernpilz

moixernons (KATALAN.) / **mojardones** *m pl* Mehlpilze (werden
in getrockneter Form für verschiedene Saucen verwendet)

mojama *f* getrocknetes Tunfischrückenstück

moje *m* **manchego** kalte Vorspeise aus Dosentomaten,
Zwiebeln, Tunfisch, mit schwarzen Oliven und hart gekochten
Eiern garniert (● Castilla-La Mancha)

mojete *m* Gericht aus Stockfisch,
Kartoffeln, Zwiebeln, Tomaten
und Knoblauch (● Castilla-La
Mancha)

mojo *m* pikante Sauce auf der Basis
von Öl, Essig und Knoblauch
(● Islas Canarias)   ~ **colorao**
pikante Sauce mit Öl, Essig,

Knoblauch und Paprikapulver   ~ **picón** pikante Sauce mit
Öl, Essig, Knoblauch und kleinen scharfen Pfefferschoten

molido gemahlen

a la molinera nach „Müllerin Art", d.h. in Mehl gewälzt, in Butter
oder Öl gebraten und mit Zitronensaft beträufelt

mollejas *f pl* Bries   ~ **de cordero** Lammbries   ~ **de pollo**
Hähnchenmägen   ~ **de ternera** Kalbsbries   ~ **rebozadas**
paniertes, gebackenes Bries

moluscos *m pl* Weichtiere

mona *f* mit Eiern belegter Osterkuchen (● Valencia)   ~ **de**
Pascua kunstvoller Osterkuchen mit Figuren aus Schokolade,
Marzipan und/oder Zuckerguss (● Cataluña)

mondongo *m* Kutteln (● Andalucía)

montaditos *m pl* belegte Brotscheibchen (mit Krabben,
Tunfisch, Blutwurst, Paprikawurst etc.), warm oder kalt

mora *f* Brombeere

morcilla *f* Blutwurst   ~ **asturiana** Blutwurst mit Zwiebeln in
der Brätfüllung (● Asturias)   ~ **de arroz** Blutwurst mit Reis
in der Brätfüllung   ~ **dulce canaria** Blutwurst auf der
Basis von Süßkartoffeln und Blutwurstbrät (● Islas Canarias)

morcillo *m* **de ternera** Kalbshaxenfleisch

morcón *m* Blut- oder Leberwurstart im Dickdarm

morro *m* Kuh- oder Ochsenmaul

morteruelo *m* dicker Brei aus Geflügelleber, Wildfleisch,
Gewürzen und Pinienkernen (● Castilla-La Mancha)

mostaza *f* Senf

mousse / mus *f* Mousse, Schaum   ~ **de chocolate** Mousse au
chocolat   ~ **de limón** Zitronenschaumcreme

mújol *m* Meeräsche (Fisch aus dem Mar Menor/Murcia)

muselina *f* Sahnesauce, Sahnecreme

muslo *m* Schenkel   ~ **de pollo** Hähnchenschenkel

N

nabo *m* weiße Rübe

naranja *f* Orange, Apfelsine   ~ **san-**
guina Blutorange

nata *f* Sahne   ~ **montada** Schlagsahne

natillas *f pl* **(de vainilla)** Vanillecreme

(al) natural natur, im eigenen Saft

navaja *f* Schwertmuschel

nécora *f* Ruderkrabbe

neules *f pl* lange, sehr dünne Waffelrollen, die in Katalonien seit dem 10. Jh. hergestellt und vor allem in der Weihnachtszeit verzehrt werden

nidos *m pl* **de patata** Kartoffelnester aus Strohkartoffeln

níscalo *m* Reizker (Pilz)

nísperos *m* Mispeln

ñoras *f pl* kleine, runde, getrocknete Tomatenpaprikas zum Würzen von Saucen (● Valencia, Murcia, Cataluña und Baleares)

nuez *f* Nuss; Walnuss   ~ **del Brasil** Paranuss   ~ **moscada** Muskatnuss

O

oblea *f* Oblate

oca *f* Gans

olivas *f pl* Oliven

olla *f* Kochtopf; Eintopfgericht   ~ **podrida** Eintopf aus Kichererbsen, Fleisch, Speck und Gemüse (● Castilla-León)

olleta *f* **alicantina** Eintopf aus weißen Bohnen, Kartoffeln, weißen Rüben, Schweinefleisch und Gemüse (● Valencia)

orégano *m* Oregano, wilder Majoran

oreja(s) *f* (pl) Ohr(en)   ~ **de cerdo** Schweinsohren

orejones *m pl* getrocknete Aprikosen

ostras *f pl* Austern   ~ **gratinadas** gratinierte Austern

oveja *f* Schaf

P

paella *f* Reisgericht mit den verschiedensten Zutaten und in unzähligen Varianten (● Valencia)   ~ **de mariscos** Paella mit Meeresfrüchten   ~ **de verduras** Paella mit Gemüse   ~ **marinera** Paella mit Fischen und Meeresfrüchten   ~ **valenciana** Paella mit Geflügel, Kaninchen (evtl. Schnecken), grünen Bohnen und Erbsen

paletilla *f* Schulter(blatt)   ~ **de cordero** Lammschulter
palmitos *m pl* Palmenherzen
paloma *f* Taube
palomitas *f pl* (**de maíz**) Puffmais, Popcorn
pan *m* Brot   ~ **con tomate** (KATALAN. **pa amb tomàquet**)

(geröstete) Weißbrotscheibe, mit Tomate eingerieben und mit Öl beträufelt (● Cataluña)   ~ **de centeno** Roggenbrot   ~ **de leña** Holzofenbrot   ~ **de molde** Kastenweißbrot   ~ **de pueblo** Bauernbrot   ~ **de Viena** Milchbrot   ~ **integral** Vollkornbrot   ~ **negro** Schwarzbrot   ~ **rallado** Paniermehl, Semmelbrösel   ~ **tostado** (**pan toast**) Toast, Toastbrot
panaché *m* **de verduras** gemischte Gemüseplatte
panceta *f* durchwachsener, luftgetrockneter Bauchspeck vom Schwein
panecillo *m* Brötchen, Semmel
panellets *m pl* (KATALAN.) ▶ *empiñonados*
papas *f pl* Kartoffeln   ~ **arrugadas** „Runzelkartoffeln" (kleine, runde in Meer- oder Leitungswasser mit grobem Salz gekochte Pellkartoffeln) (● Islas Canarias)
papaya *f* Papaya
papilla *f* Kinderbrei
en papillote in der Alufolie (früher im Pergamentpapier) gebraten
paraguaya *f* flache Pfirsichart
parfait *m* Eiscremevariante, Halbgefrorenes
pargo *m* Sackbrassenart
parmesán(o) *m* Parmesankäse
parrilla *f* Grill, Rost   **a la parrilla** gegrillt, vom Rost
parrillada *f* Grillplatte   ~ **de carne** gegrillte Fleischplatte   ~ **de pescado** gegrillte Fischplatte
pasa *f* Rosine
pasta *f* Teig; Paste   ~ **de fritura** (**de rebozar**) Ausbackteig   ~ **quebrada** Mürbeteig   ~ **de sopa** Suppennudeln
pastas *f pl* Nudeln, Teigwaren; Gebäck

P

pastel *m* Kuchen, Pastete   **~ de carne** Blätter- oder Mürbe-
teigpastete mit Fleischfüllung   **~ de chocolate**
Schokoladenkuchen   **~ de nata** Sahnekuchen

pastelería *f* Konditorei; Konditorwaren

pastelillos / pastelitos *m pl* kleine Kuchen, Pastetchen

pata *f* Keule

patata *f* Kartoffel   **patatas** *f pl*

a la riojana Kartoffeleintopf mit
Tomaten, Zwiebeln, Paprikaschoten und Paprikawurst (●
La Rioja)   **~ a lo pobre**
Bratkartoffeln mit Zwiebeln,
Knoblauch und evtl. Paprika-
pulver   **~ al vapor** gedämpfte Kartoffeln   **~ bravas** Bratkartoffeln oder Pommes frites mit scharfer Tomatensauce
~ fritas Pommes frites   **~ gratinadas** Kartoffelgratin
~ hervidas Salzkartoffeln   **~ hervidas con piel** Pellkartoffeln   **~ nuevas** neue Kartoffeln   **~ paja** Strohkartoffeln (ganz dünne Pommes frites)   **~ rellenas** mit Fisch
oder Fleisch gefüllte Kartoffeln   **~ salteadas** Bratkartoffeln,
in Öl oder Butter geschwenkte Kartoffeln (Schwenkkartoffeln)

paté *m* Leberpastete   **~ de campaña** Landleberpastete
~ de hígado de oca Gänseleberpastete   **~ de hígado de
pato** Entenleberpastete   **~ de perdiz** Rebhuhnpastete

pato *m* Ente   **~ a la naranja** Ente

mit Orangensauce   **~ al horno
(asado)** Entenbraten   **~ con
nabos** Ente mit weißen Rüben
(● Cataluña)   **~ con peras** Ente
mit Birnen in süß-saurer Sauce
(● Cataluña)   **~ mudo** Mo-
schusente   **~ salvaje (silvestre)**
Wildente

pava *f* Truthenne, Pute   **pavo** *m* Truthahn, Puter   **~ asado**
Truthahnbraten   **~ relleno** gefüllter Truthahn

pecho *m* Brust   **~ de cerdo relleno** gefüllte Schweinebrust
~ de ternera relleno gefüllte Kalbsbrust

pechuga *f* Geflügelbrust   **~ de pato** Entenbrust   **~ de pavo**
Truthahnbrust   **~ de pollo** Hähnchenbrust

P

peladillas *f pl* Zuckermandeln

pencas *f pl* **de acelgas** Mangoldstiele

pepinillos *m pl* **en vinagre** kleine Essiggurken, Cornichons

pepino *m* Gurke

pepita *f* (Obst-)Kern

pepito *m* geröstetes, gefülltes, längliches Brötchen mit gegrilltem Fleischschnitzel ～ **de lomo** mit Schweinelende gefülltes Brötchen ～ **de ternera** mit Kalbschnitzel gefülltes Brötchen

pepitoria *f* Sauce aus Zwiebeln, Knoblauch, Safran, Mandeln und Sherry (zu Geflügel)

pera *f* Birne **peras** *f pl* **al vino** in Rotwein gekochte Birnen ( Cataluña)

percebe *m* Entenmuschel

perdiz *f* Rebhuhn ～ **a la cazadora** mit Schinkenscheiben umwickeltes gebratenes Rebhuhn ～ **a la toledana** mit Zwiebeln, Knoblauch, Tomaten, Wein und Essig im Tontopf geschmortes Rebhuhn (● Castilla-La Mancha) ～ **con chocolate** Rebhuhn mit einer Sauce aus Zwiebeln, Tomaten, Schokolade und Wein (● Cataluña) ～ **en escabeche** mariniertes Rebhuhn ～ **estofada** geschmortes Rebhuhn

perejil *m* Petersilie

perrito caliente *m* Hot Dog

pescada *f* Regionalbezeichnung für Seehecht oder jungen Seehecht

pescadilla *f* junger Seehecht, Merlan

pescaditos / **pescaítos fritos** *m pl* kleine frittierte Fische (● Andalucía)

pescado *m* Fisch ～ **azul** Bezeichnung für „blaue", fettreiche Speisefische (z. B. Tunfisch, Sardine, Makrele usw.) ～ **blanco** Bezeichnung für magere, weißfleischige Fische ～ **congelado** tiefgefrorener Fisch ～ **de agua dulce** Süßwasserfisch ～ **de río** Flussfisch

P

~ **en escabeche** marinierter Fisch   ~ **fresco** frischer Fisch
~ **frito** gebratener Fisch   ~ **frito a la malagueña** gemischte
frittierte Fische (● Andalucía)   ~ **hervido** gekochter Fisch
pez *m* Fisch   ~ **espada** Schwertfisch
picada *f* Knoblauch, Petersilie, geröstete Mandeln oder
Pinienkerne, im Mörser zerstoßen, zur Saucenverfeinerung
(● Cataluña)
picadillo *m* Gehacktes, Hackfleisch   ~ **de cerdo** Schweine-
mett, Hackepeter
picado gehackt, klein geschnitten
picante scharf, pikant
picatoste *m* in Öl gebratene Brotscheibe
pichón *m* junge Taube   **pichones**
m **en escabeche** gebeiztes Täubchen in einer Sauce aus Öl, Essig,
Weißwein und Gewürzkräutern
~ **estofados** geschmorte Täubchen

~ **al jerez** Täubchen in Sherry (● Andalucía)   ~ **rellenos**
gefüllte Täubchen
picota *f* Herzkirsche
piel *f* Haut; (Obst-)Schale
pierna *f* Keule, Haxe   ~ **de cordero** Lammkeule
pie *m* Fuß   **pies** *m pl* **de cerdo** Schweinsfüße   ~ **a la cata-**
lana geschmorte Schweinsfüße mit Schnecken, Tomaten,
Zwiebeln, Knoblauch und Weinsauce (● Cataluña)
pijama *m* Nachspeise aus Karamellpudding, Eis, Früchten in
Sirup und Sahne
pijotas *f pl* gebratene junge Seehechte
pil-pil (al) eine beliebte Zubereitungsart (in Olivenöl, Knoblauch
und kleinen Chilischoten geschmort) für Stockfisch bzw.
Glasaale (● País Vasco)
pilota *f* (KATALAN.) dicker Fleischkloß im katalanischen Eintopfgericht ▶ *escudella i carn d'olla*
pimentón *m* Paprikapulver   ~ **dulce** edelsüßer Paprika
~ **picante** scharfer Paprika, Rosenpaprika
pimienta *f* Pfeffer   ~ **blanca** weißer Pfeffer   ~ **de Cayena**
Cayennepfeffer   ~ **negra** schwarzer Pfeffer   ~ **verde**
grüner Pfeffer

P

pimiento *m* Paprikaschote   **pimientos** *m pl* **fritos** in Öl gebratene Paprikaschoten   ~ **morrones** fleischige rote Paprikaschoten, die vorwiegend eingelegt werden   ~ **del Padrón** kleine, scharfe grüne Paprikaschoten   ~ **del piquillo** kleine, feine rote Paprikaschoten (die mit Fischmousse oder Fleisch gefüllt werden)   ~ **rellenos** gefüllte Paprikaschoten   ~ **rojos** rote Paprikaschoten   ~ **verdes** grüne Paprikaschoten

piña *f* Ananas   ~ **en almíbar** Ananas in Sirup (aus der Dose)   ~ **natural** frische Ananas

pinchitos / pinchos *m pl* Spießchen, Spieße   ~ **morunos** Fleischspießchen

pincho (BASK. **pintxo**) *m* Appetithäppchen (● País Vasco)

piñones *m pl* Pinienkerne

pintada *f* Perlhuhn

pipas *f pl* geröstete Sonnenblumenkerne

piperada / piperrada *f* Paprika-Zwiebel-Tomaten-Gemüse (● País Vasco)

pipirrana *f* Salat aus klein gehackten bzw. zerdrückten Tomaten, grünen Paprikaschoten, Gurken und Zwiebeln (evtl. Tunfisch), mit Öl und Essig angemacht (● Andalucía)

piscolabis *m* kleiner Imbiss, kleine Zwischenmahlzeit

pistachos *m pl* Pistazien

pisto *m* Art Ratatouille (in Öl geschmorte Tomaten, Paprikaschoten, Zwiebeln, Auberginen und Zucchini) ~ **manchego** geschmorte Tomaten, rote und grüne Paprikaschoten, Zucchini und Zwiebeln (evtl. mit Spiegelei) (● Castilla-La Mancha)

plancha *f* heiße Metallplatte, die zum Grillen und Braten von Fisch oder Fleisch verwendet wird   **a la** ~ auf der heißen Metallplatte gegrillt

plátano *m* Banane

plato *m* Teller; Gericht; Gang (einer Mahlzeit)   ~ **combinado** gemischter Teller (meist Fleisch, Fisch oder Eier mit Beilagen)   ~ **del día** Tagesgericht   ~ **frío** kaltes Gericht   ~ **hondo**

P

tiefer Teller   ~ **llano** flacher Teller   ~ **precocinado** Fertig-
gericht   ~ **sopero** Suppenteller

poco hecho rosa (Fleisch)

pollo *m* Hähnchen   ~ **asado** Brathähnchen   ~ **al ajillo** in Öl und
Knoblauch angebratene und geschmorte Hähnchenteile   ~ **a la
chilindrón** Hähnchen in Tomaten-
Zwiebel-Paprika-Sauce (● Aragón)
~ **a la riojana** Hähnchen mit Paprikaschoten, Spargel und Paprikawurst
(● La Rioja)   ~ **al vino** Hähnchen
in Rotweinsauce *(Coq au vin)*
~ **con langosta** Hähnchen mit Languste (● Cataluña)   ~ **estofado** geschmortes Hähnchen   ~ **en pepitoria** Hühnerfrikassee in
Wein-Zwiebel-Mandel-Sauce (● Castilla-León)   ~ **en
samfaina** Hähnchen mit einer Art Ratatouille (● Cataluña)
~ **relleno** gefülltes Hähnchen

polvorón *m* Mandel-Schmalzgebäck aus Estepa (● Andalucía)

pomelo *m* Grapefruit

popieta *f* kleine Roulade

por encargo auf Bestellung

por persona pro Person

por porción pro Portion, Ration

porras *f pl* längliches, dickes Ölgebäck
(▶ *churros*)

postre *m* Nachtisch, Dessert   **postre(s)
casero(s)** *m (m pl)* hausgemachte
Nachspeise(n)

potaje *m* Eintopf, dicke Suppe (meis-
tens mit Hülsenfrüchten)   ~ **de garbanzos con bacalao**
Eintopf mit Kichererbsen, Stockfisch und Spinat oder
Mangold (● Castilla-La Mancha)   ~ **de verduras**
Gemüsesuppe (Art *Minestrone*)   ~ **de vigilia** Eintopf mit
Kichererbsen, Spinat und hart gekochten Eiern (● Cataluña)

pote *m* deftiger Eintopf   ~ **asturiano** Eintopf aus weißen
Bohnen, Gemüse, Kartoffeln, Speck und Hartwurst
(● Asturias)   ~ **gallego** Eintopf aus weißen Bohnen,

P

Kartoffeln, Schweinefüßen, Paprikawurst, Schinken und Kohl (● Galicia)

preparado zubereitet

probar probieren, kosten

puchero *m* Eintopf ～ (**"olla"**) **de trigo** *m* Eintopf aus Weizen, Kichererbsen, Blut- und Paprikawurst und Fenchel (● Andalucía)

pudín / **pud(d)ing** *m* Pudding ～ **de chocolate** Schokoladenpudding ～ **de vainilla** Vanillepudding

puerro *m* Porree, Lauch

pularda *f* Poularde

pulpa *f* Fruchtfleisch

pulpito *m* kleiner Tintenfisch (Polyp)

pulpo *m* Tintenfisch (Polyp) ～ **a feira** (～ **a la gallega**) gekochter Tintenfisch, mit Öl, Salz und Paprika gewürzt und lauwarm serviert (● Galicia)

puntas *f pl* **de espárragos** Spargelspitzen

puntillas / **puntillitas** *f pl* Lokalbezeichung für winzige frittierte Tintenfische (● Cádiz/Andalucía)

en su punto gar, genau richtig

puré *m* Püree, Brei ～ **de manzana** Apfelmus ～ **de patatas** Kartoffelpüree, Kartoffelbrei

purrusalda *f* Stockfisch mit Lauch und Kartoffeln (● País Vasco)

Q

quemado verbrannt

quesada *f* Käsetorte (● Cantabria)

queso *m* Käse ～ **azul** Blauschimmelkäse, Edelpilzkäse ～ **de bola** Edamer Käse (in Kugelform) ～ **de Burgos** frischer Schafskäse aus Burgos ～ **de cabra** Ziegenkäse ～ **de Holanda** holländischer Käse (▶ *queso de bola*) ～ **de Mahón** Hart- oder Weichkäse aus Menorca ～ **de oveja** Schafskäse ～ **fresco** Frischkäse ～ **fundido** Schmelzkäse ～ **gruyère** Schweizer Käse ～ **manchego** Schafskäse aus La Mancha ～ **rallado** geriebener Käse

quisquilla *f* in Salzwasser gekochte Sandgarnele

R

rabas *f pl* (frittierte) Tintenfischstreifen

rabanito *m* Radieschen

rábano *m* Rettich

rabo *m* Schwanz ~ **de buey** Ochsenschwanz ~ **de cerdo** Schweineschwanz ~ **de toro estofado** mit Gemüse geschmorter Stierschwanz (● Andalucía)

racimo *m* Traube

ración *f* Portion

ragú *m* Ragout ~ **de ciervo** Hirschragout ~ **de ternera** Kalbsragout

raja *f* Scheibe (Obst, Melone)

rallado gerieben

rape *m* Seeteufel ~ **al ajo arriero** mit Öl und Knoblauch gebratener Seeteufel (● País Vasco) ~ **a la catalana** gebratene Seeteufelstücke in einer Sauce aus Zwiebeln, Knoblauch, Tomaten, Weißwein, Safran und einer Prise Schokolade (● Cataluña) ~ **a la marinera** Seeteufel mit Tomaten, Zwiebeln, Knoblauch, Petersilie, Mandeln und Pinienkernen (● Valencia, Cataluña) **rap a l'all cremat** (KATALAN.) Seeteufel mit in Olivenöl scharf angebratenem Knoblauch (● Cataluña)

raya *f* Rochen

rebanada *f* **de pan** Brotscheibe

rebozado paniert

recalentar aufwärmen

receta *f* Rezept

redondo *m* Rosenstück, Mäuschen ~ **de ternera** Kalbsbraten aus der Rose

refrigerio *m* Imbiss

régimen *m* Diät

rehogado gedünstet

reineta *f* Renette (Apfelsorte)

relleno gefüllt **relleno** *m* Füllung

repollo *m* Weißkohl

repostería *f* Konditoreiwaren

requesón *m* Quark, Schichtkäse

revoltillo / revuelto *m* Rühreier mit verschiedenen Zutaten (*wörtlich:* durcheinander)   ~ **de ajos y de espárragos trigueros** Rühreier mit zarten jungen Knoblauchtrieben und wilden grünen Spargeln   ~ **de gambas** Rühreier mit Garnelen   ~ **de setas** Rühreier mit Pilzen

riñonada *f* Nierenbratenstück   ~ **de ternera** Kalbsnierenbraten

riñones *m pl* Nieren   ~ **al jerez** Nieren in Sherrysauce (● Andalucía)   ~ **de cordero** Lammnieren   ~ **de ternera** Kalbsnieren

robellón *m* Edelreizker (Pilzart, vor allem in Katalonien und auf den Balearen)

rodaballo *m* Steinbutt

rodaja *f* Scheibe (Zitrone, Wurst)

rollito *m* Röllchen, kleine Roulade

rollo *m* Roulade, Fleisch- oder Fischrolle

a la romana in Ausbackteig getunkt und in Öl frittiert

romero *m* Rosmarin

romesco / romescu *m* (KATALAN.) scharfe Sauce aus Zwiebeln, Knoblauch, Tomaten, gerösteten Mandeln, getrockneten Pfefferschoten (▶ *ñoras*), Öl und Essig, zu Fisch und Meeresfrüchten   ~ **de pescado** Fisch mit *romesco*-Sauce (● Cataluña)

ropa vieja *f* (**en sartén**) mit Öl und Knoblauch in der Pfanne gebratene *cocido*-Reste (Fleisch und Gemüse)

rosbif *m* Roastbeef

roscón *m* Kranzkuchen   ~ **de Reyes** Kranzkuchen aus Hefeteig und Früchten zum Dreikönigstag (mit eingebackener Überraschung: eine Bohne und ein Figürchen)

roscos *m pl* / **rosquillas** *f pl* gewürzte Gebäckkringel, Weinkringel, Aniskringel

rossinyols *m pl* (KATALAN.) Pfifferlinge

rovelló *m* (KATALAN.) ▶ *robellón*

S

sabor *m* Geschmack   **sabroso** schmackhaft, gut gewürzt

sacacorchos *m* Korkenzieher

sacarina *f* Sacharin, Süßstoff

sal *m* Salz   **a la ~**   in dicker Salzkruste gegart (Fische)
 ~ marina Meersalz

salado salzig, gesalzen, versalzen

salazón *f* in Salz gepökelter Fisch

salchicha *f* Würstchen   **~ de Frankfurt** Frankfurter Würstchen, Wiener

salchichón *m* luftgetrocknete Salami, Hartwurstart

salero *m* Salzstreuer

salmón *m* Lachs   **~ ahumado** Räucherlachs   **~ fresco**
frischer Lachs   **~ marinado** gebeizter Lachs

salmonete *m* Rotbarbe, Meerbarbe   **salmonetes** *m pl* **fritos**
gebratene Rotbarben

salmorejo (cordobés) *m* gaz-
pachoähnliche, dickliche kalte
Suppe aus Brotkrume, Tomaten,
Knoblauch, Öl und Essig, hart
gekochten Eiern und Stückchen
von rohem Schinken (● Andalucía)   **~ de conejo a la**

extremeña gebeizte und gebratene Kaninchenstücke
(● Extremadura)   **~ de ternera** gebeiztes und in der Beize
gekochtes Kalbfleisch

salmuera *f* Salzlake   **en salmuera** gepökelt

salpicón *m* Salat aus Fisch und Meeresfrüchten, Zwiebeln,
Tomaten, Paprikaschoten und
Kräutervinaigrette   **~ de langosta** Langustensalat   **~ de
mariscos** Meeresfrüchtesalat

salpimentar mit Salz und Pfeffer
würzen

salsa *f* Sauce   **~ amarilla** gelbe
(Safran-)Sauce   **~ bechamel**
Béchamelsauce   **~ blanca** weiße Sauce   **~ de almendras**
Mandelsauce   **~ de tomate** Tomatensauce   **~ española**
Wein-Knoblauch-Sauce mit Gewürzen   **~ marinera** Sauce
aus Fischfond und Gemüsebrühe, Wein und Knoblauch
 ~ mayonesa Mayonnaise   **~ picante** scharfe Sauce
 ~ tártara Tartarsauce, Remouladensauce   **~ verde** grüne

(Kräuter-Sauce)   **~ vinagreta** Vinaigrette-Sauce (Öl, Essig, Kräuter)

salteado in der Pfanne gebraten bzw. geschwenkt

salvia *f* Salbei

samfaina (KATALAN.) *f* Art Ratatouille: in Öl geschmorte Tomaten, Paprikaschoten, Auberginen, Zucchini und Zwiebeln (● Cataluña)

sancocho *m* **canario** mit Kartoffeln und Süßkartoffeln gekochter Fisch mit ▸ *mojo* (● Islas Canarias)

sandía *f* Wassermelone

San Pedro (pez de ~) *m* Petersfisch

sardina *f* Sardine   **sardinas** *fpl* **a la brasa** gegrillte Sardinen   **~ en aceite** Ölsardinen   **~ en escabeche** marinierte Sardinen   **~ fritas** frittierte Sardinen

sargo *m* Art Geißbrasse

sazonar würzen

segundo plato *m* zweiter Gang

sémola *f* Grieß   **~ de grano duro** Hartweizengrieß

sepia *f* Tintenfischart, Sepia

sesos *m pl* Hirn   **~ a la romana** in Ausbackteig getunktes und in Öl frittiertes Hirn   **~ de cordero** Lammhirn   **~ de ternera** Kalbshirn   **~ huecos** kleine, in schwimmendem Öl ausgebackene Hirnkrapfen

seta *f* Pilz   **setas** *fpl* **al ajillo** in Olivenöl gebratene Pilze mit Knoblauch und Petersilie   **~ de cardo** Waldausternpilze

sin sal salzlos

sobrasada *f* Paprikastreichwurst (● Mallorca)

sofrito *m* Grundsauce aus gebratenen Zwiebeln, Knoblauch und Tomaten

soja *f* Soja

soldaditos *m pl* **de Pavía** in Ausbackteig frittierte Stockfischstreifen (● Madrid)

soletilla *f* Löffelbiskuit

solomillo *m* Filet   **~ a la pimienta** Pfefferfiletsteak   **~ de buey** Ochsenfilet   **~ de cerdo** Schweinefilet   **~ de ternera** Kalbsfilet   **~ de ternera a la parrilla** gegrilltes Kalbsfilet   **~ de vaca** Rinderfilet

sopa *f* Suppe   **~ castellana** Knoblauchsuppe mit Paprika und Ei (● Castilla-León)   **~ de ajo** Knoblauchsuppe

~ **de arroz** Reissuppe   ~ **de castañas** heiße Kastanien-cremesuppe (● Galicia)   ~ **de cebolla** Zwiebelsuppe ~ **de fideos** Nudelsuppe   ~ **de mariscos** Suppe aus Meeres-früchten   ~ **de pescado** Fischsuppe   ~ **de picadillo** Reissuppe mit Schinken und hart gekochten Eiern in einer Fleischbrühe (● Andalucía)   ~ **de rape** Seeteufelsuppe mit Tomaten, Zwiebeln, Knoblauch oder Mandeln und Safran (● Cataluña)   ~ **de tomillo** Brotsuppe mit Thymian (● Cataluña)   ~ **de verduras** Gemüsesuppe ~ **mallorquina** eintopfähnliche Suppe aus Brot, Tomaten, Kohl, Zwiebeln und Knoblauch (● Baleares)

sorbete *m* Sorbet (Fruchtsaft-Wasser-Eis)

soso fad(e)

soufflé / suflé *m* Soufflé (feiner Auflauf mit Eischnee)

suizo *m* süßes Hefebrötchen

suplemento *m* Zuschlag

suprema *f* das beste Stück vom Fisch oder Geflügel (aus der Brust oder dem Rücken)   **supremas** *fpl* **de merluza** Seehechtfilets (aus dem Rückenstück)

suquet *m* **de peix** (KATALAN.) Fischeintopf mit einer Sauce aus Tomaten, Zwiebeln, Knoblauch, Petersilie, Weinbrand, Wein, Gewürzkräutern, evtl. Anisschnaps und Mandeln (● Cataluña)

surtido *m* Auswahl   ~ **de ahumados** *m pl* gemischte Räucherplatte   ~ **de embutidos (de fiambres)** Aufschnittplatte

T

tabla *f* (Holz-)Platte   ~ **de embutidos** *f* Aufschnittplatte ~ **de quesos** Käseplatte

tacos *m pl* Würfel zum Aperitif   ~ **de jamón** kleine Schinkenwürfel   ~ **de queso** kleine Käsewürfel

tajada *f* (*regional für*) Scheibe (z. B. Fleisch, Melone)

tallarines *m pl* Bandnudeln, Tagliatelle

tamaño *m* Größe   **según** ~   je nach Größe

tapas *f pl* kleine Portionen landestypischer Gerichte (Vorspeisen

und   Appetithäppchen)   ~ **variadas** *tapas*-Aus-
wahl

tarrina / terrina *f* Terrine: Pastete aus Fisch, Leber oder Gemüse
~ **de salmón** Lachsterrine

tarro *m* Einmach-Topf, Konservenglas

tarta *f* Torte   ~ **al whisky** Whisky-Eistorte   ~ **de frutas**
Obsttorte   ~ **de limón** Zitronentorte   ~ **de manzana**
Apfeltorte   ~ **de queso** Käsetorte   ~ **helada** Eistorte

tejas *f pl* feines dachziegelförmiges Mandel-Honig-Gebäck

templado lauwarm

tenca *f* Fluss-Schleie

tenedor *m* Gabel

tentempié *m* kleiner Imbiss zwischendurch

ternasco *m* Milchlamm   ~ **asado** Milchlammbraten

ternera *f* Kalb, Kalbfleisch   ~ **asada** Kalbsbraten   ~ **gui-**
sada geschmortes Kalbfleisch   ~ **guisada a la jardinera** geschmortes Kalbfleisch mit Gartengemüse   ~ **lechal**
Milchkalb

terrón de azúcar *m* Zuckerwürfel

tibio lauwarm

tierno zart

tocino *m* Speck   ~ **de cielo** puddingähnliche Süßspeise aus
Eigelb und Zucker

tomate *m* Tomate   **tomates** *m pl* **rellenos** gefüllte Tomaten

tomillo *m* Thymian

toro *m* Stier

torrezno *m* knusprig gebratene Speckscheibe

torrijas *f pl* „arme Ritter"

torta *f* Fladen; Torte   ~ **de aceite** mit Anislikör und Kreuzanis
gewürzte, kleine runde Fladen (● Andalucía)   ~ **de**
chicharrones Fladen mit Speckgrieben

tortel *m* gefüllter Kranzkuchen

tortilla *f* Omelette   ~ **de calabacín** Zucchini-Omelette
~ **de champiñones** Champignon-Omelette   ~ **de espinacas**
Spinat-Omelette   ~ **de gambas**
Omelette mit Garnelen   ~ **de jamón**
Schinken-Omelette   ~ **de patatas**
Kartoffel-Omelette   ~ **española**
Kartoffel-Omelette (mit oder ohne

Zwiebeln)   ~ **(a la) francesa** Omelette natur (nur mit Eiern)

tostada *f* geröstete (Toast-)Brotscheibe   ~ **con aceite** geröstete Brotscheibe mit Öl   ~ **con mantequilla** Toast mit Butter

tostado geröstet, getoastet

tournedó / turnedó *m* Tournedos (kleine, dicke Filetscheibe)   ~ **de ternera** Jungrind- oder Kalbsfiletscheibe

trigo *m* Weizen

trinchar tranchieren

troceado in Stücke geschnitten

tronco *m* Mittelstück (Fisch, Fleisch)   ~ **de merluza** Mittelstück vom Seehecht   ~ **de rape** Mittelstück vom Seeteufel

trozo *m* Stück

trucha *f* Forelle   ~ **ahumada** geräucherte Forelle   ~ **asalmonada** Lachsforelle   ~ **a la navarra** (~ **rellena de jamón**) mit Schinken gefüllte, gebratene Forelle (● Navarra)   ~ **de río** Bachforelle   ~ **de vivero** Zuchtforelle   ~ **escabechada** marinierte Forelle   ~ **a la molinera** ("meunière") Forelle „Müllerin"

trufado getrüffelt   **trufa** *f* Trüffel   **trufas** *fpl* **de chocolate** Schokoladentrüffeln

tuétano *m* (Knochen-)Mark

turbot *m* Steinbutt

turrón *m* typische Süßigkeit zu Weihnachten aus z. B. Nüssen, Mandeln, Honig, Marzipan, kandierten Früchten usw. (● Valencia)   ~ **de Alicante** harter *turrón* aus ganzen Mandeln und Honigmasse   ~ **de Jijona** weicher *turrón* aus gemahlenen Mandeln und Honig

U

urta *f* andalusischer Name für Zahnbrasse   ~ **a la gaditana** Zahnbrasse in Knoblauch-Essig-Weinsauce (● Andalucía)

uva *f* Weintraube   ~ **blanca** weiße Trauben   ~ **moscatel** Muskatellertrauben   ~ **negra** blaue Trauben

V

vaca *f* Kuh, Rind

vainas *fpl* Lokalbezeichnung für grüne Bohnen (● País Vasco, Asturias, La Rioja)

vainilla *f* Vanille

al vapor gedämpft, im Dampf gegart

variado gemischt   **variado** *m* Auswahl

vegetal pflanzlich

vegetariano *f* vegetarisch; Vegetarier

venado *m* Hirsch

ventrecha / ventresca *f* Bauchfleisch des Tunfischs

verbena *f* gemischte kalte Platte   ~ **de canapés** verschiedenartig belegte Brotscheiben

verdel *m* dem Hornhecht ähnlicher Fisch (Lokalname im Baskenland: *sarda*)

verduras *f pl* Gemüse

vieira *f* Jakobsmuschel (● Galicia)
vieiras *f pl* **al horno** überbackene Jakobsmuscheln

vieja *f* Schleimfisch (weißfleischiger, feiner Fisch von den Kanarischen Inseln)

villagodio *m* Rindfleischkotelett vom Grill (● País Vasco)

vinagre *m* Essig   ~ **de frambuesas** Himbeeressig   ~ **de jerez** Sherryessig   ~ **de manzana** Apfelessig   ~ **de vino** Weinessig

vinagreras *f pl* Menage, Öl- und Essigständer

vinagreta *f* Vinaigrette-Sauce

virutas *f pl* **de jamón** handgeschnittene, dünne Schinkenscheiben

vitaminas *f pl* Vitamine

vizcaina (a la ~) Sauce auf der Basis von Zwiebeln, Tomaten, Knoblauch, Petersilie und kleinen, getrockneten Tomatenpaprikas, die sowohl für Fisch als auch für Fleisch verwendet wird (● País Vasco)

volován *m* Blätterteigpastete, Königinpastete

a voluntad nach Belieben

X

xuxo(suso) *m* (KATALAN.) mit Vanillecreme gefülltes, krapfenähnliches Gebäck (● Cataluña, Valencia)

Y

yema (de huevo) *f* Eigelb, Eidotter

yemas *f pl* sehr süßes, eidotterförmiges Konfekt aus Eigelb und Zucker ~ **de Santa Teresa** Lokalbezeichnung (● Avila / Castilla-León) für die *yemas*

yogur *m* Joghurt

Z

zamburiña *f* bunte Kammmuschel (ähnlich wie die Jakobsmuschel, aber kleiner)

zanahoria *f* Karotte, Möhre

zarangollo *m* geschmortes Zucchini-(Kartoffel-)Zwiebelgemüse (● Murcia)

zarzamora *f* Brombeere

zarzuela *f* **(de pescado)** Schmorgericht aus verschiedenen Fischen und Meeresfrüchten mit einer Sauce aus Wein, Knoblauch, Tomaten, Zwiebeln, Petersilie, Thymian und Lorbeer (● Cataluña)

zorongollo *m* Salat aus gerösteten Paprikaschoten und Tomaten, der mit dem Gemüsesaft, Olivenöl und Essig angemacht wird (● Extremadura)

zoque *m* *gazpacho*-Art mit Tomaten, Knoblauch, grünen Paprikaschoten, Brot, Öl und Essig (● Andalucía)

zurracapote *m* in Rotwein gekochtes Trockenobst (● País Vasco)

Hinweise zur Benutzung

Die **fett** gedruckten Stichwörter werden in der Wiederholung durch eine Tilde ~ ersetzt.

Der Pfeil ▶ verweist auf einen anderen Eintrag.

Im gesamten Buch verwendete Abkürzungen: *m* = *masculino* (männlich), *f* = *femenino* (weiblich), *pl* = *plural* (Mehrzahl)

A

Aal anguila *f*
Abendessen cena *f*
Ananas piña *f*
Anchovis anchoa *f*
anmachen sazonar, aliñar
Apfel manzana *f*
  ~kuchen tarta *f* de
  manzana, pastel *m* de
  manzana **~mus**
  puré *m* de manzana
Apfelsine naranja *f*
  ~nsaft zumo *m* de
  naranja
Aprikose albaricoque *m*
Appetithäppchen tapa *f*,
  tapita *f*

Artischocke alcachofa *f*
Aschenbecher cenicero *m*
Aubergine berenjena *f*
Auflauf souflé *m*, gratín /
  gratén *m*
Aufschnitt fiambres *m pl*,
  embutidos *m pl*
aufwärmen calentar,
  recalentar
Ausgebackenes frito *m*,
  fritura *f*
ausgezeichnet excelente
auspressen exprimir
Auster ostra *f*

Austernpilz míspero *m*,
  seta *f* de cardo
Auswahl surtido *m*
Avocado aguacate *m*

B

backen cocer, guisar (en el
  horno), hornear
Backofen horno *m*
Backpflaume ciruela *f* pasa
Bäckerei panadería *f*
Baiser merengue *m*
Banane plátano *m*
Bandnudeln tallarines *m pl*,
  cintas *f pl*
Basilikum albahaca *f*
bedienen servir
Bedienungsgeld servicio *m*
Beefsteak bistec *m*
Beignet buñuelo *m*
Beilage guarnición *f*
  ~ nach Wunsch guarni-
  ción al gusto
Beleg recibo *m*
belegtes Brot bocadillo *m*,
  sandwich *m*, canapé *m*,
  montadito *m*
Besteck cubierto *m*
bestellen pedir, encargar
Bestellung encargo *m*,
  comanda *f* **auf ~** por
  encargo
Birne pera *f*
Bissen bocado *m*
bitter amargo
Blätterteig hojaldre *m*
  ~gebäck milhojas *m*,
  hojaldritos *m pl*
  ~pastete empanada /

A

B

empanadilla *f* / pastel *m*
de (z. B. ~ de atún)
Blaubeere arándano *m*
Blaukraut (col) lombarda *f*
Blumenkohl coliflor *f*
~**auflauf** gratín / gratén
m de coliflor
Blutwurst morcilla *f*
Bohne judía *f*, alubia *f*
Bonbons caramelos *m pl*
Bouillon consomé *m*
Brasse sargo *m*
braten asar
Braten asado *m*
Brathähnchen pollo *m*
asado
Bratkartoffeln patatas *f pl*
salteadas, patatas (fritas)
a lo pobre
Bratpfanne sartén *f*
Bratwurst salchicha *f* frita /
asada
Brei puré *m*, papilla *f*
Bries mollejas *f pl*
Brokkoli brécol *m*, bróculi /
brócoli *m*
Brombeere (zarza)mora *f*
Brot pan *m*
Brötchen panecillo *m*
Brotkrume miga *f* de pan
Brotscheibe rebanada *f* de
pan
Brühe caldo *m*
Brust *(Schwein, Kalb)*
pecho *m*
Brustfleisch, Bruststück
(Geflügel) pechuga *f*
Büchse lata *f*

Bückling arenque *m*
ahumado
Buffet buffet / bufé *m*

Butter mantequilla *f*

C

Champignons champiñones
m pl
Chicoree endibia *f*
Chili(schote) guindilla *f*,
ají *m*
Creme crema *f*
Croissant croi(s)sant *m*,
croisán *m*

D

Dampf vapor *m*
Dattel dátil *m*
Dessert postre *m*
Diät dieta *f*, régimen *m*
~**kost** alimentos *m pl*
dietéticos / de régimen,
comida *f* dietética / de
régimen   ~**menü**
menú *m* dietético /
de régimen
dick grueso, *(dickflüssig)*
espeso
Distel cardo *m*
Dill eneldo *m*
Dörrobst fruta *f* seca
Dorsch bacalao *m* fresco

Dose lata *f*
Dosenöffner abrelatas *m*
Duft aroma *m*, buen olor *m*
dünn delgado, fino
dünsten rehogar
durchgebraten bien hecho
Durst sed *f* ～ **haben** tener sed
Dutzend docena *f*

E

Ei huevo *m* ～**dotter** yema *f* de huevo ～**weiß** clara *f* de huevo
Eierkuchen tortilla *f*
einfrieren congelar
einlegen marinar, macerar
Eintopf puchero *m*, cocido *m*, pote *m*
Eis helado *m* **gemischtes** ～ helado *m* variado
Eisbein codillo *m* de cerdo hervido
Eiskaffee *(nur Kaffee und Wassereis)* granizado *m* de café, *(Kaffee mit Vanille- oder Sahneeis)* blanco y negro *m*
Eiskübel cubitera *f*
Eistorte tarta *f* helada
Eistüte cucurucho *m* de helado
Eiswürfel cubitos *m pl* de hielo
empfehlen recomendar
Endivie escarola *f*
Ente pato *m*
Entenbrustfilet magret *m* de pato

Enten(stopf)leber hígado *m* de pato, foie gras *m* de pato
Erbse guisante *m*
Erdbeere fresa *f*, fresón *f*
Erdbeereis helado *m* de fresa
Erdmandel chufa *f*
Erdnuss cacahuete *m*
Erfrischung refresco *m*
Ernährung alimentación *f*
essen comer
Essen comida *f*
Essig vinagre *m* ～**gurken** pepinillos *m pl* en vinagre ～**ständer** vinagreras *f pl*
Esskastanien castañas *f pl*
Esslöffel cuchara *f* ～ **voll** cucharada *f*
extra *(zusätzlich)* además; *(zusätzlich berechnet)* con suplemento

F

fad(e) soso, insípido
Fadennudeln fideos *m pl* finos, fideos *m pl* de cabello de ángel
Fasan faisán *m*
Feige higo *m*
fein *(dünn)* fino; *(gut)* exquisito, delicado
Feinschmecker gourmet *m*
Feldsalat hierba *f* del canónigo *m*, colleja *f*
Fenchel hinojo *m*
Ferkel cochinillo *m*
fertig listo
Festpreismenü menú *m* a precio fijo

E

F

fett graso
Fett grasa *f*
Feuer fuego *m*
Filet *(Fisch)* filete (de pescado) *m*, *(Steak)* solomillo *m*

Fisch pescado *m*
  ~**besteck** cubierto *m* de pescado   ~**gabel** tenedor *m* de pescado
  ~**messer** cuchillo *m* de pescado   ~**markt** mercado *m* de pescado
  ~**suppe** sopa *f* de pescado
Flasche botella *f*
Flaschenöffner abridor *m*
Fleisch carne *f*   ~**gericht** plato *m* de carne
  ~**klößchen** albóndiga *f*, albondiguilla *f*
Flügel ala *f*
Flusskrebs cangrejo *m* de río
Forelle trucha *f*
  geräucherte ~ trucha ahumada
Frankfurter Würstchen salchichas *f pl* de Francfort/Frankfurt
Frikadelle hamburguesa *f*
frisch fresco

Frischkäse queso *m* fresco
frittiert frito
Frucht fruta *f*   ~**saft** zumo *m* de fruta
Frühstück desayuno *m*
Frühstücksbuffet buffet *m* de desayuno
Frühstücksraum salón *m* / sala *f* de desayunos
Füllung relleno *m*

G

Gabel tenedor *m*
Gang plato *m*   **erster** ~ primer plato   **zweiter** ~ segundo plato
Gans oca *f*, ganso *m*
Gänseleberpastete foie gras *m* (de oca, de ganso)
ganz entero
gar en su punto
Garnelen gambas *f pl*
Gast cliente *m*, huésped *m*, comensal *m*
Gasthof fonda *f*, hostal *m*
Gaststätte restaurante *m*
Gebäck galletas *f pl*, pastas *f pl*
gebacken *(im Fett)* frito, *(im Ofen)* cocido en el horno
gebraten *(im Ofen)* asado, *(in der Pfanne)* frito
gedämpft al vapor
Gedeck cubierto *m*
gedünstet rehogado
Geflügel aves *f pl*
gefüllt relleno
gegrillt a la parrilla, a la brasa, a la plancha
gehackt picado

G

gekocht cocido, hervido
  ~er Schinken jamón *m*
  York, jamón *m* cocido
gemischt mixto, variado
  ~er Salat ensalada *f*
  mixta / variada
  ~er Vorspestenteller
  entremeses *m pl* variados
Gemüse verdura *f,* hortalizas *f pl*   **~suppe** sopa *f*
  de verduras
genug bastante, suficiente
gepfeffert picante, fuerte de
  pimienta
geräuchert ahumado
  ~e Forelle trucha *f*
  ahumada   **~er Lachs**
  salmón *m* ahumado
  ~er Schinken jamón *m*
  ahumado
Geräuchertes ahumados *m pl*
Gericht plato *m,* comida *f*
gerieben rallado   **~er Käse**
  queso *m* rallado
geröstet tostado
Geruch olor *m*
gesalzen salado
Geschmack gusto *m,* sabor *m*
geschmort estofado, guisado
gespickt mechado
gesüßt azucarado,
  endulzado
Getränk bebida *f*   **~ekarte**
  carta *f* de bebidas
getrüffelt trufado
Gewürz especia *f,*
  condimento *m*
  ~kräuter hierbas *f pl*
  aromáticas   **~nelke**

clavo *m*   **~gurken**
pepinillos *m pl*
aliñados/condimentados
en vinagre
Glas vaso *m*   **ein ~ Milch /**
Wasser / Wein un vaso *m*
de leche / de agua / de
vino
Goldbrasse dorada *f*

Gourmet gourmet *m*
Grapefruit pomelo *m*
gratiniert gratinado
Graubrot pan *m* de centeno,
  pan *m* moreno
Grill parrilla *f,* asador *m*
  ~hähnchen pollo *m*
  asado (al ast)   **vom ~**
  a la parrilla
grüne Bohnen judías *f pl*
  verdes
Gurke pepino *m*   **~nsalat**
  ensalada *f* de pepino
gut bueno   **~ durch(ge-**
braten) bien hecho

H

hacken picar
Hackfleisch carne *f* picada
Hacksteak filete *m* ruso
Hähnchen pollo *m*
Hafer avena *f*   **~flocken**
  copos *m pl* de avena

Haifisch tiburón *m*
halb medio   **~ durch(ge-braten)** medio hecho
   ~e Portion media ración *f*
   ~es Dutzend media
   docena *f*
Hammel carnero *m*
Häppchen bocadito *m*,
   tapa *f*
Happen bocado *m*,
   tentempié *m*
hart duro   **~ gekochte
Eier** huevos *m pl* duros
Hartwurst salchichón *m*
Hase liebre *m*
Haselnuss avellana *f*
Hauptgericht plato *m*
   principal
hausgemacht casero
Hausmannskost comida *f*
   casera
Haxe pierna *f*, pata *f*,
   jarrete *m*, codillo *m*
Hecht lucio *m*
Herd cocina *f*, fogón *m*
heiß caliente
Hering arenque *m*
geräucherter ~ arenque *m*
   ahumado
Herz corazón *m*
Himbeere frambuesa *f*
Hirn sesos *m pl*
Hirsch ciervo *m*, venado *m*
Holzofen horno *m* de leña
   aus dem ~ al horno de
   leña
Honig miel *f*
Hörnchen croi(s)sant *m*,
   croisán *m*, cruasán *m*

Huhn pollo *m*, *(Suppenhuhn)*
   gallina *f*
Hummer bogavante *m*
Hunger hambre *m*
hungrig sein tener hambre

I

Imbiss piscolabis *m*,
   tentempié *m*, refrigerio *m*
Ingwer genjibre *m*
Innereien asaduras *f pl*
   ~ vom Geflügel menudillos *m pl*

J

Jakobsmuschel vieira *f*
Jogurt yogur *m*
Johannisbeere grosella *f*

K

Kabeljau bacalao *m* fresco
Kaisergranat cigala *f*
Kaktusfeige higo *m* chumbo
Kalb ternera *f*   **~fleisch**
   carne *f* de ternera
   ~sbraten asado *m* de
   ternera, ternera *f* asada
   ~sfilet solomillo *m* de
   ternera   **~skotelett**
   chuleta *f* de ternera
   ~sleber hígado *m* de
   ternera   **~sschnitzel**
   escalopa *f* de ternera, filete
   m de ternera   **~szunge**
   lengua *f* de ternera
kalt frío   **~e Bratenplatte**
   carnes *f pl* frías, surtido *m*
   de asados fríos   **~e
Platte** (plato *m* de)
   fiambres *m pl* variados

I
J
K

~es Buffet buffet / bufé *m* frío

Kamillentee (infusión *m* de) manzanilla *f*

kandiert escarchado   **~e Früchte** frutas *f pl* escarchadas

Kaninchen conejo *m*

Kantine cantina *f*, comedor (colectivo) *m*

Kaper alcaparra *f*, tápena *f*, *(große Kaper)* alcaparrón *m*

Karde cardo *m*

Karotte zanahoria *f*

Karte *(Speisekarte)* carta *f*

Kartoffel patata *f*   **~brei, ~püree** puré *m* de patata **~salat** ensaladilla *f* de patatas

Käse queso *m*   **~platte** tabla *f* de quesos, surtido *m* de quesos

Kasse caja *f*

Kastanie castaña *f*

kauen masticar

Kaugummi chicle *m*

Kekse galletas *f pl*

Kellner – Kellnerin camarero *m* – camarera *f*

Kichererbse garbanzo *m*

Kindermenü menú *m* infantil

Kirsche cereza *f*

Kiwi kiwi *m*

klare Brühe consomé *m*

Klößchen albondiguilla *f*

Knoblauch ajo *m* **~mayonnaise** alioli *m*, ajioli *m*, ajoaceite *m*

Knochen hueso *m*

knusprig crujiente

Koch – Köchin cocinero *m* – cocinera *f*

kochen cocinar

Kochtopf cazuela *f*, olla *f*

Kohl col *f*, repollo *m*

Kompott compota *f*

Kondensmilch leche *f* condensada

Konditorei pastelería *f*

Kopfsalat lechuga *f*

Koriander cilantro *m*, culantro *m*

Korkenzieher sacacorchos *m*

K

Kost comida *f,* alimento *m*
kosten probar, degustar
köstlich delicioso, exquisito
Köstlichkeit deleite *m,*
   delectación *f*
Kotelett chuleta *f*
Krabben gambas *f pl*
Krake pulpo *m*
Krapfen buñuelo *m*
Kraut col *f*
Kräuter hierbas *f pl*
Krebs cangrejo *m*
Kroketten croquetas *f pl*
Kruste corteza *f*
Krustentiere crustáceos *m pl*
Küche cocina *f* ~**nchef**
   jefe *m* de cocina, chef *m*
   ~**ngeschirr** bateria *f* de
   cocina ~**nherd** coci-
   na *f,* fogón *m*
   ~**nkräuter** hierbas *f pl*
   culinarias
Kuchen pastel *m*
Kümmel comino *m*

Kürbis calabaza *f*
Kutteln callos *m pl*

L

Lachs salmón *m* ~**forelle**
   trucha *f* asalmonada

Lamm cordero *m* ~**braten**
   cordero *m* asado, asado *m*
   de cordero ~**fleisch**
   carne *f* de cordero
   ~**keule** pierna *f* de cordero
   ~**kotelett** chuleta *f* de
   cordero ~**schulter**
   espalda *f* de cordero
Landbrot pan *m* de pueblo,
   pan *m* de payés
Languste langosta *f*

Langustine cigala *f*
Lauch puerro *m*
lauwarm templado, tibio
Leber hígado *m* ~**pastete**
   foie gras *m*
lecker rico, delicioso
Leckerbissen delicia *f,*
   plato *m* exquisito,
   manjar *m* delicado,
   bocado *m* de cardenal
leer vacío
leicht ligero ~ **verdaulich**
   fácil de digerir, ligero
Lende lomo *m*
Limette lima *f*
Linsen lentejas *f pl*
Löffel cuchara *f*

L

Lorbeer laurel *m*   ~**blatt**
   hoja *f* de laurel
Löwenzahn diente *m* de
   león

M

mager magro
mahlen rallar
Mahlzeit comida *f*
Mais maíz *m*   ~**kolben**
   panocha *f* de maíz
Makkaroni macarrones *m pl*
Makrele caballa *f*
Mandel almendra *f*
Mangold acelga *f,*
   acelgas *f pl*
Margarine margarina *f*
mariniert adobado,
   marinado
Marmelade mermelada *f*
Maronen castañas *f pl*
Marzipan mazapán *m*
Mayonnaise mahonesa *f,*
   mayonesa *f*
Meeräsche mújol *m*
Meeresfrüchte mariscos *m pl*

Meerspinne centollo *m*
Mehl harina *f*
mehr más
Melone melón *m*

Menü menú *m*   ~ **zum**
   festen Preis menú *m* a
   precio fijo
Messer cuchillo *m*
Miesmuschel mejillón *m*
Mikrowelle(nherd)
   microondas *m*
Milch leche *f*   ~**kalb**
   ternera *f* lechal   ~**lamm**
   cordero *m* lechal
   ~**mixgetränk** batido *m*
   ~**reis** arroz *m* con leche
Minze menta *f*

Mispel níspero *m*
mit con   ~ **Aufpreis** con
   suplemento *m*
Mittagessen almuerzo *m,*
   comida *f*
Möhre zanahoria *f*
Mürbeteig pasta *f* quebrada
Muscheln almejas *f pl*
Mus puré *m*
Muskatnuss nuez *f* moscada

N

Nachspeise, Nachtisch
   postre *m*
Nahrungsmittel alimentos
   m pl
natur *(ohne Sauce oder*
   Zutaten) natural,
   al natural
Nelke clavo *m*

Nieren riñones *m pl*
Nudeln pasta *f,* fideos *m pl*
Nudelsuppe sopa *f* de fideos
Nuss nuez *f*
Nussknacker cascanueces *m*

O

Ober camarero *m*
Oberkellner maître
   (d'hôtel) *m*
Obst fruta *f*   **~kuchen**
   pastel *m* de frutas, tarta *f*
   de frutas   **~salat**
   macedonia *f* de frutas
Ochse buey *m*
   ~nschwanz rabo *m* de
   buey
ohne sin   **~ Salz** sin sal
Öl aceite *m*
Ölspritzgebäck churro *m*
Oliven aceitunas *f pl,*
   olivas *f pl*   **~öl** aceite *m*
   de oliva
Omelette tortilla *f*

Orange naranja *f*   **~nsaft**
   zumo *m* de naranja
Oregano orégano *m*

P

paniert rebozado, empanado
Paprika *(Gewürz)* pimentón
   m, (Gemüse) pimiento *m*

Paprikaschote pimiento *m*
Pastete paté *m,* pastel *m*
Pellkartoffeln patatas *f pl*
   hervidas con piel
Petersilie perejil *m*
Pfahlmuschel mejillón *m*
Pfanne sartén *f*
Pfeffer pimienta *f*
   ~mühle molinillo *m* de
   pimienta   **~schote**
   guindilla *f,* ají *m*   **~steak**
   bistec *m* a la pimienta
Pfefferminztee infusión *f* de
   menta *f,* poleo *m*
Pfifferlinge níscalos *m pl,*
   cantarelas *f pl,*
   rebozuelos *m pl*
Pfirsich melocotón *m*
Pflanzenöl aceite *m* vegetal
Pflaume ciruela *f*
pikant picante, sabroso
Pilze setas *f pl,* hongos *m pl*
Pinienkerne piñones *m pl*
Platte fuente *f*
pochieren escalfar
pochierte Eier huevos *m pl*
   escalfados
Pommes frites patatas
   fritas *f pl*
Porree puerro *m*
Portion porción *f,* ración *f*
Pralinen bombones *m pl*
Preis precio *m*   **~ nach**
   Größe precio *m* según
   tamaño   **~ pro Person**
   precio *m* por persona
   ~ pro Stück precio *m* por
   unidad
probieren probar, degustar

Pudding pudín / púdding *m*, flan *m*

Pute – Puter pava *f* – pavo *m*

Q

Quark requesón *m*

Quitte membrillo *m*
~**nbrot** carne *f* de membrillo *m*, dulce *m* de membrillo

Quittung recibo *m*

R

Radieschen rabanitos / rabanillos *m pl*

Rahm nata *f* líquida, crema *f* de leche

Räucherlachs salmón *m* ahumado

Räucherschinken jamón *m* ahumado

Rebhuhn perdiz *f*

Rechnung cuenta *f*, nota *f*

Rechnungsfehler error *m* de cálculo, error *m* en la cuenta

Reformkost alimentos *m pl* dietéticos / de régimen

Reh corzo *m* ~**braten** asado *m* de corzo
~**rücken** lomo *m* de corzo

reif maduro

Reis arroz *m*

Reizker, Edelreizker *(Pilz)* níscalo *m*, robellón *m*

reservieren reservar

Rest resto *m*

Rezept receta *f*

Rind vacuno *m*, res *f*
~**fleisch** carne *f* de buey / de res ~**erbraten** asado *m* de buey
~**erfilet** solomillo *m* de buey

Rinde *(Brot)* corteza *f*

Rippchen chuleta *f*

Rippe costilla *f*

Roastbeef rosbif *m*

Roggenbrot pan *m* de centeno

roh crudo ~**er Schinken** jamón *m* curado, jamón *m* serrano

Rohkost crudités *f pl*

Rosenkohl col *f* de Bruselas

Rosine (uva) pasa *f*

Rosmarin romero *m*

Rost parrilla *f* **vom ~** a la parrilla

rösten asar, saltear, *(Brot)* tostar, *(Kaffee)* torrefactar

Röstkartoffeln patatas *f pl* salteadas, patatas *f pl* a lo pobre

Rotkohl col *f* lombarda

Roulade rollo *m*, rulada *f*

Rührei huevos *m pl* revueltos

russische Eier huevos *m pl* con mayonesa, huevos *m pl* rellenos

S

Safran azafrán *m*

Saft jugo *m*, zumo *m*

saftig jugoso

Sahne nata *f*, crema *f*

Salami salchichón *m*

Salat ensalada *f*   ~**gurke**
pepino *m*   ~**schüssel**
fuente *f* de ensalada
~**teller** plato *m* de
ensalada

Salbei salvia *f*

Salz sal *f*   ~**kartoffeln**
patatas *f pl* hervidas
~**streuer** salero *m*

salzig – salzlos salado – sin
sal

Sandwich sandwich *m*,
emparedado *m*, bocadillo *m*

Sardellen *(aus der Dose)*
anchoas *f pl*, *(roh)*
boquerones *m pl*

Sardine sardina *f*

Saubohnen habas *f pl*

Sauce salsa *f*

sauer ácido, agrio

Sauerkirsche guinda *f*

Sauerkraut chucrút *f*,
col *f* fermentada

Schaf oveja *f*   ~**skäse**
queso *m* de oveja

schälen pelar, mondar

Schale cáscara, *(Obst)* piel *f*

Schalentiere crustáceos *m pl*

scharf picante

Scheibe *(Brot)* rebanada *f*,
(Schinken) loncha *f*, *(Fisch,
Wurst, Zitrone)* rodaja *f*,
(Fleisch) filete *m*, tajada *f*

Schinken jamón *m*

Schlagsahne nata *f* montada

schlemmen comer
opíparamente

Schlemmer sibarita *m*

schmackhaft sabroso

Schmalz manteca *f*

Schmorbraten carne *f*
estofada, carne *f* braseada

Schnecken caracoles *m pl*

Schnellkochtopf olla *f* a
presión

Schnittlauch cebollino *m*

Schnitzel escalope *m*,
escalopa *f*, filete *m*

Schokolade chocolate *m*
~**nschaumcreme**,
~**nmousse** mousse /
mus *m* de chocolate

Scholle gallo *m*, solla *f*,
lenguadina *f*

Schulter espalda *f*
Schüssel fuente *f*
Schwarzbrot pan *m* negro
schwarzer Tee té *m* negro
Schwarzwurzel salsifí *m*
  negro
Schwein cerdo *m*
  ~ebraten asado *m* de
  cerdo **~efleisch** carne *f*
  de cerdo **~ekotelett**
  chuleta *f* de cerdo
  ~elende lomo / lomito *m*
  de cerdo **~ehaxe**
  codillo *m*, jarrete *m* de
  cerdo
Schweizer Käse gruyère *m*
Schwertfisch emperador *m*,
  pez *m* espada
Seebarsch, Seewolf lubina *f*
Seehecht merluza *f*
Seeteufel rape *m*
Seezunge lenguado *m*
Sellerie, Staudensellerie
  apio *m*
Semmel panecillo *m*
  ~bröseln pan *m* rallado,
  galleta *f* picada
Senf mostaza *f*
servieren servir
Serviette servilleta *f*
Sieb colador *m*
Sirup jarabe *m*
Spanferkel cochinillo *m*,
  lechón *m*
Spargel espárrago *m*
Speck tocino *m*
  durchwachsener ~
  tocino *m* entreverado,
  panceta *f*

Speise comida *f, (Gericht)*
  plato *m* **~karte** carta *f,*
  menú *m*
Spiegeleier huevos *m pl*
  fritos
Spieß(chen) brocheta *f,*
  pincho *m*, pinchito *m*
Spinat espinacas *f pl*
Spritzgebäck churros *m pl*
Steak bistec *m*
Steinbutt rodaballo *m*
Steinpilze boletos *m pl*

Stockfisch bacalao *m*
Stück pedazo *m*, trozo *m*,
  pieza *f*
Sülze aspic *m*
Suppe sopa *f* **~nteller**
  plato *m* sopero, plato *m*
  hondo
süß dulce
Süßstoff sacarina *f,*
  edulcorante *m*, endul-
  zante *m*

T
Tablett bandeja *f*
Tagesgericht plato *m* del día
Tageskarte *(Menü des Tages)*
  menú *m* del día
Tasse taza *f* **~ Kaffee**
  taza *f* de café **~ Tee**
  taza *f* de té

T

Taube paloma *f*, pichón *m*
Teller plato *m*
teuer caro
Thymian tomillo *m*
Tiefkühlkost alimentos *m pl* congelados
Tintenfisch calamar *m*
Tisch mesa *f*
Toastbrot pan *m* tostado, pan *m* toast, tostada *f*
toasten tostar
Tomate tomate *m*   ~nsaft jugo *m* de tomate   ~nsalat ensalada *f* de tomate   ~nsauce salsa *f* de tomate
Torte tarta *f*, pastel *m*
Touristenmenü menú *m* turístico
(Wein-)Trauben uvas *f pl*
trinken beber
Trinkgeld propina *f*
trocken seco
Trockenfrüchte frutos *m pl* secos
Trüffel trufa *f*
Truthahn – Truthenne pavo *m* – pava *f*
Tunfisch atún *m*, bonito *m*

U

überbacken gratinar; gratinado
umrühren remover

V

Vanille vainilla *f*   ~eis helado *m* de vainilla   ~creme natillas *f pl*
Vegetarier vegetariano *m*

vegetarisches Restaurant restaurante *m* vegetariano
Venusmuschel almeja *f*
versalzen salado
Verzehr consumición *m*
viel mucho
Vollkornbrot pan *m* integral
Vorbestellung, auf ~ por encargo
Vorspeise entremés *m*, entrante *m*
vorzüglich excellente

W

Wachtel codorniz *f*
Waffel barquillo *m*, gofre *m*
Wahl elección *f*   **nach ~** a elegir, a elección
Walderdbeeren fresas *f pl* del bosque, fresas *f pl* silvestres
Walnuss nuez *f*
warm caliente   ~e Vor-speisen entremeses *m pl* calientes
Wasser agua *f*
melone sandía *f*
weich *(Fleisch)* tierno, blando   ~es Ei huevo *m* pasado por agua
Weintraube uva *f*
weiß blanco
Weißbrot pan *m* blanco
Weißkohl, Weißkraut col *f*, repollo *m*
Weißfisch merlán *m*
Wels, Waller siluro *m*
(ein) wenig (un) poco (de)
weniger menos
wie viel? ¿cuánto?

Wild caza *f,* venado *m*
  ~ente pato *m* salvaje
  ~kaninchen conejo *m* de
  monte / de bosque
  ~schwein jabalí *m*
Windbeutel (mit Schlag-
  sahne) lionesa *f* de nata,
  bocadito *m* de nata
Wirsing col *f* rizada
Wirt dueño *m,* propietario *m*
  (de un restaurante)
wohlschmeckend sabroso
Wolfsbarsch lubina *f*
Würfelzucker azúcar *m* en
  terrones
Wurst embutido *m,*
  salchicha *f*
Würstchen salchicha *f*
Wurstwaren embutidos *m pl,*
  chacinas *f pl,* charcutería *f*
würzen condimentar,
  sazonar

Z

Zackenbarsch mero *m*
zäh *(Fleisch)* duro
Zahnbrasse dentón *m*
Zahnstocher palillo *m*
zart tierno
Zicklein cabrito *m*
Ziege cabra *f*   ~nkäse
  queso *m* de cabra

Zimt canela *f*   ~stange
  canela *f* en rama
Zitronat cidra *f* confitada
Zitrone limón *m*   ~nsaft
  zumo *m* de limón
zubereiten preparar, guisar,
  cocinar
Zubereitung preparación *f*
zu empfehlen recomendable
zu fad(e) – zu scharf
  demasiado soso –
  demasiado picante
zu viel – zu wenig
  demasiado – demasiado
  poco
Zucchini calabacines *m pl*
Zucker azúcar *m*   ~bäcker
  confitero *m,* pastelero *m*
  ~würfel terrón *m* de
  azúcar
Zunge lengua *f*
Zwieback biscote *m,* pan *m*
  tostado
Zwiebel cebolla *f*   ~suppe
  sopa *f* de cebolla
Zwischenmahlzeit
  tentempié *m,* piscolabis *m*

Z

Nie sprachlos in Spanien

Im Restaurant ... 332

Im Hotel ... 344

Hotelvokabular Deutsch – Spanisch ... 361

In Läden und Fachgeschäften ... 369

Telefonieren ... 372

Zur besseren Verständigung ... 378

Die wichtigsten Aussprachegeln ... 391

AUF DER SUCHE NACH EINEM RESTAURANT

Können Sie uns ein gutes Restaurant empfehlen?	¿Nos puede recomendar un buen restaurante?
Sicher, ich kenne ein gutes und nicht zu teures.	Por supuesto, conozco uno bueno y no demasiado caro.
Wo kann man gut und preiswert essen?	¿Dónde se puede comer bien y a buen precio?
Gehen Sie in dieses Lokal. Da isst man sehr gut und es ist nicht teuer.	Vaya usted a ese restaurante. Está muy bien y no cuesta mucho.

IM RESTAURANT VOR DER BESTELLUNG

Guten Morgen!	¡Buenos días, señor/señora/señorita!
Guten Tag!	¡Buenos días! / *(nach dem Mittagessen)* ¡Buenas tardes!
Guten Abend!	¡Buenas tardes! / *(nach Sonnenuntergang)* ¡Buenas noches!
Für wie viele Personen, bitte?	¿Cuántas personas son ustedes?
Wir sind ...	Somos ...
Folgen Sie mir, bitte.	Síga(n)me, por favor.

Können wir einen Tisch am Fenster haben?	¿Nos podría dar una mesa junto a la ventana?
Ja, am Fenster sind noch vier freie Plätze.	Si, junto a la ventana hay una mesa libre para cuatro personas.
Haben Sie noch einen freien Tisch für zwei Personen auf der Terrasse?	¿Le queda una mesa libre para dos personas en la terraza?
Dieser Tisch hier ist noch frei.	Esta mesa está libre.
Leider nicht, es ist alles besetzt.	Lo siento, pero está todo ocupado.
Wo ist die Herrentoilette/ Damentoilette?	¿Dónde están los servicios/ aseos de caballeros/señoras?
Dort/Geradeaus/Oben/ Unten/Links/Rechts.	Allí/Todo seguido/Arriba/ Abajo/A la izquierda/A la derecha.
Wo ist das Telefon?	¿Dónde está el teléfono?
Es ist da hinten.	Está ahí detrás.
Ich möchte für heute Abend 8 Uhr einen Tisch für ... Personen reservieren.	Quisiera reservar una mesa para ... personas para esta tarde a las ocho.
Auf welchen Namen, bitte?	¿A nombre de quién, por favor?
Das geht in Ordnung, ich habe es notiert.	De acuerdo, he tomado nota.

Im Restaurant

Ich habe einen Tisch reserviert. Mein Name ist …	He reservado una mesa a nombre de …

DIE BESTELLUNG

Herr Ober, bitte!	¡Camarero, por favor!
Fräulein, bitte!	¡Camarera, por favor!
Geben Sie mir bitte die Speisekarte/ Tageskarte/ Weinkarte/ Getränkekarte.	Por favor, tráigame la carta (el menú)/el menú del día/la carta de vinos/la carta de bebidas.
Bitte schön!	¡Tenga! / ¡Servidor!
Haben Sie schon gewählt?	¿Ha(n) elegido ya?
Nein, noch nicht, einen kleinen Augenblick bitte.	Todavía no, espere un momento, por favor.
Wir sind soweit. Wir möchten gern bestellen.	Ya nos hemos decidido. ¿Nos atiende?
Die Herrschaften wünschen?	¿Qué desean los señores?
Ich möchte nur eine Kleinigkeit.	Yo quiero sólo una pequeñez.
Wo sind die Spezialitäten des Hauses?	¿Dónde están las especialidades de la casa?

Was können Sie uns heute empfehlen?	¿Qué nos puede usted recomendar hoy?
Darf ich Ihnen unser(e)(n) ... empfehlen?	¿Puedo recomendarle(s) nuestro/-a ...?
Essen Sie gern Fisch?	¿Le gusta el pescado?
Danke, ich mag keinen Fisch.	No, gracias, no me gusta el pescado.
Was ist das Tagesgericht?	¿Cuál es el plato del día?
Wir haben es eilig.	Tenemos prisa.
Ich möchte etwas, was sehr schnell geht.	Quisiera algo muy rápido.
Ich nehme das hier.	Tráigame esto.
Gibt es ein Kindermenü?	¿Tienen menú infantil?
Haben Sie auch Diätkost?	¿Tienen también platos de régimen/de dieta?
Können Sie uns ... bringen?	¿Nos podría traer ...?
Ich bedauere, das haben wir heute nicht.	Lo siento, hoy no lo tenemos.
Ich möchte/Ich nehme das Menü zu ...	Quisiera/Tráigame el menú de ...
Ich esse nach der Karte.	Comeré a la carta.
Wie heißt dieses Gericht?	¿Cómo se llama este plato?
Ich hätte gern zunächst ... und danach ...	Primero quisiera (tomar) ... y después ...
Kann ich statt Suppe Austern haben?	En vez de la sopa, ¿podría traerme ostras?
Sicher, aber mit einem Zuschlag von ...	Por supuesto, pero hay que pagar un suplemento de ...
Haben Sie gebratenen Fisch?	¿Tienen pescado frito?
Ja, haben wir.	Sí, lo tenemos.

Wir haben auch gegrillten oder gekochten Fisch.	También tenemos pescado a la plancha o hervido.
Wie möchten Sie Ihr Steak?	¿Cómo le gustaría el bistec?
▪Innen fast roh, außen braun.	▪Poco hecho. / Poco pasado.
▪Halb durch, englisch.	▪Medio hecho.
▪Fast durch, rosa im Kern.	▪En su punto.
▪Gut durch, durchgebraten.	▪Bien hecho. / Muy pasado.

DIE AUSWAHL DER GETRÄNKE

Was wollen Sie trinken?	¿Qué desean beber?	
Welchen Wein können Sie mir/uns hierzu empfehlen?	¿Qué vino me/nos puede recomendar?	
Möchten Sie einen Aperitif?	¿Desean un aperitivo?	
Gerne, können wir ... haben?	Sí, gracias. ¿Nos puede traer ...?	
Kann ich ... haben?	¿Me puede traer ...?	
noch eine Flasche ...	otra botella de ...	
eine halbe Flasche ...	media botella de ...	
einen Viertelliter Wein	un cuarto (de litro) de vino	
ein Glas Rotwein/Rosé/ Weißwein	una copa *(Glas mit Stiel)*/un vaso *(Glas ohne Stiel)* de vino tinto/rosado/blanco	
einen Flaschenwein	un vino embotellado	

einen Markenwein	un vino de marca
einen Spitzenwein	un vino de primera calidad
einen leichten Wein	un vino ligero
einen Landwein	un vino del país/de la tierra
einen trockenen/süßen/ moussierenden Wein	un vino seco/dulce/de aguja
einen Wein aus der Gegend	un vino de la región
einen offenen Wein/ Wein im Krug	un vino a granel/un vino en jarra
Wie heißt dieser Wein?	¿Cómo se llama este vino?
Bringen Sie uns noch eine Flasche von diesem Wein.	Tráiganos otra botella de este vino.

Zum Fisch trinken wir Weißwein, zum Braten Rotwein.	Con el pescado beberemos vino blanco, con el asado vino tinto.
Der Wein dürfte etwas kühler sein.	El vino no está lo suficiente-mente fresco.

Der Rotwein ist nicht temperiert genug.	El vino tinto no está lo suficientemente chambreado.
Wünschen Sie noch etwas Wein?	¿Desean más vino?
Ja, bitte. / Nein, danke.	Sí, gracias. / No, gracias.
Ich trinke auf Ihr Wohl.	Bebo a su salud.
Prost! / Auf Ihr Wohl!	¡A su salud!
Wollen Sie den Wein probieren?	¿Desea(n) usted(es) probar el vino?
Schenken Sie bitte ein!	¡Sírvanos, por favor!
Wie finden Sie diesen Wein?	¿Qué le(s) parece este vino?
Ausgezeichnet. Er schmeckt wirklich sehr gut.	Excelente. Tiene realmente muy buen sabor.
Er schmeckt nicht schlecht.	No sabe mal.
Er ist nach meinem Geschmack.	Es a mi gusto. / Me gusta.
Er hat Fass-/Korkgeschmack, glaube ich.	Me parece que sabe a barrica/ a corcho.

WÄHREND DES ESSENS

Darf ich Ihnen noch etwas Fleisch geben?	¿Le puedo poner un poco más de carne?
Nur ein kleines Stück.	Sólo un trocito.
Nichts mehr, danke.	Es suficiente, gracias.
Wünschen Sie etwas anderes?	¿Desea otra cosa?

Kann ich etwas mehr Sauce haben?	¿Me puede poner un poco más de salsa?
Ist es recht so?	¿Está así bien?
Könnten Sie mir/uns noch etwas Brot bringen?	¿Me/Nos puede traer un poco más de pan?
Darf ich Sie um Senf bitten?	Por favor, ¿me trae mostaza?
Reichen Sie mir/uns bitte das Salz/den Pfeffer.	Páseme/Pásenos, por favor, la sal/la pimienta.
Was gibt es als Beilage/Gemüse?	¿Qué hay de guarnición/de verdura?
Ich ziehe ... vor.	Prefiero ...
Darf ich Ihnen jetzt den Nachtisch bringen?	¿Puedo traerle(s) ahora/ya el postre?

Möchten Sie Käse?	¿Desea(n) queso?
Hat es Ihnen geschmeckt?	¿Le ha gustado la comida?
Danke, es hat mir sehr gut geschmeckt.	Gracias, me ha gustado mucho.
Das Essen war ausgezeichnet.	La comida ha sido excelente.
Möchten Sie noch etwas?	¿Desean alguna cosa más?
Herr Ober/Fräulein, bitte zahlen!	Camarero/Camarera, ¡la cuenta, por favor!

Kann ich bitte die Rechnung haben?	¿Me puede traer la cuenta, por favor?
Sofort.	En seguida. / Inmediatamente.
Verzeihung, haben Sie gerufen?	Perdone. ¿Ha llamado usted?
Ja, ich möchte zahlen.	Sí, deseo pagar.
Wie viel macht das?	¿Cuánto es?
Ich zahle alles zusammen.	Pago yo.
Wir zahlen getrennt.	Cada uno paga lo suyo. / Pagamos a escote.
Was kostet der Wein?	¿Cuánto cuesta el vino?
Ist die Bedienung/die Mehrwertsteuer inbegriffen?	¿Está incluido el servicio/ el IVA (= Impuesto sobre el Valor Añadido)?
Ja, alles ist inbegriffen.	Sí, todo está incluido.
Haben Sie sich nicht geirrt?	¿No se he equivocado usted?
Entschuldigung, ich habe mich geirrt.	Perdón, me he equivocado.
Nein, es stimmt.	No, está bien.
Behalten Sie das Wechselgeld.	Quédese con las vueltas/ el cambio.
Das ist für Sie.	Esto (es) para usted.
Vielen Dank.	Muchas gracias.
Bitte rufen Sie mir/uns ein Taxi.	Por favor, llámeme/llámenos un taxi.

BESCHWERDEN

Warum dauert es so lange?	¿Por qué tarda tanto?
Wir warten schon mehr als eine halbe Stunde.	Esperamos ya más de media hora.
Haben Sie uns vergessen?	¿Nos ha olvidado usted?
Kann ich ein anderes Glas haben? Dieses ist nicht sauber.	¿Me puede traer otro vaso/otra copa? Éste/-a no está limpio/-a.
Mein Mann/Meine Frau hat kein Messer/keine Gabel/keinen Löffel.	Mi esposo/esposa no tiene cuchillo/tenedor/cuchara.
Der Salat fehlt.	Falta la ensalada.
Wir haben eine Portion Pommes frites mehr bestellt.	Hemos pedido otra ración de patatas fritas.
Sie müssen sich geirrt haben.	Usted se ha equivocado.
Das habe ich nicht bestellt.	Esto no lo he pedido.
Ich wollte ...	Yo quería ...
Kann ich meine Bestellung noch ändern?	¿Puedo cambiar todavía mi pedido?

Das scheint mir nicht mehr frisch.	Esto no parece que esté demasiado fresco.
Wollen Sie bitte den Oberkellner/ den Weinkellner/ den Geschäftsführer/ den Chef/die Chefin rufen.	Por favor, llamen al maitre/ al sumiller/al gerente/ al dueño/a la dueña/al jefe/ a la jefa.
Ich möchte den Chef sprechen.	Quiero hablar con el dueño/ jefe.
Ich habe eine Beschwerde.	Tengo una queja. / Quiero hacer una reclamación.
Die Suppe ist versalzen.	La sopa está salada.
Das Fleisch ist nicht gar genug.	La carne no está lo suficientemente hecha.
Das Gemüse ist fast kalt.	La verdura está casi fría.
Der Wein hat Korkgeschmack.	El vino sabe a corcho.
Der Kaffee ist kalt.	El café está frío.

SONSTIGES

Das ist …	Está …
zu fett/zu mager	demasiado graso/demasiado magro
zu dünn/zu dick	demasiado fino/demasiado grueso
zu wenig/zu viel/viel zu viel	demasiado poco/demasiado/ más que demasiado (exagerado)
zu hart/zu weich	demasiado duro/demasiado blando
zu fad/zu scharf	demasiado (muy) insípido/ demasiado picante

versalzen/zu scharf	salado/muy pimentado (tiene mucha pimienta)
süß/bitter	dulce/amargo
kalt/warm	frío/caliente
heiß/lauwarm	ardiendo (ardiente)/templado
leicht/schwer	ligero/pesado
roh/halbroh	crudo/semicrudo
gekocht/gebraten	cocido/asado (frito)
in Fett gebacken	frito
gewürzt	condimentado/sazonado/ aliñado
saftig	jugoso

Im Hotel

Für die Einstufung der spanischen Hotels nach Sternen ist das Staatliche Fremdenverkehrsamt *(Secretaría de Estado de Turismo)* verantwortlich; sie richtet sich nach dem Komfort des Hotels.

Man unterscheidet sechs Kategorien:

☆☆☆☆☆ GL	Luxushotel
☆☆☆☆☆	Hotel mit größtem Komfort
☆☆☆☆	Hotel mit großem Komfort
☆☆☆	Hotel mit gutem Komfort
☆☆	Hotel mit durchschnittlichem Komfort
☆	Einfaches Hotel

Die wichtigsten Hotelketten sind: *Husa, Meliá, NH, Riu, Sol* und *Tryp.* Besonders empfehlenswert wegen ihrer Lage und ihres Preis-/Leistungs-Verhältnisses sind die staatlichen *Paradores.* Die meisten befinden sich in restaurierten Schlössern und Herrenhäusern, aber auch in modernen, im Stil des jeweiligen Landstrichs errichteten Gebäuden (die letzteren vorwiegend an der Küste oder in touristischen Gebieten). Urig und preisgünstig sind die *Hoteles Rurales.* Diese Vereinigung von privaten Kleinhoteliers bietet Häuser der 3- und

2-Sterne-Kategorie an, die als Familien-betriebe besonders liebevoll geführt werden. Falls Sie ein Zimmer reserviert haben, sollten Sie vor 18.00 Uhr im Hotel eintreffen, andernfalls kann das Zimmer nicht länger für Sie freigehalten werden (es sei denn, dass Sie von unter-wegs anrufen und mitteilen, dass Sie später als vorgesehen eintreffen). Das Zimmer ist meistens bis 12.00 Uhr mit-tags zu räumen, sonst wird ein weiterer Tag berechnet. Die Zimmerpreise müs-sen am Empfang und im Zimmer aushängen.

Das Frühstück wird in der Regel extra berechnet. Viele Hotels bieten Halbpension *(media pensión)* und Vollpension *(pensión completa)* an. Manchmal wird für eine Hotelreservie-rung eine Vorauszahlung *(señal)* verlangt. Falls der Gast eine Stornierung in letzter Minute vornimmt, so dass das Zimmer nicht mehr weitervermietet werden kann, wird diese Summe vom Hotel einbehalten.

ZIMMERARTEN

Einzelzimmer	(habitación) individual
Doppelzimmer	(habitación) doble
Zweibettzimmer	habitación de dos camas
Zimmer mit Doppelbett	habitación con cama de matri-monio
Zimmer mit Bad/Dusche/Waschraum	habitación con baño/ducha/cuarto de aseo
Zimmer mit einem Kinder-bett/zusätzlichen Bett	habitación con cama de niño/cama de suplemento (cama suplementaria)
Zimmer mit Meerblick	habitación con vista(s) al mar
Zimmer mit Balkon	habitación con balcón
Zimmer zum Garten	habitación (que da) al jardín

Im Hotel

EMPFANG

Sie wünschen?	¿Qué desea(n)?
Haben sie ein Doppelzimmer?	¿Tiene(n) usted(es) una habitación doble?
Wie lange wollen Sie bleiben?	¿Cuánto tiempo va(n) a permanecer?
Wir haben vor, eine Nacht/zwei Tage/einige Tage/eine Woche/einige Zeit zu bleiben.	Queremos permanecer una noche/dos días/algunos días/una semana/algún tiempo.
Ich habe nur noch ein Zimmer mit Doppelbett.	Sólo me queda una habitación con cama de matrimonio.
Wie viel kostet es?	¿Cuánto cuesta?
Es kostet ...	Cuesta ...
Was kostet das Zimmer mit Frühstück?	¿Cuánto cuesta la habitación con desayuno?
Kann man hier im Hotel essen?	¿Se puede comer aquí en el hotel?
Wie viel kostet Vollpension/Halbpension?	¿Cuánto cuesta la pensión completa/la media pensión?
Es kostet ..., alles inklusive.	Cuesta ..., todo incluido.
Wo liegt das Zimmer?	¿Dónde está la habitación?

Es liegt zum Park/zum Garten/zur Straße/zum Hof/ zum Meer.	Da al parque/al jardín/a la calle/al patio/al mar.
Kann ich es mir ansehen?	¿Puedo verla?
Sicher, der Page wird Sie begleiten.	Por supuesto, el botones le acompañará.

Wo ist der Strand?	¿Dónde está la playa?
Hat das Zimmer einen Safe?	¿Tiene la habitación una caja fuerte?
Alle unsere Zimmer sind mit Bad/Dusche/WC/Selbst-wahltelefon/Radio/Fernseher ausgestattet.	Todas nuestras habitaciones están equipadas con baño/ducha/wc/teléfono directo/radio/televisor.
Unsere Zimmer sind voll-klimatisiert und schall-isoliert.	Nuestras habitaciones están climatizadas e insonorizadas.
Das Zimmer gefällt mir/uns.	La habitación me/nos gusta.
Ich nehme es. / Wir nehmen es.	La tomo. / La tomamos.
Wie ist Ihr Name?	¿Su nombre, por favor?
Ich heiße ...; mein Name ist ...	Me llamo ...
Hier ist Ihr Zimmerschlüssel.	Aquí tiene la llave de su habitación.

Im Hotel

Ich habe telefonisch ein Zimmer bestellt/reserviert.	He reservado por teléfono una habitación.
Sind Sie Herr ... aus ...?	Es usted el señor ... de ...?
Ja, das stimmt.	Sí, soy yo.
Hatten Sie eine angenehme Reise?	¿Ha tenido un buen viaje?
Ja, danke, sehr gut.	Sí, gracias. Muy bueno.
Meine Sekretärin hat für mich ein Zimmer mit Dusche reservieren lassen.	Mi secretaria me ha reservado una habitación con ducha.
Auf welchen Namen?	¿A nombre de quién?
Auf den Namen ...	Señor/Señora ...
Können Sie mir bitte Ihren Namen buchstabieren?	Por favor, ¿puede deletrearme su nombre?
Die Magnetkarte dient als Schlüssel.	La carta magnética sirve de llave.
Welche Zimmernummer habe ich?	¿Qué número tiene mi habitación?
Es ist die zwanzig, Frau ...	Es la veinte, señora ...
Der Aufzug ist hinten links.	El ascensor se halla/se encuentra detrás, a la izquierda.
Haben Sie noch ein Einzelzimmer mit Bad frei?	¿Le queda una habitación individual con baño?
Ja, das geht. Wir haben noch eins frei.	Sí, es posible. Nos queda una.
Ich habe noch ein Zimmer im fünften Stock.	Me queda una habitación en el quinto piso.
Einverstanden, ich nehme es.	De acuerdo, la tomo.
Ist das Ihr Gepäck?	¿Es éste su equipaje?

Ja, die Reisetasche und der schwarze Koffer.	Sí, la bolsa de viaje y la maleta negra.
Ich lasse Ihr Gepäck aufs Zimmer bringen.	Haré que le suban el equipaje a la habitación.
Wenn Sie mir bitte folgen wollen, hier ist der Aufzug.	Por favor, sígame. Aquí está el ascensor.
So, da wären wir.	Bueno, ya hemos llegado.
Kann ich sonst noch etwas für Sie tun?	¿Desea usted algo más? / ¿Tiene usted cualquier otro deseo?
Nein, danke. Alles ist in Ordnung.	No, gracias. Todo está bien.
Ich hätte gern ein anderes Zimmer, es ist zu laut.	Preferiría otra habitación, hay demasiado ruido.
Ich kann Ihnen das Zimmer zweiunddreißig geben.	Le puedo dar la habitación treinta y tres.
Es liegt zum Garten und ist sehr ruhig.	Da al jardín y es muy tranquila.

ANMELDEFORMULAR

In Spanien muss ein Anmeldeformular ausgefüllt werden. Der Gast braucht nur seinen Personalausweis oder seinen Pass vorzulegen und das Formular zu unterschreiben. Dieses wird vom Empfangspersonal ausgefüllt. Der Gast erhält nachher seinen Ausweis an der Rezeption zurück.

Wollen Sie bitte dieses Anmeldeformular unterschreiben?	¿Por favor, me firma la ficha de entrada?
Haben Sie einen Ausweis?	¿Me da su DNI (De, Ene, I = documento nacional de identidad)/su pasaporte?
Hier ist mein Personalausweis/mein Pass.	Aquí tiene mi DNI (De, Ene, I)/ mi pasaporte.

Lassen Sie mir Ihren Pass da, ich werde Ihr Anmelde-formular für Sie ausfüllen.	Déjeme, por favor, su pasaporte para que le rellene la ficha de entrada.
Unterschreiben Sie hier, bitte.	Firme aquí, por favor.

FRÜHSTÜCK

Ist das Frühstück im Zimmerpreis inbegriffen?	¿Está incluido el desayuno en el precio de la habitación?
Nein, es kostet ... zusätzlich pro Person.	No, cuesta adicionalmente ... por persona.
Um wie viel Uhr gibt es Frühstück?	¿A qué hora se sirve el desayuno?
Von sieben bis zehn Uhr.	De las las siete a las diez.
Ab sieben Uhr.	A partir de las siete.
Zwischen sieben und halb elf.	Entre las siete y las diez y media.
Kann man mir das Früh-stück um acht Uhr morgen früh auf dem Zimmer servieren?	¿Se me puede servir el desayuno a las ocho en la habitación?
Sicher, ich notiere es.	Por supuesto, tomo nota.
Wo ist der Frühstücksraum?	¿Dónde está la sala/el salón de desayunos?

Hier entlang, bitte, es ist die dritte Tür links.	Por aquí, por favor, la tercera puerta a la izquierda.
Was möchten Sie?	¿Qué desea usted?
Zweimal Orangensaft, einen Milchkaffee und einen Tee.	Dos zumos de naranja, un café con leche y un té.
Tee mit Milch oder mit Zitrone?	¿Té con leche o con limón?
Mit Zitrone.	Con limón.
Ich nehme Wurst- und Käseaufschnitt. Und du?	Tomaré embutido y queso. ¿Y tú?
Für mich ein weich-gekochtes Ei.	Para mí un huevo pasado por agua.
Welche Zimmernummer haben Sie?	¿Cuál es el número de su habitación?
Es ist die (Nummer) achtzehn.	Tenemos la dieciocho.

WECKEN

Um wie viel Uhr möchten Sie geweckt werden?	¿A qué hora desea que le despertemos? / ¿A qué hora desea ser despertado?
Wecken Sie mich bitte um acht Uhr.	Por favor, despiértenme a las ocho.
Danke, das ist nicht nötig.	Gracias, no es necesario.

ESSENSZEITEN

Wann gibt es Frühstück/Mittagessen/Abendessen?	¿A qué hora se sirve el desayuno/la comida/la cena?
Warme Küche bis zweiundzwanzig Uhr.	Comida caliente hasta las veintidos horas/las diez.

Frühstücksbüffet im Restaurant bis zehn Uhr dreißig.	Bufé de desayuno/ Desayuno-bufé en el restaurante hasta la diez y media.

PORTIER

Womit kann ich Ihnen helfen?	¿Qué se le ofrece? / ¿Qué desea? / ¿En qué puedo servirle?

Den Schlüssel für Zimmer zweiundvierzig, bitte.	Por favor, (déme) la llave de la habitación veinticuatro.
Geben Sie mir bitte meinen Zimmerschlüssel.	Por favor, déme la llave de mi habitación.
Bitte schön.	Con mucho gusto.
Lassen Sie bitte mein Gepäck hinaufbringen/ hinunterbringen.	Por favor, hagan que suban/ bajen mi equipaje.
Hat jemand nach mir gefragt?	¿Ha preguntado alguien por mí?
Ja, Herr Müller aus Düsseldorf bittet um einen Rückruf.	Sí, el señor Müller de Düsseldorf le ruega que le llame (de vuelta).
Hier ist seine Telefonnummer.	Éste es su número de teléfono.

Wenn jemand nach mir fragt, sagen Sie, dass ich um zehn Uhr zurück sein werde.	Si pregunta alguien por mí, dígale que estaré de regreso a las diez.
Hat jemand eine Nachricht für mich hinterlassen?	¿Ha dejado alguien un mensaje (recado) para mí?
Nein, niemand.	No, nadie.
Ist Post für mich da?	¿Hay correo para mí?
Nein, Sie haben keine Post.	No. No tiene usted correo.
Was kostet dieser Brief/ diese Postkarte nach Deutschland?	¿Cuánto cuesta esta carta/esta postal para Alemania?
Haben Sie Briefmarken?	¿Tiene usted sellos?
Bitte fünf Briefmarken zu ...	Por favor, cinco sellos de ...
Könnten Sie diese Briefe einwerfen?	¿Podría echar estas cartas?
Können Sie mir jeden Morgen eine deutsche Zeitung besorgen?	¿Puede usted procurarme un periódico alemán todas las mañanas?
Welche Zeitung wünschen Sie?	¿Qué periódico desea usted?
Ich hätte gern die ...	Me gustaría tener el ...
Ich nehme auch diese Zeitschrift.	Tomo/Me llevo también esta revista.
Wie viel macht das?	¿Cuánto cuesta?
Das macht alles zusammen ...	Todo cuesta ...
Haben Sie ein Fernseh- programm?	¿Tiene usted el programa de (la) televisión?
Kann ich einen Hotel- prospekt bekommen?	¿Podría darme un prospecto del hotel?
Haben Sie einen Stadtplan?	¿Tiene usted un plano de la ciu- dad/un callejero?

Im Hotel

Wie komme ich bitte zur Post/zur Bank?	¿Cómo llego a Correos/al banco …?
Wo kann ich eine Apotheke finden?	¿Dónde hay/puedo hallar una farmacia?
Was gibt es Interessantes hier zu besichtigen?	¿Qué cosas interesantes pueden visitarse aquí?
Wo befindet sich die Altstadt?	¿Dónde está el casco antiguo?
Ich werde es Ihnen auf dem Plan zeigen.	Se lo enseñaré en el plano/en el callejero.
Welchen Bus muss ich nehmen?	¿Qué autobús tengo que tomar?
Wir möchten gern zur Ausstellung über …	Quisiéramos ir a la exposición de …
Wann beginnt das Konzert?	¿Cuándo comienza el concierto?
Ich kann nicht gut Spanisch.	No sé bien el español.
Aber doch, Sie sprechen gut.	Claro que sí, lo habla usted bien.
Sie sind zu freundlich.	Es usted muy amable.
Ich hätte gerne ein Auto gemietet.	Quisiera alquilar un coche.
Wie viele Kilometer sind es bis …?	¿Cuántos kilómetros hay a…?
Wo ist die nächste Tankstelle?	¿Dónde está la estación de servicio/la gasolinera más próxima?

Ich möchte zwei Plätze für einen Flug von Madrid nach Frankfurt reservieren.	Quisiera reservar dos plazas para un vuelo de Madrid a Francfort.
Mit welcher Fluggesellschaft?	¿Con qué compañía?
Wann möchten Sie fliegen?	¿Cuándo desea volar?
Am Freitag, dem einundzwanzigsten, gegen achtzehn Uhr.	El viernes, veintiuno, hacia las dieciocho/las seis de la tarde.
Bitte reservieren Sie für den Zug nach Barcelona um elf Uhr achtzehn zwei Nichtraucherplätze erster/zweiter Klasse.	Por favor, reserve usted para el tren a Barcelona que sale a las once y dieciocho dos plazas no fumadores en primera/segunda (clase).
Könnten Sie für mich ein Zimmer mit Dusche im Hotel Príncipe in Sevilla reservieren?	¿Podría reservarme una habitación con ducha en el Hotel Príncipe de Sevilla?
Ich möchte meine Post nachsenden lassen.	Quisiera que me reexpidan/que me hagan seguir mi correo.
Hier ist meine Adresse.	Esta es mi dirección.
Könnten Sie mir bitte ein Taxi rufen?	¿Me podría llamar un taxi?

Auf Wiedersehen und danke für alles.	Adiós y gracias por todo.

PARKEN

Der Parkplatz ist kostenlos für unsere Gäste.	El aparcamiento es gratuito para nuestros huéspedes.
Wo kann ich mein Auto parken?	¿Dónde puedo aparcar/estacionar mi coche?
In der Tiefgarage gerade nebenan.	En el garaje subterráneo, ahí al lado.
Der Page wird es Ihnen zeigen.	El botones se lo enseñará.
Es ist verboten, auf dem Platz zu parken.	Está prohibido aparcar en la plaza.
Ist die Garage die ganze Nacht geöffnet?	¿Está abierto el garaje toda la noche?

ABFAHRT

Ich reise/Wir reisen morgen sehr früh ab.	Salgo/Salimos mañana muy temprano.
Machen Sie bitte meine/unsere Rechnung fertig.	Prepare, por favor, mi/nuestra cuenta.
Das geht in Ordnung.	De acuerdo.
Ich habe es notiert.	He tomado nota.
Wie viel macht das?	¿Cuánto es?
Das macht alles zusammen ...	En total es ...
Nehmen Sie Kreditkarten/Euroschecks/Reiseschecks?	Acepta usted tarjetas de crédito/eurocheques/cheques de viaje?
Sie haben ein Frühstück zu viel berechnet.	Ha cargado en cuenta un desayuno de más.

Das stimmt. Entschuldigen Sie bitte.	Es verdad. Perdone, por favor.
Ich wünsche Ihnen eine angenehme Rückfahrt.	Le deseo un buen regreso/un buen viaje de regreso.

ALLGEMEINES

Muss ich eine Anzahlung leisten?	¿Tengo que pagar/dejar una señal?
Unser Hotel freut sich, Sie begrüßen zu können.	¡Bienvenido a nuestro hotel!
Wir wünschen Ihnen einen schönen Aufenthalt.	Le deseamos una estancia agradable.
Ich möchte einen Scheck/ Reisescheck einlösen.	Quiero cobrar un cheque/un cheque de viaje.
Ich möchte dies in Ihrem Safe hinterlassen.	Quiero depositar esto en su caja fuerte.
Könnten Sie bitte diese Wert- sachen aufbewahren?	Por favor, ¿podría guardarme estos objetos de valor en su caja fuerte?
Beanstandungen melden Sie bitte an der Rezeption.	Por favor, notifique sus quejas a la recepción.
Ich hätte gern den Direktor/ Geschäftsführer gesprochen.	Qusiera hablar con el director/ gerente.
Können Sie mir sagen, worum es sich handelt?	¿Puede decirme de qué se trata?
Es tut mir Leid, aber Herr/ Frau ... ist zur Zeit beschäftigt.	Lo siento, pero el señor/la señora ... está ocupado/-a en estos momentos.
Möchten Sie, dass wir einen Termin vereinbaren?	¿Desea usted que concertemos una cita?
Passt Ihnen heute Nach- mittag um sechzehn Uhr?	¿Le viene bien esta tarde a las dieciséis horas/a las cuatro?

Im Hotel

Es passt mir sehr gut.	Me viene muy bien.
Wir haben leider nichts mehr frei.	Lo sentimos, pero no tenemos nada libre.
Wir bedauern, aber alle unsere Zimmer sind zur Zeit belegt.	Lo sentimos, pero todas nuestras habitaciones están ocupadas.
Wegen der Messe sind wir ausgebucht.	Debido a la feria estamos completos.
Im Restaurant ist das Mitführen von Hunden untersagt.	Los perros están prohibidos en el restaurante.
Wäsche- und Bügelservice täglich, außer an Sonn- und Feiertagen.	Servicio diario de lavandería y de planchado, excepto los domingos y festivos.
Könnten Sie dieses Kleid in die Reinigung geben?	¿Podría dar este vestido a la tintorería?
Wann wird es fertig sein?	¿Cuándo estará (listo)?
Können Sie mir einen Babysitter besorgen?	¿Puede proporcionarme/ procurarme un canguro?
Können Sie mir ein Stück Seife/einen Bademantel/ eine Zahnbürste und Zahnpasta/einen Kamm besorgen?	¿Puede usted proporcionarme/ procurarme una pastilla de jabón/un albornoz/un cepillo y pasta de dientes (dentífrico)/ un peine?
Können Sie mir sagen, wo ich einen Friseur/eine Friseuse/einen Friseurladen finde?	¿Puede decirme dónde hay un peluquero/una peluquera/una peluquería?

BESCHWERDEN

Der Schalter und die Steckdose sind defekt.	El interruptor/La llave de la luz y el enchufe están estropeados.

Die Glühlampe ist durchgebrannt.	La bombilla se ha fundido/está fundida.
Die Klingel funktioniert nicht.	El timbre no funciona.
Die Heizung ist nicht in Ordnung.	La calefacción no funciona.
Dieser Heizkörper geht nicht.	Este radiador no funciona.
Das Fenster meines Zimmers klemmt.	La ventana de mi habitación no cierra bien.
Heute ist mein Zimmer nicht geputzt worden.	No han limpiado hoy mi habitación.
Ich habe kein heißes Wasser.	No tengo agua caliente.
Außerdem tropft der Wasserhahn.	Además, el grifo gotea.
Der Abfluss des Waschbeckens ist verstopft.	El desagüe del lavabo está atascado.
Die Wasserspülung funktioniert nicht.	La cisterna (del wáter) no funciona.
Es fehlen Handtücher.	Faltan toallas.
Im Schrank sind nicht genug Kleiderbügel.	En el armario no hay suficientes perchas.
Das Bett ist zu hart.	La cama está muy dura.

WENN JEMAND AN IHRE ZIMMERTÜR KLOPFT

Wer ist da?	¿Quién es?
Das Zimmermädchen.	La camarera.
Haben Sie geklingelt?	¿Ha llamado usted?
Einen Augenblick, bitte.	Un momento, por favor.
Herein!	¡Pase!

Im Hotel

Womit kann ich Ihnen dienen?	¿Qué desea?
Kann ich bitte noch eine extra Bettdecke bekommen?	¿Me puede dar una manta más, por favor?
Ich bringe Ihnen gleich eine.	Inmediatamente le traigo una.

Hotelvokabular Deutsch–Spanisch

A

abbestellen cancelar
Abbestellung cancelación
Abfahrt partida, salida
Abfahrtszeit hora de
  partida
Abreise partida
abreisen partir, salir
Adresse dirección
Anfrage (auf ~) demanda
  (de ~)
ankommen llegar
Ankunft llegada
Ankunftszeit hora de
  llegada
Anmeldeformular
  formulario de inscripción
anmelden (sich ~)
  inscribir (~se)
Anmeldung inscripción
anrufen llamar
Anzahlung pago a
  cuenta/señal
Aufenthalt estancia
aufhalten (sich ~)
  permanecer
Aufzug ascensor
Ausflug excursión

Ausflugsmöglichkeiten
  posibilidades de excursión
ausfüllen (ein Formular ~)
  rellenar (~ un formulario)
Ausgang salida
ausgebucht completo
Auskunft información
Auskunft erteilen
  dar/facilitar información
außer Betrieb no funciona
Aussicht vistas
ausstatten mit ... equipar
  con ...
Ausweispapiere
  documentos de identidad
automatischer Weckruf
  despertador automático
Autovermietung alquiler
  de coches

B

Babysitter canguro,
  baby-sitter
Bad(ezimmer) baño
Bademantel albornoz
Badewanne bañera
Balkon balcón
Bank (Geldinstitut) banco

Bankett banquete
beabsichtigen tener la intención de ...
Beanstandung queja, reclamación
bedienen servir
Bedienung servicio
Bedingungen condiciones
beheiztes Schwimmbad piscina con agua caliente
Behinderte/-r minusválido/-a
besetzt ocupado
Besichtigung visita
Besichtigungsfahrt excursión
bestätigen confirmar
Bestätigung confirmación
bestellen pedir
Bestellung pedido
Bett cama
Bettdecke manta
Bettwäsche ropa de cama
bewacht (~er Parkplatz) vigilado (aparcamiento ~)
bleiben permanecer
brauchen necesitar
Briefkasten buzón
Briefmarke sello
Briefpapier papel de cartas
Briefumschlag sobre
bringen traer
buchen reservar
buchstabieren deletrear

D

Damentoilette aseo/servicios de señoras

danken (jemandem ~) agradecer, dar las gracias (~ a alguien)
Dauer duración
Doppelzimmer habitación doble
Durchreisegast huésped de paso
Dusche ducha

E

Einbettzimmer habitación individual/de una cama
eintreffen llegar
Einzelzimmer habitación individual
Empfang recepción
Empfangschef jefe de recepción
Empfangsdame recepcionista
Erfrischung refresco
Ermäßigung (eine ~ gewähren) descuento (conceder un ~)
erstklassiges Hotel hotel de primera (clase)
Etage piso

F

Fahrstuhl ascensor
Farbfernseher televisor en color
faxen poner/enviar un fax
Faxgerät fax
Fenster ventana
Fensterladen postigo, contraventana
Fitnessraum gimnasio

fragen preguntar
frei libre
Freibad piscina
  descubierta/al aire libre
Freizeit tiempo libre
Fremdenverkehrsamt
  oficina de turismo
Frühstück desayuno
Frühstücksbüffet bufé de
  desayuno
Frühstückspreis precio del
  desayuno
Frühstücksraum
  salón/sala del desayuno
funktionieren funcionar

G

Garage (gebührenpflichtige/
  kostenlose ~) garaje
  (~ de pago/gratuito)
Garderobe guardarropa
Gardine cortina
Garten jardín
Gast huésped
Gasthof fonda, hostal
gebührenpflichtig de pago

gefallen agradar, gustar
Gepäck equipaje
geräumig espacioso
Glühbirne bombilla

H

Haartrockner secador
Haarwaschmittel champú
Halbpension media
  pensión
Hallenbad piscina cubierta
Handtuch toalla
Heizkörper radiador
Heizung calefacción
Herrentoilette
  aseo/servicios de
  caballeros
hinaufbringen (das Ge-
  päck ~) subir (~ el
  equipaje)
hinunterbringen (das
  Gepäck ~) bajar (~ el
  equipaje)
Hochsaison temporada
  alta
holen ir por

Hoteldiener mozo (de hotel)
Hotelhalle hall del hotel
Hotelkette cadena hotelera
Hotelrechnung cuenta (del hotel)
Hund perro

I/J

im Voraus por anticipado
in Betrieb sein funcionar
inbegriffen incluido
inklusiv incluido, inclusive
Jahresurlaub vacaciones anuales

K

kalt (~es Wasser) frío (agua fría)
Kasse caja
Kassierer/-in cajero/-a
Kind niño/-a
Kinderbett cama de niño
Kinderermäßigung descuento para niños
Kleid vestido
Kleiderbügel percha
Kleiderschrank (einge-bauter ~) armario (~ empotrado)
Kleidung ropa, vestidos, vestuario
Klimaanlage aire acondicionado
Klingel timbre
Koffer maleta
Komfort confort
komfortabel confortable
Konferenz conferencia

Kongress congreso
Konzert concierto
Kopfkissen almohada
kosten costar
kostenlos gratis
Kreditkarte tarjeta de crédito

L

Lampe lámpara
laut ruidoso
lauwarm templado
Licht luz
Lichtschalter llave/interruptor de la luz
Liegestuhl hamaca, tumbona

M

Matratze colchón
mieten alquilar
mit (~ Frühstück) con (~ desayuno)
Mittagessen comida, almuerzo
mögen desear
möglich posible
Motel motel

N

Nachfrage demanda
Nachricht (eine ~ hinter-lassen/übermitteln) mensaje (dejar/transmitir un ~)
Nachsaison temporada baja

nachsenden (die Post ~) reexpediar, hacer seguir (~ el correo)

Nachtlokal sala de fiestas/boite

Nachtportier portero de noche

Nachttisch mesita de noche

Nachttischlampe lámpara de cabecera/de la mesita de noche

Name nombre

Notausgang salida de emergencia

notieren anotar, tomar nota

Nummer número

O/P

ohne (~ Balkon) sin (~ balcón)

Page botones

parken aparcar

Parkmöglichkeit posibilidad de aparcar

Parkplatz (plaza de) aparcamiento

Pass, Reisepass pasaporte

Pauschalpreis forfait/precio global

Pension pensión

Person persona

Personalausweis documento nacional de identidad

Portier portero

Post nachsenden reexpediar/hacer seguir el correo

Postkarte postal

Preis precio

Privatbad mit WC baño (privado) con wc

Privatdusche mit WC ducha (privada) con wc

pro Nacht por noche

pro Person por persona

Prospekt prospecto

R

Radio radio

Radiowecker radio-despertador

Rechnung cuenta

reinigen limpiar

Reinigung tintorería

Reise viaje

Reisetasche bolsa de viaje

reservieren reservar

Reservierung reserva

Rezeption recepción

Rezeptionist/Rezeptionistin recepcionista

ruhig tranquilo

ruhiges Zimmer habitación tranquila

S

Safe caja fuerte

sauber limpio

Sauna sauna

Scheck cheque

schicken enviar

Schlüssel llave(s)

schmutzig sucio

Schrank armario
Schwimmbad piscina
Seife jabón
Selbstwahltelefon teléfono
    directo
senden enviar
servieren servir
Sonnenschirm sombrilla,
    parasol
Spannung (elektrische ~)
    voltaje
Spezialarrangement
    forfait/acuerdo especial
Spiegel espejo
Spitzenkomfort alto
    standing/alto confort
Spülung cisterna
Staatsangehörigkeit
    nacionalidad
Stadtplan callejero/plano
    de la ciudad
Stammgast cliente habitual
Steckdose enchufe
Stecker enchufe
Stock, Stockwerk piso
stören molestar

Strom (elektrischer ~)
    corriente (~ eléctrica)
Südbalkon balcón al sur
Suite suite
Swimmingpool piscina

T

Tag día
Tagesportier portero de día
Tagung congreso
Tagungsraum salón de
    congresos
Tanzabend velada de baile
tanzen bailar
Taxi taxi
Telefon teléfono
**Telefonanschluss mit
    Direktwahl** teléfono
    directo
Telefonbuch listín
    telefónico/de teléfonos
telefonieren telefonear
Telefonnummer número
    de teléfono
Telefonzelle cabina
    telefónica

Telefonzentrale centralita (de teléfonos)
Telegramm telegrama
teuer caro
Toilette aseo, servicios
Toilettenpapier papel higiénico
Treppe escalera
Tresor caja fuerte
Trinkgeld propina
Tür puerta
Türschloss cerradura
TV-Programme programa de (la) televisión

U
übernachten pernoctar
Übernachtung pernoctación

V
verfügbar disponible
Verkehrsamt/Verkehrs-verein oficina de turismo
verlangen pedir
Verlängerungsschnur prolongación
Verlängerungstag día adicional
Verlängerungswoche semana adicional
Vollpension pensión completa
Vorauszahlung señal, pago anticipado
Vorhang cortina
Vorname nombre (de pila)

Vorsaison temporada baja
vorziehen preferir

W
Wäsche ropa
Wäscherei lavandería
Wagen coche, automóvil
Wandschrank armario empotrado
warm (warmes ~) caliente (agua ~)
Waschbecken lavabo
waschen lavar
Waschraum lavabo, aseo
Wasser agua
Wasserhahn grifo
Wasserspülung cisterna
Wechselgeld cambio
wechseln (Geld ~) cambiar (~ dinero)
wecken despertar
Wecker despertador
weiterfahren continuar (el viaje)
Wertsachen objetos de valor
Wirt / Wirtin propietario, dueño / propietaria, dueña
Woche semana
Wohnsitz (ständiger ~) domicilio (~ habitual)
Wolldecke manta de lana
wünschen desear, querer

Z
zahlen pagar
Zahnbürste cepillo de dientes

Zahnpasta pasta de
dientes/dentífrico
Zeitraum periodo
Zeitschrift revista
Zeitung periódico
Zentralheizung
calefacción central
Zimmer habitación
Zimmer für Behinderte
habitaciones para
minusválidos
Zimmer mit Bad und WC
habitación con baño y wc
**Zimmer mit französischem
Bett** habitación con
cama de matrimonio
Zimmer mit Frühstück
habitación con desayuno
Zimmer zum Garten
habitación al jardín

Zimmermädchen
camarera
Zimmernummer número
de la habitación
Zimmerpreis precio de la
habitación
Zimmerreinigung (servicio
de) limpieza de la
habitación
Zimmerschlüssel llave de
la habitación
Zufahrt acceso
zurück sein haber
regresado/estar de regreso
zurückfahren regresar
zusätzlich además,
adicional
Zuschlag suplemento
Zwischenstecker enchufe
intermedio

Apotheke	farmacia
Bäckerei	panadería
Blumengeschäft	floristería
Buchhandlung	librería
Delikatessengeschäft	tienda de delikatessen / mantequería
Drogerie	droguería
Eisdiele	heladería

Eisenwarengeschäft	ferretería
Fischgeschäft	pescadería
Fleischerei, Metzgerei	carnicería
Friseursalon	peluquería
Gemüse- und Obstgeschäft	tienda de frutas y verduras / verdulería
Juweliergeschäft	joyería
Kaufhaus	grandes almacenes
Konditorei	pastelería
Kurzwarengeschäft	mercería
Lebensmittelgeschäft	ultramarinos / alimentación

NIE SPRACHLOS IN SPANIEN

Lederwarengeschäft	marroquinería
Metzgerei, Fleischerei	carnicería
Milchgeschäft	lechería
Obstgeschäft	frutería
Parfümerie, Drogerie	perfumería
Reinigung	tintorería
Reinigung (chemisch)	lavado en seco
Schreibwarengeschäft	papelería
Schuhgeschäft	zapatería
Schweinemetzgerei	charcutería
Spirituosengeschäft	tienda de vinos y lico-res
Süßwarengeschäft	confitería
Tabakladen	estanco
Waschsalon	lavandería (automática)
Weinhandlung	tienda de vinos, bodega, vinoteca
Zeitungsgeschäft	tienda/kiosko de periódicos

VON B WIE BANK
BIS W WIE WARENHAUS

Bank	banco
Baumarkt	hiper-mercado de brico-laje / tienda de bricolaje

Einkaufszentrum	centro comercial
Fachgeschäft	tienda especializada
Fischmarkt	mercado de pescado
Kaufhaus	grandes almacenes
Markt	mercado
Markthalle	mercado cubierto
Obst- und Gemüsemarkt	mercado de frutas y verduras / mercadillo de frutas y verduras

Postamt	correos
Selbstbedienung	autoservicio
Sparkasse	caja de ahorros
Supermarkt	supermercado
Trödelmarkt	rastro / mercadillo
Verbrauchermarkt	hipermercado / gran superficie
Warenhaus	grandes almacenes

Telefonieren

Im Gegensatz zu Deutschland ist es in Spanien nicht üblich, dass der Angerufene seinen Namen nennt. Er antwortet nur *dígame* und fordert dadurch den Anrufer auf zu sagen, wer er ist und was er möchte.

Wichtige Vorwahlnummern für Gespräche von Spanien nach

Deutschland	00 49
Österreich	00 43
Schweiz	00 41

Wenn Sie von Deutschland nach Spanien anrufen, wählen Sie 00 34 für Spanien, danach die gewünschte Telefonnummer, in die die Ortskennzahl (z. B. 91 für Madrid, 93 für Barcelona) bereits integriert ist.

ICH MÖCHTE ANRUFEN

Wo kann ich anrufen?	¿Dónde puedo telefonear?
Gibt es ein Telefon in der Nähe?	¿Hay un teléfono cerca de aquí?
Gerade gegenüber ist eine Telefonzelle.	Enfrente mismo hay una cabina telefónica.
Das ist ein Kartentelefon/ Münztelefon.	Es un teléfono con tarjeta/con monedas.
Wo kann ich eine Telefonkarte kaufen? *(Telefonkarten sind auf Postämtern und in der Regel in Tabakläden erhältlich)*	¿Dónde puedo comprar una tarjeta telefónica?
Könnten Sie mir bitte Kleingeld geben?	¿Me podría cambiar (dar cambio)?
Welche Nummer haben Sie gewählt?	¿Qué número ha marcado?

Ich möchte Madrid 91-40-39-37.	Quisiera hablar con Madrid, con el número noventa y uno - cuarenta - treinta y nueve - treinta y siete
Wie ist die Vorwahlnummer für ...?	¿Cuál es el prefijo de ...?
Kann ich im Telefonbuch nachsehen?	¿Puedo consultar el listín de teléfonos?
Ich muss die Nummer im Telefonbuch nachschlagen.	Tengo que buscar el número en el listín (de teléfonos).
Ich muss die Werkstatt anrufen.	Tengo que llamar al taller.
Könnten Sie diese Nummer für mich wählen?	¿Podría usted marcarme el número?
Kann ich nach ... durch-wählen?	¿Puedo telefonear directa-mente a ...?
Sie können die Nummer selbst wählen.	Puede marcar usted mismo el número.
Ich möchte ein Gespräch nach ... anmelden.	Quiero hacer una llamada (telefónica) a ...
Ich möchte ein R-Gespräch anmelden.	Quisiera llamar a cobro revertido.

AM TELEFON

Hallo!	¡Dígame!
Hallo, hier ist Herr ... aus ...	Buenos días/ Buenas tardes/ Buenas noches, le llama el señor ... de ...

Telefonieren

Wer ist am Apparat? / Wer spricht, bitte?	¿Quién es? / ¿Quién está al aparato?
Ich möchte mit Herrn ... sprechen.	Desearía hablar con el señor ...
Bekommen Sie keine Antwort?	¿No contesta?
Nein, es meldet sich niemand.	No. No contesta nadie.
Dann verbinden Sie mich bitte mit Frau ...	En tal caso, póngame, por favor con la señora ...
Ich verbinde Sie.	Le comunico.
Einen Augenblick, bitte.	Un momento por favor.
Spreche ich mit Herrn/ Frau ...?	Hablo con el señor/ la señora ...?
Am Apparat.	Al aparato.
Ich bedaure, Herr ... ist im Augenblick nicht da.	Lo siento. El señor ... ha salido en este momento.
Wann wird er zurück sein?	¿Cuando regresará?
Gegen vierzehn Uhr?	Hacia las catorce horas (las dos de la tarde).
Sagen Sie ihm bitte, dass er mich unter dieser Nummer bis sechzehn Uhr erreichen kann. Es ist sehr dringend.	Dígale, por favor, que me puede localizar en este número hasta las dieciséis horas/las dos de la tarde.
Herr ... ist in einer Besprechung.	El señor ... está reunido.
Frau ... ist in einer Sitzung.	La señora ... está reunida.
Würden Sie ihm/ihr etwas ausrichten?	¿Podría usted dejarle un recado?
Sehr gerne.	Con mucho gusto.
Herr ... ist auf einer Geschäftsreise/in Urlaub.	El señor ... está de viaje de negocios/de vacaciones.

Herr ... spricht gerade.	El señor ... está hablando por teléfono/habla por la otra línea.
Möchten Sie warten?	¿Desea esperar?
Bleiben Sie am Apparat.	No cuelgue.
Ich möchte eine Nachricht hinterlassen.	Quisiera dejar un mensaje/ recado.
Sagen Sie ihm bitte, dass er mich zurückrufen soll.	Dígale que me llame (de vuelta).
Wie ist Ihre Telefonnummer?	¿Cuál es su número de teléfono?
Ich werde später wieder anrufen.	Llamaré más tarde.
Danke für Ihren Anruf.	Gracias por su llamada.
Auf Wiederhören!	¡Adiós!

KEIN ERFOLG

Es meldet sich niemand.	No contesta nadie.
Ich habe mich verwählt.	Me he equivocado (al marcar).
Könnten Sie die Verbindung noch einmal herstellen?	¿Podría usted restablecer la comunicación?
Die Verbindung mit Ihrem Gesprächspartner ist wieder hergestellt.	La comunicación con su interlocutor está restablecida.
Die Leitung ist besetzt.	La línea está ocupada.
Wir sind unterbrochen worden.	Nos han cortado. / Se ha cortado la línea/la comunicación.
Die Verbindung ist sehr schlecht.	La línea/La comunicación es muy mala.
Ich höre Sie sehr schlecht.	Le oigo muy mal.

Würden Sie bitte lauter/ langsamer sprechen?	Por favor, ¿podría hablar usted más alto/más despacio?
Könnten Sie es bitte wiederholen?	¿Podría usted repetirlo?
Entschuldigen Sie! Ich habe mich in der Nummer geirrt.	¡Perdone! Me he equivocado de número.
Ich bekomme keine Verbindung.	No obtengo línea/ comunicación.
Ich kann nicht länger warten.	No puedo esperar más tiempo.
Bitte streichen Sie meine Anmeldung.	Por favor, anule mi llamada.
Kein Anschluss unter dieser Nummer.	(Telefónica le informa de que) actualmente no existe ninguna línea en servicio con esa numeración.

ALLGEMEINES

Ich erwarte/Wir erwarten einen Anruf.	Espero/Esperamos una llamada.
Ein Gespräch für Sie.	Una llamada para usted.
Sie werden am Telefon verlangt.	Le llaman al teléfono.
Könnten Sie mich mit demjenigen verbinden, der für … zuständig ist?	¿Podría usted ponerme con la persona competente para/ encargada de …?
Könnte ich einen Termin bekommen?	¿Podría darme una cita?
Ich möchte gern ein Gespräch mit anschließen-der Gebührenangabe.	Quisiera hacer una llamada con indicación posterior de su coste.
Das Gespräch nach …, Kabine vier.	La llamada a …, cabina cuatro.

Was kostet ein Ortsgespräch?	¿Cuánto cuesta una llamada interurbana?
Ab wie viel Uhr beginnt der Billigtarif/der Nachttarif?	¿A partir de qué hora comienza la tarifa reducida/la tarifa de noche?

Spanisches Buchstabieralphabet

A	de Alemania	N	de Navarra
B	de Barcelona	O	de Oviedo
C	de Cádiz	P	de Paris
D	de Dinamarca	Q	de Quito
E	de España	R	de Roma
F	de Francia	S	de Sevilla
G	de Gerona	T	de Teruel
H	de Huelva	U	de Uruguay
I	de Italia	V	de Valencia
J	de Jaén	W	de Washington
K	de Kilo	X	de Xilofón
L	de Lugo	Y	I griega
LL	de Llave	Z	de Zaragoza
M	de Madrid		

Zur besseren Verständigung

HÖFLICHKEITSFORMEN

Bitte.	Por favor.
Danke.	Gracias.
Vielen Dank.	Muchas gracias.
Ich danke dir/Ihnen.	Te/Le agradezco.
Bitte. *(Antwort auf „Danke.")*	De nada. / No hay de qué.
Danke, gleichfalls.	Gracias, igualmente.
Gerne.	Con mucho gusto.
Guten Morgen.	Buenos días.
Guten Tag.	Buenos días. / *(nach dem Mittagessen)* Buenas tardes.
Guten Abend.	Buenas tardes. / *(nach Sonnenuntergang)* Buenas noches.
Gute Nacht.	Buenas noches.
Wie heißen Sie?	¿Cómo se llama usted?
Ich heiße …	Me llamo …
Mein Name ist …	Me llamo …
Gestatten Sie?	¿(Me) permite?
Das ist sehr liebenswürdig von dir/Ihnen.	Es muy amable de tu/su parte.

Das ist sehr nett von dir/ Ihnen.	Es muy simpático de tu/su parte.
Wie geht es Ihnen? / Wie geht's?	¿Cómo está usted? / ¿Qué tal?
Danke, es geht mir gut. / Es geht so.	Gracias. Estoy bien. / Voy tirando.
Es könnte (nicht) besser gehen.	(No) podría ir mejor.
Viel Glück!	¡Mucha suerte!
Alles Gute!	¡Los mejores deseos!
Viel Vergnügen!	¡Que se divierta!
Mit Vergnügen!	¡Con placer!
Gute Fahrt!	¡Buen viaje!
Gute Reise!	¡Buen viaje!
Entschuldigen Sie!	¡Disculpe!
Ich bedauere sehr.	Lo lamento mucho.
Es tut mir Leid.	Lo siento.
Das ist nicht meine Schuld.	No tengo la culpa.
Das ist wirklich schade!	¡Qué lástima!

FRAGEFORMEN

Haben Sie ...?	¿Tiene usted ...?
Hätten Sie ...?	¿Tendría usted ...?
Könnten Sie ...?	¿Podría usted ...?
Würden Sie ...?	¿Quisiera usted ...?
Wo?	¿Dónde?
Wo kann ich ...?	¿Dónde puedo ...?
Wo bekomme ich ...?	¿Dónde conseguiría ...?

Wo befindet sich ...?	¿Dónde se encuentra ...?
Wohin?	¿Adónde?
Woher?	¿De dónde?
Wie?	¿Cómo?
Wie lange?	¿Cuánto tiempo?
Wie lange dauert ...?	¿Cuánto tiempo se necesita/ dura ...?
Wie heißt das auf Spanisch?	¿Cómo se dice en español?
Wann?	¿Cuándo?
Warum?	¿Por qué?
Was?	¿Qué?
Was bedeutet das?	¿Qué significa esto?
Können Sie mir eine Auskunft geben?	¿Podría darme una información?

EINLADUNGEN

Erlauben Sie mir, Sie zum Mittagessen/Abendessen einzuladen?	¿Me permite invitarle/invitarla a comer (almorzar)/cenar?
Danke für die Einladung.	Gracias por la invitación.
Erlauben Sie mir, Ihnen Frau/Fräulein/Herrn ... vorzustellen?	Permítame que le presente a la señora/ a la señorita/ al señor ...
Angenehm/Sehr erfreut, Sie kennen zu lernen!	Tanto/Mucho gusto de conocerle/conocerla.
Nehmen Sie bitte Platz.	Por favor, tome asiento/ siéntese.
Was darf ich Ihnen anbieten?	¿Qué puedo ofrecerle?

Ich hätte gern/möchte ...	Me gustaría/Desearía ...
Ich möchte lieber ...	Preferiría ...
Geben Sie mir bitte ...	Por favor, déme ...
Auf Ihr Wohl!	¡A su salud!
Wie lange sind Sie schon hier?	¿Cuánto tiempo lleva aquí?
Wie lange bleiben Sie?	¿Cuánto tiempo piensa (va a) quedarse?
Wo können wir uns wiedersehen?	¿Dónde nos podríamos ver?
Wann passt es Ihnen?	¿Cuándo le iría/va bien?
Gehen wir etwas trinken?	¿Vamos a tomar/beber algo?
Leider bin ich in Eile.	Lo siento, (pero) tengo prisa.

NACH DEM WEG FRAGEN

Wie komme ich nach ...?	¿Cómo se puede ir a ...?
Wie lange braucht man?	¿Cuánto tiempo se tarda (en llegar)?
Könnten Sie mir ... zeigen?	¿Me podría enseñar ...?
Wo kann ich ... kaufen?	¿Dónde podría comprar ...?
Ich werde es Ihnen erklären.	Se lo explicaré.
Gehen Sie geradeaus.	Vaya todo recto/todo seguido.
Nehmen Sie die dritte Straße rechts, dann die erste Straße links.	(Coja) la tercera calle a la derecha y luego la primera (calle) a la izquierda.
Ich habe mich verlaufen/verfahren.	Me he perdido.
Wo ist die nächste Bank/das nächste Postamt?	¿Dónde está/se encuentra el Banco más próximo/más cercano?

Wo ist das nächste Postamt?	¿Dónde está/se encuentra la oficina de Correos más próxima/ más cercana?
Ich möchte Geld wechseln.	Quisiera cambiar dinero.
Wo ist die nächste U-Bahn-Station? 	¿Dónde está/se encuentra la estación de Metro más próxima/más cercana?
Welche Linie muss ich nehmen, um nach ... zu kommen?	¿Qué línea tengo que coger para ir a ...?
Muss ich umsteigen?	¿Tengo que cambiar/hacer trasbordo?
Wo ist die nächste Tankstelle?	¿Dónde queda la gasolinera más próxima/más cercana?
Ist hier in der Nähe eine Werkstatt?	¿Hay algún taller (de reparación de automóviles) cerca de aquí?
Ich habe eine Panne.	Tengo una avería.

EINKAUFEN

Was hätten Sie gerne?	¿Qué desea?
Ich hätte gerne ...	Quisiera ...

Wo gibt es ein Geschäft für ... ?	¿Dónde hay una tienda de ...?
Geben Sie mir ...	Déme ...
Ist es recht so?	¿Está así bien?
Ja, es ist recht so.	Si, muy bien.

Was kostet das?	¿Cuánto vale/cuesta ésto?
Wie viel macht das?	¿Cuánto es/le debo?
Hätten Sie eine Papier- oder Plastiktüte?	¿Tendría una bolsa (de papel o de plástico)?
Könnten Sie mir helfen?	¿Podría ayudarme?
Ich möchte mir ... ansehen.	¿Podría ver ...?
Haben Sie nicht etwas Preiswerteres?	¿No tiene/tendría algo más barato?
Zeigen Sie mir bitte ...	¿Podría enseñarme ...?
Das gefällt mir. / Das gefällt mir nicht.	Me gusta. / No me gusta.
Es passt. / Es passt nicht.	Me está/queda bien. / No me está/queda bien.
Welche Farbe suchen Sie?	¿Qué color busca/está buscando usted?

Könnten Sie mir bitte etwas anderes zeigen?	¿Me podría enseñar otra cosa?
Es ist zu teuer.	Es demasiado caro.
Meine Kragenweite/Meine Größe (Kleidung)/Meine Schuhgröße ist …	Mi medida del cuello/Mi talla/Mi número/medida de zapatos es la/el …
Haben Sie etwas Größeres/Kleineres?	¿Tiene algo más grande/más pequeño?
Das ist nicht genau, was ich möchte.	No es exactamente lo que quiero.
Ich überlege es mir noch mal.	Me lo pensaré.

ALLGEMEINES

Ich habe … verloren.	He perdido …
Könnten Sie bitte langsamer sprechen?	¿Podría hablar, por favor, más despacio?
Ich verstehe Sie nicht gut.	No le/la entiendo bien.
Ich möchte bitte … mieten	Por favor, quisiera alquilar …
Können Sie mir … leihen?	¿Podría prestarme …?
Bei welcher Kasse sind Sie versichert?	¿En qué compañía está usted asegurado/-a?

Was fehlt Ihnen?	¿Qué le pasa?
Wo tut es weh?	¿Dónde le duele?
Ich habe hier Schmerzen.	Me duele aquí.
Ich hätte gern einen Termin.	Desearía/Quisiera concertar una cita.
Ich möchte ein Telefax nach Deutschland senden.	Quisiera enviar un fax a Alemania.
Welche Postleitzahl hat ...?	¿Qué código postal tiene ...?
Kann man hier Plätze für ... vorbestellen?	¿Se pueden reservar aquí entradas para ...?
Ich möchte zwei Karten für ...	Quisiera dos entradas para ...
Um wie viel Uhr beginnt das Konzert/das Theaterstück/die Oper/das Kino?	¿A qué hora empieza/comienza el concierto/la función (de teatro)/la ópera/el cine?

GRUNDZAHLEN

null	cero
eins	uno/-a
zwei	dos
drei	tres
vier	cuatro
fünf	cinco
sechs	seis
sieben	siete
acht	ocho
neun	nueve
zehn	diez
elf	once
zwölf	doce
dreizehn	trece
vierzehn	catorce
fünfzehn	quince
sechzehn	dieciséis
siebzehn	diecisiete
achtzehn	dieciocho
neunzehn	diecinueve
zwanzig	veinte
einundzwanzig	veintiuno/-a
zweiundzwanzig	veintidós
dreiundzwanzig	veintitrés
vierundzwanzig	veinticuatro

fünfundzwanzig	veinticinco
sechsundzwanzig	veintiséis
siebenundzwanzig	veintisiete
achtundzwanzig	veintiocho
neunundzwanzig	veintinueve
dreißig	treinta
einunddreißig usw.	treinta y uno/-a, etc.
vierzig	cuarenta
einundvierzig usw.	cuarenta y uno/-a, etc.
fünfzig	cincuenta
einundfünfzig usw.	cincuenta y uno/-a, etc.
sechzig	sesenta
einundsechzig usw	sesenta y uno/-a, etc.
siebzig	setenta
einundsiebzig usw.	setenta y uno/-a, etc.
achtzig	ochenta
einundachtzig usw.	ochenta y uno/-a, etc.
neunzig	noventa
einundneunzig usw.	noventa y uno/-a, etc.
hundert	cien
hundert eins	ciento uno/-a
zweihundert	doscientos/-as
fünfhundert	quinientos/-as
tausend	mil
eine Million	un millón (de)

ORDNUNGSZAHLEN

erste/-r	primer(o)/-a
zweite/-r	segundo/-a
dritte/-r	tercer(o)/-a
vierte/-r	cuarto/-a
fünfte/-r	quinto/-a
sechste/-r	sexto/-a
siebte/-r	séptimo/-a
achte/-r	octavo/-a
neunte/-r	noveno/-a
zehnte/-r	décimo/-a
elfte/-r	undécimo/-a
zwölfte/-r	duodécimo/-a
dreizehnte/-r usw.	décimotercero/-a
zwanzigste/-r	vigésimo/-a
einundzwanzigste/-r	vigésimoprimero/-a
dreißigste/-r	trigésimo/-a
hundertste/-r	centésimo/-a
tausendste/-r	milésimo/-a

WOCHENTAGE

Montag, Dienstag	lunes, martes
Mittwoch, Donnerstag	miércoles, jueves
Freitag, Samstag, Sonntag	viernes, sábado, domingo

MONATE

Januar, Februar, März	enero, febrero, marzo
April, Mai, Juni	abril, mayo, junio

Juli, August, September	julio, agosto, se(p)tiembre
Oktober, November	octubre, noviembre
Dezember	diciembre

DATUM

der 1. Oktober	el uno/primero de octubre
der 2. Mai	el dos de mayo
der 31. Juli	el treinta y uno de julio

UHRZEIT

Wie viel Uhr ist es?	¿Qué hora es?
Es ist acht Uhr.	Son las ocho.
Es ist halb neun.	Son las ocho y media.
Es ist Viertel vor neun.	Son las nueve menos cuarto.
Es ist Viertel nach neun.	Son las nueve y cuarto.
Es ist zehn nach elf.	Son las once y diez.
Es ist zwölf Uhr (mittags).	Son las doce (del mediodía).
Es ist halb eins.	Son las doce y media.
Es ist zwölf (nachts).	Son las doce (de la noche).
Um wie viel Uhr?	¿A qué hora?
Um zehn vor zwölf.	A las doce menos diez.
Um Punkt zehn.	A las diez en punto.
Kurz nach zehn Uhr.	Poco antes de (que den) las diez.
In einer halben Stunde.	Dentro de media hora.
In zwei Stunden.	Dentro de dos horas.
Gegen Mittag.	Hacia el mediodía.

c

- c vor **a, o** und **u** sowie vor Konsonanten wird wie **k** gesprochen: **casa, comer, culinario, clásico, crema, acto**
- c vor **e** und **i** wird wie das stimmlose englische **th** gesprochen: **cena, cocina**

ch

- ch wird wie **tsch** gesprochen: **alcachofa, cuchillo, chorizo**

g

- g vor **a, o** und **u** sowie vor Konsonanten wird wie **g** gesprochen: **Galicia, amargo, gusto, gloria, grupo**
- g vor **e** und **i** wird wie **ch** in „Dach" gesprochen: **gente, girasol**
- gu vor **e** und **i** wird wie **ge** bzw. **gi** gesprochen: **guerra, anguila**
- gü vor **e** und **i** wird wie **gue** bzw. **gui** gesprochen: **vergüenza**

h

- h ist immer stumm: **hambre, zanahoria**

j

- j wird wie **ch** in „Dach" gesprochen: **naranja, jerez, ajo, judía**

ll

- ll wird wie eine enge Verbindung von **l** und **j** gesprochen: **rellenar, cebolla**

ñ

- ñ wird wie eine enge Verbindung von **n** und **j** gesprochen: **baño, riñón**

q

- qu vor **e** und **i** wird wie **ke** bzw. **ki** gesprochen: **albaricoque, mantequilla**

r

- das spanische r wird „gerollt": **fresa, comer**
  am Wortanfang, nach **l, n** und **s** sowie als Doppelkonsonant **rr** wird es stark gerollt (zwei oder mehrere Zungenschläge): **receta, alrededor, Enrique, Israel, arroz**

s

- s wird immer stimmlos wie **ss** in „Wasser" gesprochen:
  casa, sal

v

- v wird am absoluten Wortanfang wie **b**, im Wortinnern
  weicher als **w** in „Wasser" gesprochen: **vino, Cava**

z

- z wird wie das stimmlose englische **th** gesprochen:
  azafrán, aderezo

BETONUNG

- Wörter, die auf einen Vokal (oder Diphthong, z.B. -ia, -ie),
  -n oder -s enden, werden auf der vorletzten Silbe betont:
  gambas, cocina, toman, farmacia
- Wörter, die auf einen Konsonanten (außer -n und -s)
  enden, werden auf der letzten Silbe betont: **cocinar,
  especialidad, pastel**
- Wörter, die entgegen dieser Regeln betont werden, erhalten
  auf dem betonten Vokal einen Akzent: **turrón, insípido,
  jabalí, azúcar, Andalucía**

Spanisches Fremdenverkehrsamt, München: Coverfoto, Seite 1, 21, 36, 46 *(unten)*, 47, 54 *(Mitte)*, 56, 59, 61 *(oben)*, 64, 65, 68, 72 *(oben)*, 106, 107 *(unten)*, 116, 117, 163, 180 *(oben rechts)*, 212, 229, 233, 261, 264 *(unten)*, 272, 282, 284 *(unten)*, 299, 302, 307, 323 *(unten)*, 343, 344 *(unten)*; **Spanisches Generalkonsulat – Handelsabteilung, Düsseldorf:** Seite 8/9, 10, 11, 13, 29 *(unten)*, 30, 31, 34, 37 *(unten)*, 38, 39, 43, 44, 45, 52/53, 61 *(unten)*, 76, 79, 80, 88, 89, 90 *(unten)*, 91, 102, 103, 104, 105, 109, 122 *(oben)*, 123, 142, 148, 151, 172, 175, 185, 194/195, 196, 198, 201, 203, 205, 206, 208, 209, 210, 216, 223, 239, 252, 253, 254 *(unten)*, 256, 257 *(oben)*, 260 *(unten)*, 262/263, 264 *(oben)*, 265, 266, 267, 269 *(oben)*, 276 *(unten)*, 277, 279, 281, 283, 285 *(unten)*, 287 *(oben)*, 289, 292, 294, 298 *(unten)*, 303, 304 *(unten)*, 305, 306, 308 *(unten)*, 310 *(oben)*, 311, 314, 319, 321 *(unten)*, 325, 326 *(unten)*, 334 *(unten)*, 336; **Margarita Moral, Albacete:** Seite 12, 35, 49, 51, 60, 85 *(oben)*, 86, 90 *(oben)*, 99, 100, 101, 107 *(oben)*, 110, 118, 127, 144, 150, 157, 158, 165, 166, 167, 171, 174, 183, 184, 268, 270, 274, 276 *(oben)*, 284 *(oben)*, 285 *(oben)*, 295, 296, 297, 298 *(oben)*, 300, 301 *(oben)*, 308 *(oben)*, 315, 316, 321 *(links oben)*, 326 *(oben)*; **Jürgen Frank, München:** Seite 15, 19, 27 *(unten)*, 28, 73, 74, 82 *(unten)*, 83 *(oben)*, 92 *(unten)*, 132, 133 *(oben und Mitte)*, 134 *(oben)*, 139, 140/141 *(Hintergrundfoto)*, 146, 147, 179, 180 *(links oben)*, 188, 189, 192, 193, 269 *(unten)*, 290 *(oben)*, 304 *(oben)*, 318, 321 *(rechts oben)*, 322, 323 *(oben)*, 324, 334 *(oben)*, 337, 338, 340, 341, 345, 347, 354, 355, 361, 363, 366, 369, 370 *(unten)*, 371, 373, 382, 383, 385; **White Star, Hamburg:** Seite 16, 17, 18, 20, 22, 29 *(oben)*, 37 *(oben)*, 54 *(oben & unten)*, 55, 63, 70, 71, 92 *(oben)*, 93, 94, 113, 119, 120, 122 *(unten)*, 143, 154, 155, 182, 257 *(unten)*, 260 *(oben)*, 278, 330/331, 332, 333, 339, 344 *(oben)*, 346, 350, 352, 360; **Turismo Andaluz, Marbella (J. D. Dallet):** Seite 27 *(oben)*, 33, 310 *(unten)*; **Mancomunidad Turística del Maestrazgo Castellón-Teruel:** Seite 46 *(oben)*; **SPAIN GOURMETOUR, ICEX / Madrid:** Seite 62 (A. Echegaray), 81 (F. Lorrio), 95 (B. Berlín), 140 (A. de Benito), 141 (A. de Benito), 254 *(oben:* P. Sancho-Mata*)*, 293 (A. de Benito), 384 (B. Berlín); **Gobierno de Cantabria:** Seite 66; **Turespaña, Secretaría de Estado de Comercio, Turismo y PYME:** Seite 72 *(unten)*, 177, 259, 291, 301 *(unten)*, 313; **Junta de Castilla-León:** Seite 82 *(oben)*, 83 *(unten)*, 85 *(unten)*, 87, 290 *(unten)*; **Kontrollrat der Qualitätsbezeichnung Paprika aus La Vera / ICEX:** Seite 112, 114; **Instituto Balear de Promoción del Turismo:** Seite 124; **Fomento de Turismo de Ibiza:** Seite 125, 126; **Junta de Andalucía:** Seite 129; **Patronato de Turismo de Fuerteventura:** Seite 133 *(unten)*; **Patronato de Turismo de La Palma:** Seite 134 *(unten)*, 137; **Patronato de Turismo de El Hierro:** Seite 135; **E. García Montolíu:** Seite 160, 161, 370 *(oben)*; **Gobierno Vasco, Departamento de Industria, Comercio y Turismo:** Seite 168, 170; **Patronato de Turismo de Castellón:** Seite 180 *(unten)*, 181; **Jens Funke, München:** Seite 275, 327, 329; **MHV-Archiv (D. Reichler, München):** Seite 378, 380

Wir haben uns bemüht, alle Inhaber von Text- und Bildrechten ausfindig zu machen. Sollten Rechteinhaber hier nicht aufgeführt sein, so wäre der Verlag für entsprechende Hinweise dankbar.